ズバリ
わかる!

FXチャートの読み方・使い方

（3倍儲かるチャート分析術）

成美堂出版

本書の使い方

本書は、為替チャートを分析して、FXトレードで勝ちたい人のために、チャート分析のノウハウをわかりやすく、効果的に吸収できるように構成しています。

豊富なチャートで具体的に説明

チャート分析のさまざまなサインやシグナルを、実際のチャートを豊富に用いて具体的に説明します。

各セクションの内容のまとめ

本文の理解を助ける、導入部分がリード文。ここを読めば、本文の説明がぐっと理解しやすくなります。

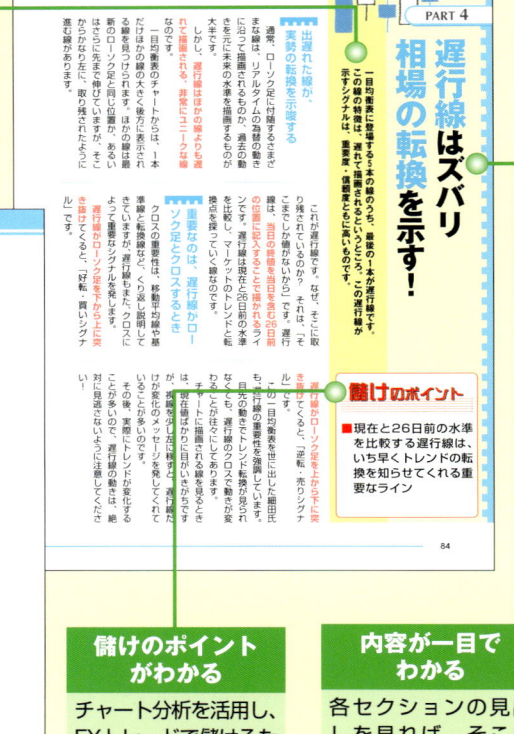

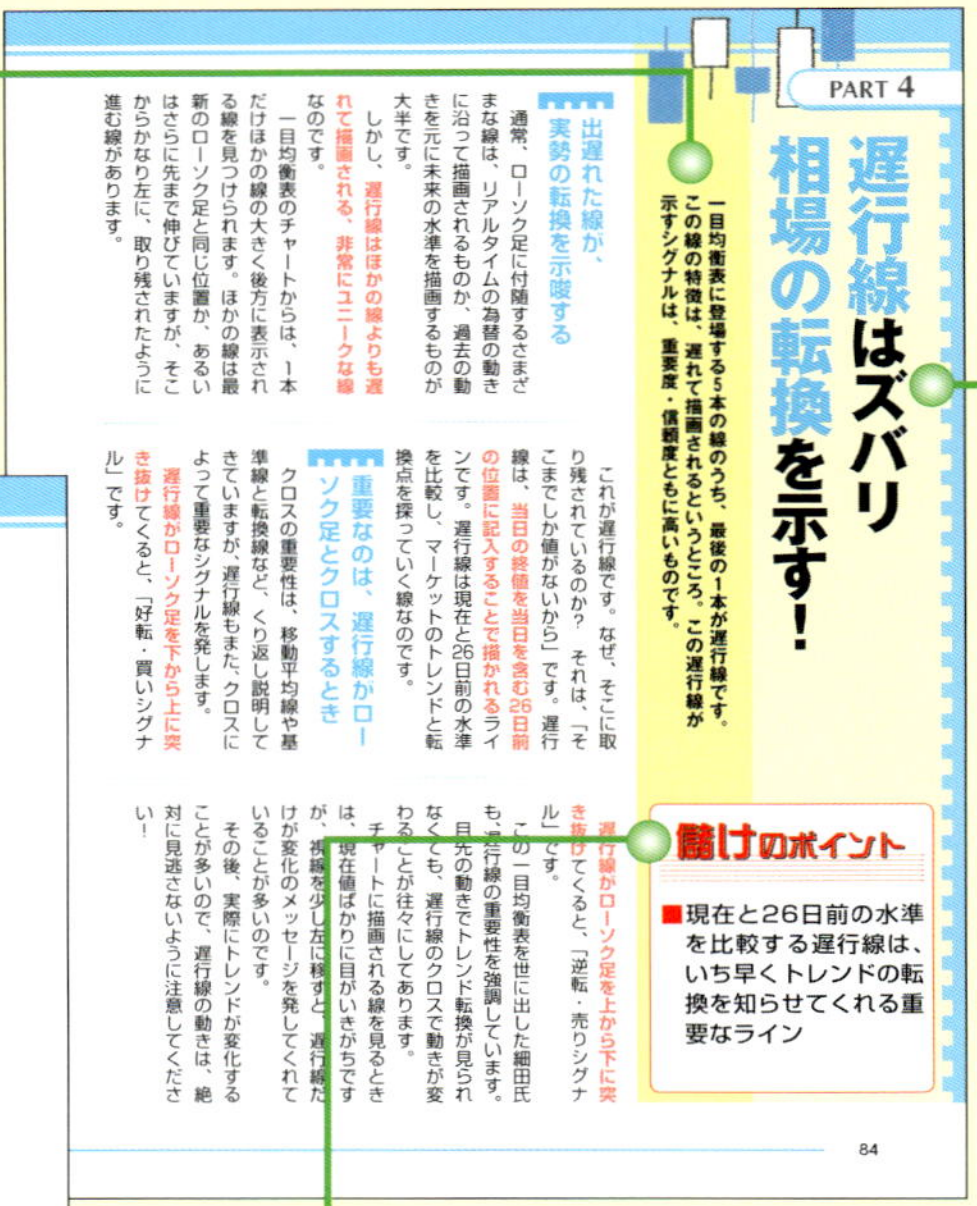

PART 4

遅行線は相場の転換をズバリ示す！

一目均衡表に登場する5本の線のうち、最後の1本が遅行線です。この線の特徴は、遅れて描画されるというところ。この遅行線が示すシグナルは、重要度・信頼度ともに高いものです。

出遅れた線が、実勢の転換を示唆する

通常、ローソク足に付随するさまざまな線は、リアルタイムの為替の動きに沿って描画されるものか、過去の動きを元に未来の水準を描画するものが大半です。

しかし、遅行線はほかの線よりも遅れて描画される、非常にユニークな線なのです。

一目均衡表のチャートからは、1本だけほかの線の大きく後方に表示される線を見つけられます。ほかの線は最新のローソク足と同じ位置か、あるいはさらに先まで伸びていますが、そこからかなり左に、取り残されたように進む線があります。

これが遅行線です。なぜ、そこに取り残されているのか？　それは、「そこまでしか値がないから」です。遅行線は、当日の終値を当日を含む26日前の位置に記入することで描かれるラインです。遅行線は現在と26日前の水準を比較し、マーケットのトレンドと転換点を探っていく線なのです。

重要なのは、遅行線がローソク足とクロスするとき

クロスの重要性は、移動平均線や基準線と転換線など、くり返し説明してきていますが、遅行線もまた、クロスによって重要なシグナルを発します。

遅行線がローソク足を下から上に突き抜けてくると、「好転・買いシグナル」です。

遅行線がローソク足を上から下に突き抜けてくると、「逆転・売りシグナル」です。

この一目均衡表を世に出した細田氏も、遅行線の重要性を強調しています。目先の動きでトレンド転換が見られなくても、遅行線のクロスで動きが変わることが往々にしてあります。

チャートに描画される線を見るときは、現在値ばかりに目がいきがちですが、視線を少し左に移すと、遅行線だけが変化のメッセージを発してくれていることが多いのです。

その後、実際にトレンドが変化することが多いので、遅行線の動きは、絶対に見逃さないように注意してください！

儲けのポイント

■現在と26日前の水準を比較する遅行線は、いち早くトレンドの転換を知らせてくれる重要なライン

84

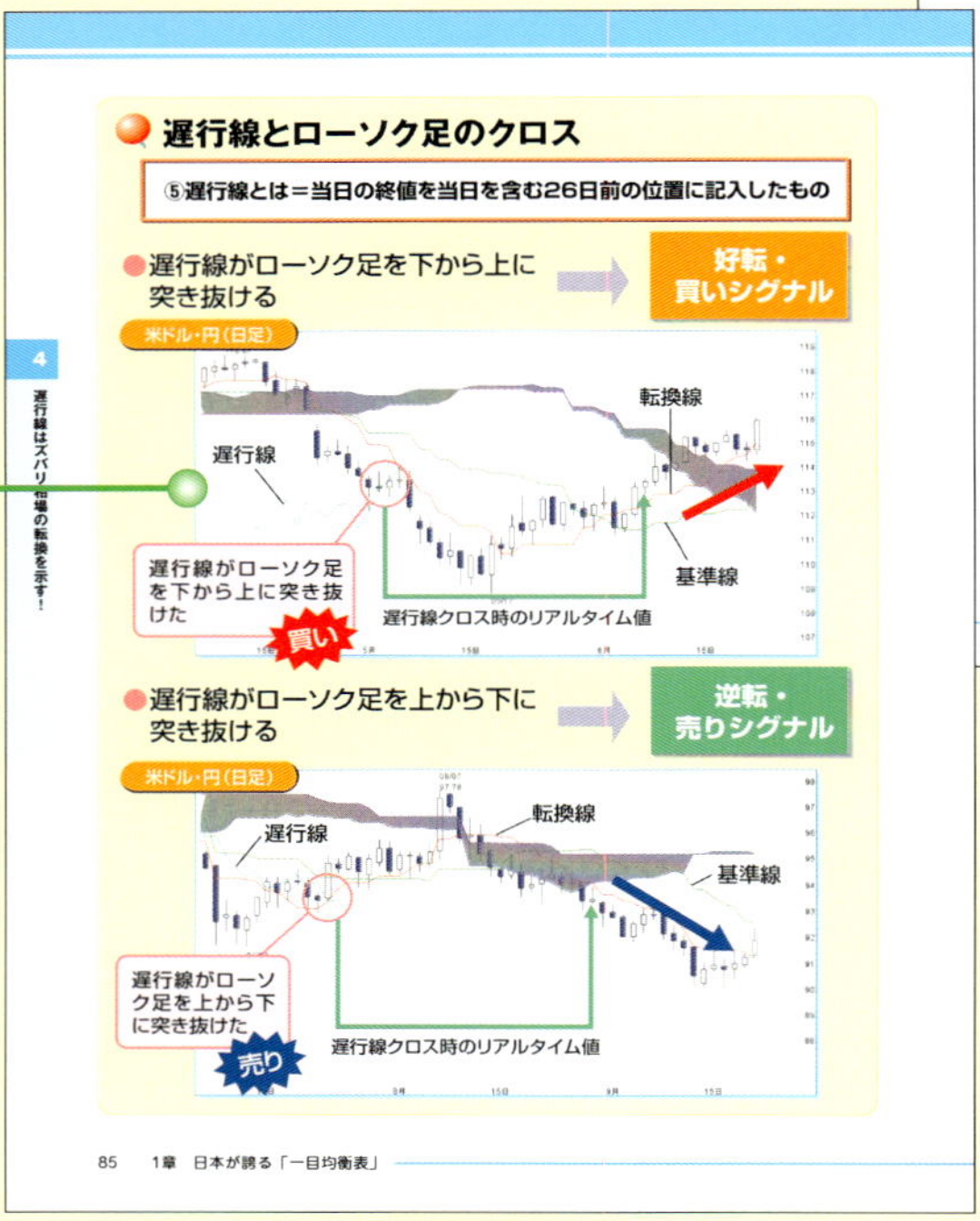

儲けのポイントがわかる

チャート分析を活用し、FXトレードで儲けるためのポイントを、項目ごとにまとめてあります。

内容が一目でわかる

各セクションの見出しを見れば、そこに書かれている内容は一目瞭然です。

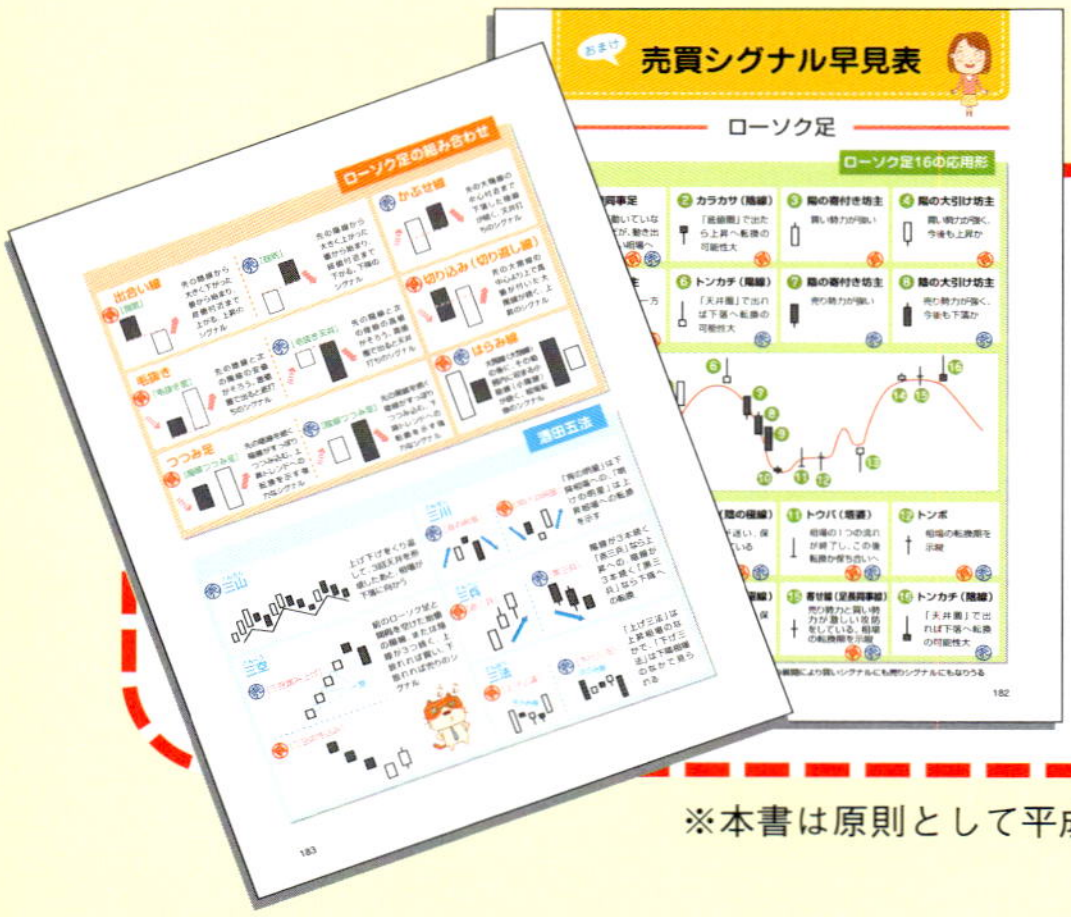

本書で説明する「**買い**・**売り**のシグナル」**すべてをすぐに**見たい人は

182ページから始まる「売買シグナル早見表」を読んでください。本書で取り上げているチャートの売買シグナルを見やすく一覧表にまとめています。

※本書は原則として平成21年12月現在の情報に基づいて編集しています。

はじめに

サブプライムショックにリーマンショックと、近年は大きな経済混乱が続きました。2000年以降、サブプライムショックまでのトレンドは、単純明快な円安トレンド。「円売り、外貨買い」だけで儲かる！というもので、それに慣れきったトレーダーにとって、この混乱はまさに存亡の危機でした。個人投資家でも、大きな損失を被った人もいることでしょう。

しかし、物事の流れが変わるときは、新たな流れが生まれるとき。その**流れにいち早く乗ることができれば、それだけの成果も得ることができる**のです。そのチャンスをモノにし、この厳しい環境の中で勝ち残っていくための武器こそ、チャート分析なのです。

トレードの参考になる情報は、チャート以外にも多数あります。しかしその大半は、プロが得ているプレミアムな情報と、素人の個人投資家が手にするものとでは、大きな違いがあります。

しかしチャートは、世界の何十億という人が目にしますが、そこで発信されている情報はどれも同じ。**誰もが絶対に平等に見られる情報、それがチャート**です。

チャートが発信するメッセージをしっかりと受け取るには、そのシグナルの意味を理解できなくてはなりません。しかし、難しく考える必要はありません。本書で紹介するのは、個人のトレーダーが十分に使いこなせるシンプルなシグナルばかりです。本書を読んだその日から、すぐにトレードに活かせるはずです。

本書の基本編では、ローソク足、移動平均線など、チャート分析の基本を解説します**（チャートを見たときに基本的な情報を読み取れるようになります）**。

応用編第1章では、日本で考案されたチャート分析である一目均衡表を解説します**（非常に優れたチャート分析法です）**。

続く、応用編第2〜3章では、売買のタイミングを実際のチャート画面の中から探っていきます**（実戦的な思考が身につきます）**。

応用編第4章、第5章、第7章では、投資スタイル別のオススメチャートや、チャート分析をするうえでの心構えを、第6章では、ボリンジャーバンドやRSIといった、逆張り系指標を解説します**（ここまでくれば、あなたはチャート上級者です）**。

FXは、「買い」でも「売り」でも利益を得られる投資です。株価の上昇がないと利益を上げづらい一般的な株式投資などに比べると、ここが一番の違いです。そしてチャート分析を用いることで、相場が**「上げ」でも「下げ」でも「横ばい」でも儲けられる、言うならば「従来の3倍儲けられる」**ようになるのです！

どうぞ、世界のマーケットの中で勝てる投資家になるために、チャート分析をあなたのFX投資の最大の武器にしてください。本書がそのお手伝いをできれば、このうえなく幸いです。

メディック投資顧問株式会社取締役　横尾寧子

contents

1章 基本編
為替の動きを表す　基本のローソク足

目的別
本書の効果的な活用法

contents

基本編 2章 PART 上向き？ 下向き？ 流れを示す移動平均線

1 移動平均線はチャート分析のイロハの「イ」……36
2 移動平均線のクセや習性をつかむ……38
3 トレンドの変化をいち早く把握する……40
4 ローソク足との位置関係から「行き過ぎ」を判断……42
5 王道指標「クロス」を使って売買タイミングをつかむ！……44
6 グランビルの法則で売買のタイミングを探る……46
7 グランビルの法則に見る買い場探しと売り場探し……48
8 移動平均線の設定スパンを考える……50
9 移動平均線を活用して短期トレーディング……52

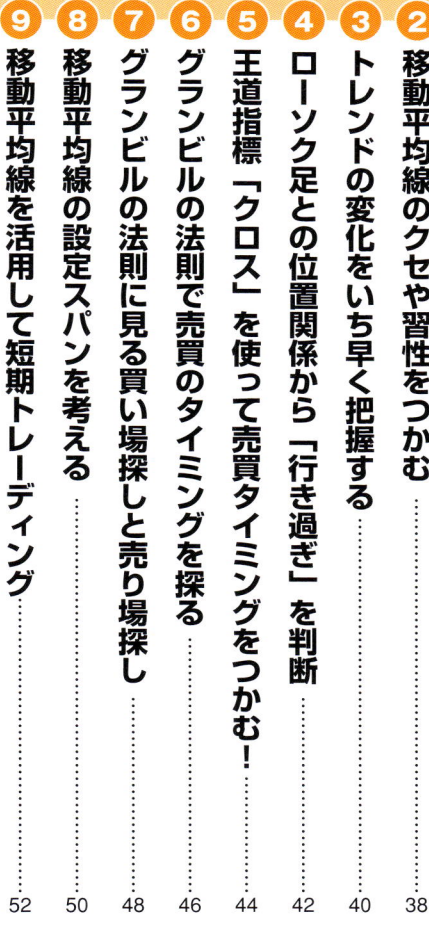

基本編 3章 チャートの流れやシグナルをキャッチしよう

PART

1 トレンドを見るならトレンドライン …… 56
2 上昇トレンドライン＝下値支持線の使い方 …… 58
3 下降トレンドライン＝上値抵抗線の使い方 …… 60
4 売り買いが拮抗しているボックス相場 …… 62
5 さまざまな保ち合いの形① …… 64
6 さまざまな保ち合いの形② …… 66
7 保ち合いの鉄則「放れた方につけ」 …… 68
8 チャートには「クセ」がある …… 70
9 「大台」やチャートに表れる「節目」には敏感に！ …… 72
10 利益確定のポイントは、人の行動を考えてみよう …… 74

contents

応用編 1章

PART

日本が誇る「一目均衡表」

1 世界中で愛用される日本製の一目均衡表 …… 78
2 トレンド判断は転換線と基準線で …… 80
3 「クモ」は先行スパン1&2で形成 …… 82
4 遅行線はズバリ相場の転換を示す！ …… 84
5 クモで上値と下値のメドを判断する …… 86
6 月足、週足でトレンド確認　日足とクモで短期売買 …… 88
7 一目均衡表活用のポイント …… 90

応用編 2章

PART

投資のスタンダード 買いのタイミングを探そう

1 月足チャートの底値連続陽線は強い上昇シグナル …… 94
2 ローソク足の買いシグナル　実践編 …… 96
3 一目均衡表で探る、安値買いと買い増し …… 98
4 ローソク足&移動平均　定番コンビの買いシグナル …… 100
5 底値圏での陽線つつみ足は強力な買いシグナル …… 104
6 二点底は大底打ちを示す可能性大！ …… 106

3章 応用編 下げ相場でも儲ける！売りのシグナルを探そう

PART
1 天井圏の陰線つつみ足はトレンド大転換のシグナル …… 110
2 高値圏、天井圏での上ヒゲと大陰線の出現 …… 112
3 クロスと遅行線が発するシグナルを見逃さない …… 114
4 トレンドラインを応用して、トレンド転換を探り出す …… 116
5 三尊天井は反転シグナル …… 118
6 保ち合い下放れには素直についていく …… 120

4章 応用編 投資スタイル別 オススメチャート

PART
1 デイトレード中心のトレーダーにオススメのチャート …… 124
2 スイングトレードを中心にする人はコレ …… 126
3 中長期投資専門の人には …… 128

c o n t e n t s

応用編 5章 「どんな場面でも勝つ」、チャート使いこなし術

PART

1 投資の王道「トレンドフォロー＝順張り」…… 132

2 長いトレンドのあとに効く「逆張り」戦法 …… 134

3 24時間の値動きの変化は時間足で見る …… 136

4 方向感のないときこそ、チャート分析で戦う …… 138

5 急騰、急落、突然の大波乱には注意 …… 140

6 ダマシとの上手なつき合い方 …… 142

7 トレンド転換直後はダマシシグナル多発に注意 …… 144

8 クロスのダマシは線の向きから判断 …… 146

応用編 6章 チャート分析をさらに駆使する

目的
チャートのことをもっと知りたい！
▶応用編4章

PART

1 「順張り」にも使えるボリンジャーバンド …… 150

2 黄金の法則　フィボナッチ比率を当てはめる …… 152

3 ボックス相場でオススメ　RSI …… 154

4 3本のラインで判断するストキャスティクス …… 156

5 トレンド転換をいち早く知らせるMACD …… 158

へGO!

contents

応用編 7章 「チャートで儲ける」おまとめポイント

PART

1 チャート分析で勝者になるには!? …… 162
2 トレードストップの勇気を持つ …… 164
3 大事な資産を投資する通貨を選ぶ …… 166
4 通貨マーケットと金融市場の関係「リスク志向とリスク回避」 …… 168
5 商品相場の動向⇔為替相場への影響 …… 170
6 チャートで見る商品と通貨の連動性 …… 172
7 金利と為替には密接な関係がある …… 174
8 チャート分析で勝つための約束事 …… 176

column

リーマンショックに学ぶ① FXトレーダーの「自己責任」 …… 34
リーマンショックに学ぶ② スワップポイントの恐怖 …… 54
リーマンショックに学ぶ③ 金（ゴールド）の独歩高 …… 76
株にあってFXにないもの① 「出来高」 …… 92
株にあってFXにないもの② 「値幅制限」 …… 108
議事録の重要性 …… 122
ファンダメンタルズとテクニカル …… 130
米ドルと逆相関しやすい金の動き …… 148
ネットと新聞の使いわけ …… 160
FXにない通貨への投資を考える …… 180

あとがき …… 181
おまけ　売買シグナル早見表 …… 182
INDEX …… 188

INDEXは191ページから始まっています

本書は経済情報ならびに投資に役立つ情報の提供を目的としたもので、特定の外貨の購入や投資行為の推奨を目的としたものではありません。また、本書ならびに執筆者が投資の結果に責任を持つものではありません。投資およびそのほかの活動の最終判断は、ご自身の責任のもとで行ってください。

基本編

1章

為替の動きを表す
基本のローソク足

1本のローソク足は一定期間の値動きを表す

ローソク足は、代表的なチャートの1つで、チャート分析の基礎の基礎です。シンプルだけど最も重要な情報が、織り込まれています。まずはその見方を覚えてしまいましょう！

「4本値」に凝縮されるマーケットの動き

為替や株などの値段の推移を表すグラフをチャートと呼びます。ローソク足は、このチャートのなかでも代表的なものの1つです。

ローソク足チャートは、その名の通り、ローソクに似た形をしたもので構成されています。1本のローソク足が表すのは、ある一定期間の値動きです。

例えば1本のローソクで1日の値段の動きを表すものは「日足」、1週間の動きを表すものは「週足」というように、その期間ごとに呼び名が変わります。値動きの激しい為替相場では、「時間足（1時間の動きを表す）」や「10分足（10分間の動きを表す）」といったチャートも使われます。

1本のローソクには、期間中の**始値《はじめね》（最初についた値）**、**高値（最も高かった値）**、**安値（最も安かった値）**、**終値《おわりね》（最後についた値）**の4つの値段が同時に表されています。

この4つの値段を合わせて、4本値と呼びます。

「実体」と「ヒゲ」で構成されるローソク

ローソク足のローソクは**「実体」**という部分と**「ヒゲ」**という部分から構成されています。

ローソクの四角くなっている胴体部分を「実体」と呼びます。

終値が始値よりも高くなったとき、つまり値上がりしたときは、その実体の部分が白くなります。

反対に、終値が始値よりも低くなった、つまり値下がりしたときには、実体の部分は黒くなります。

値上がりしたときの**白いローソクを「陽線」**、値下がりしたときの**黒いローソクを「陰線」**と呼びます。

実体の上下に伸びる線は「ヒゲ」と呼ばれます。これが高値や安値を表します。

ヒゲは始値や終値よりも高値が高かった場合、逆に始値や終値よりも安値が安かった場合に、実体の上下に伸びるものです。

実体の上につくヒゲを「上ヒゲ」、実体の下につくヒゲを「下ヒゲ」と呼びます。マーケットの細かな動きを反映する、重要な情報です。

儲けのポイント

- ■ローソク足には始値、高値、安値、終値が同時に表されている
- ■値上がりしたときは「陽線」、値下がりしたときは「陰線」と呼ぶ

ローソク足の見方

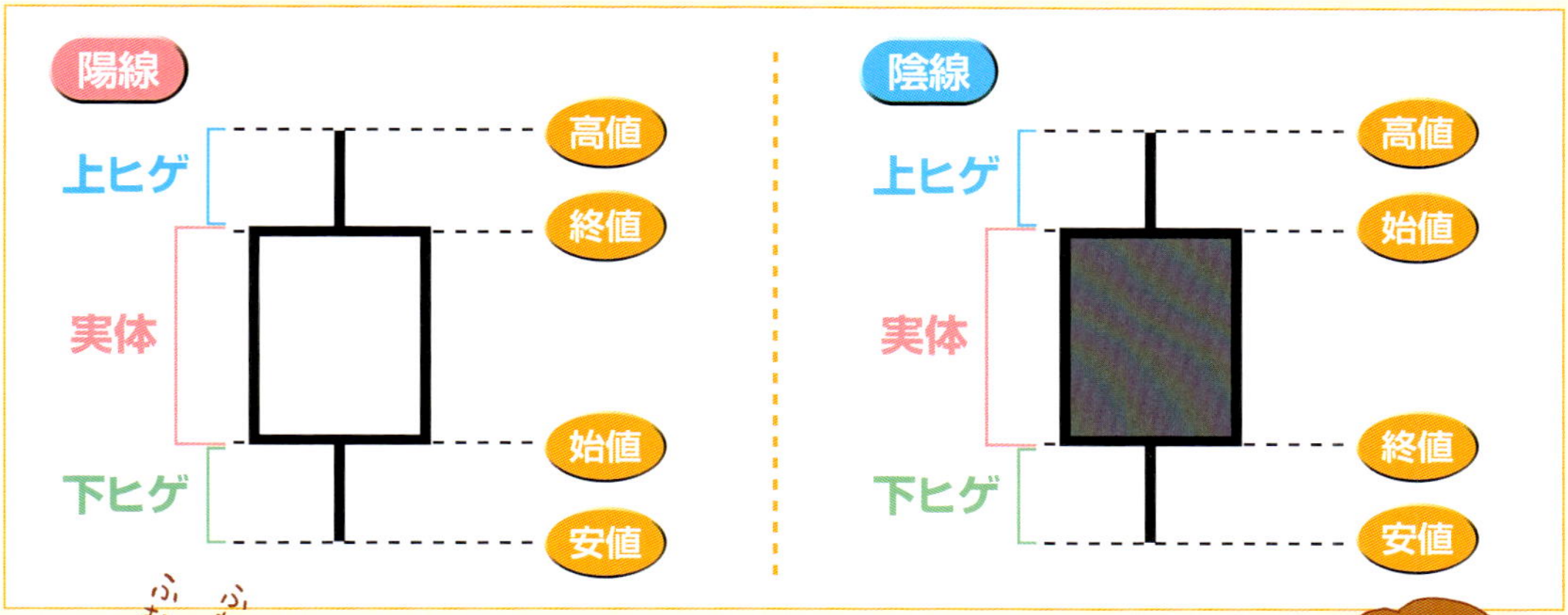
陽線
上ヒゲ
実体
下ヒゲ
高値
終値
始値
安値
陰線
上ヒゲ
実体
下ヒゲ
高値
始値
終値
安値

ふむ
ふむ

このローソク足の見方は、チャート分析の基本中の基本ですので、ぜひ覚えておいてください

期間によって異なるローソク足

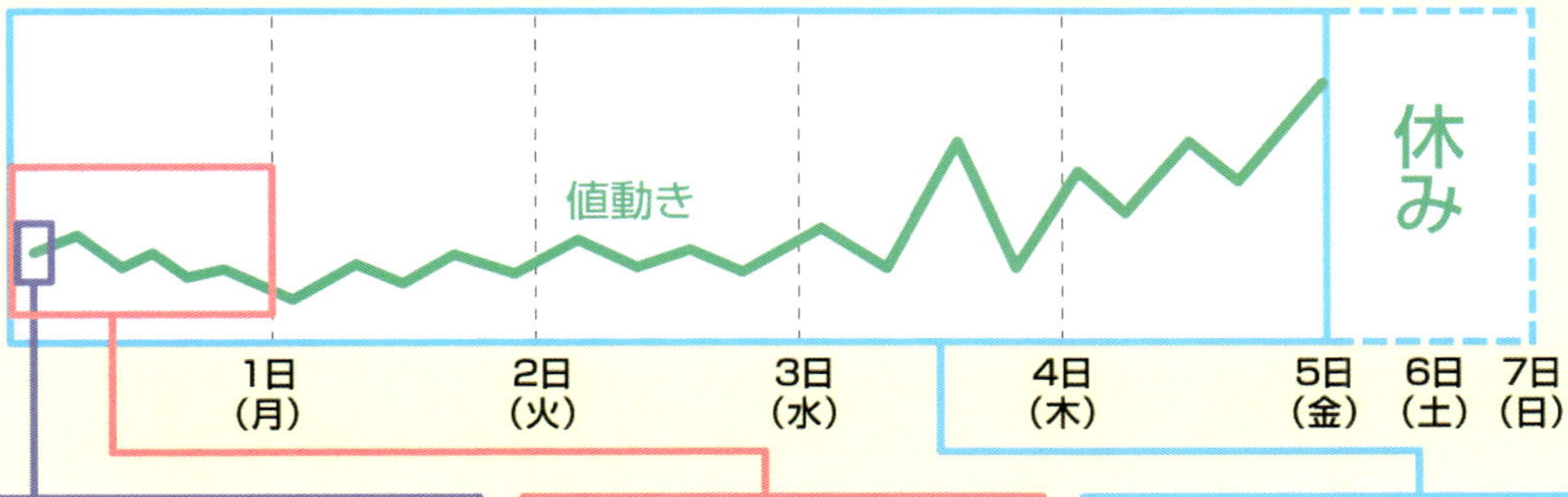
値動き
休み
1日
(月)
2日
(火)
3日
(水)
4日
(木)
5日
(金)
6日
(土)
7日
(日)

時間足

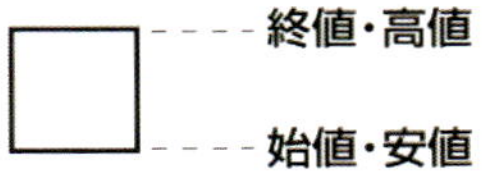
終値・高値
始値・安値

1時間の中での値動きを表す。このチャートの場合は、ヒゲのつかない陽線。

日足

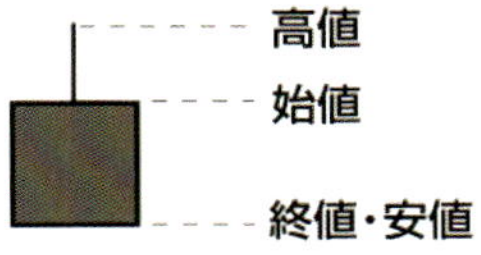
高値
始値
終値・安値

1日の中での値動きを表す。このチャートの場合は、上ヒゲのついた陰線。

週足

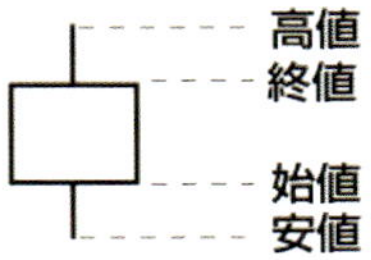
高値
終値
始値
安値

1週間の中での値動きを表す。このチャートの場合は、上下にヒゲのついた陽線。

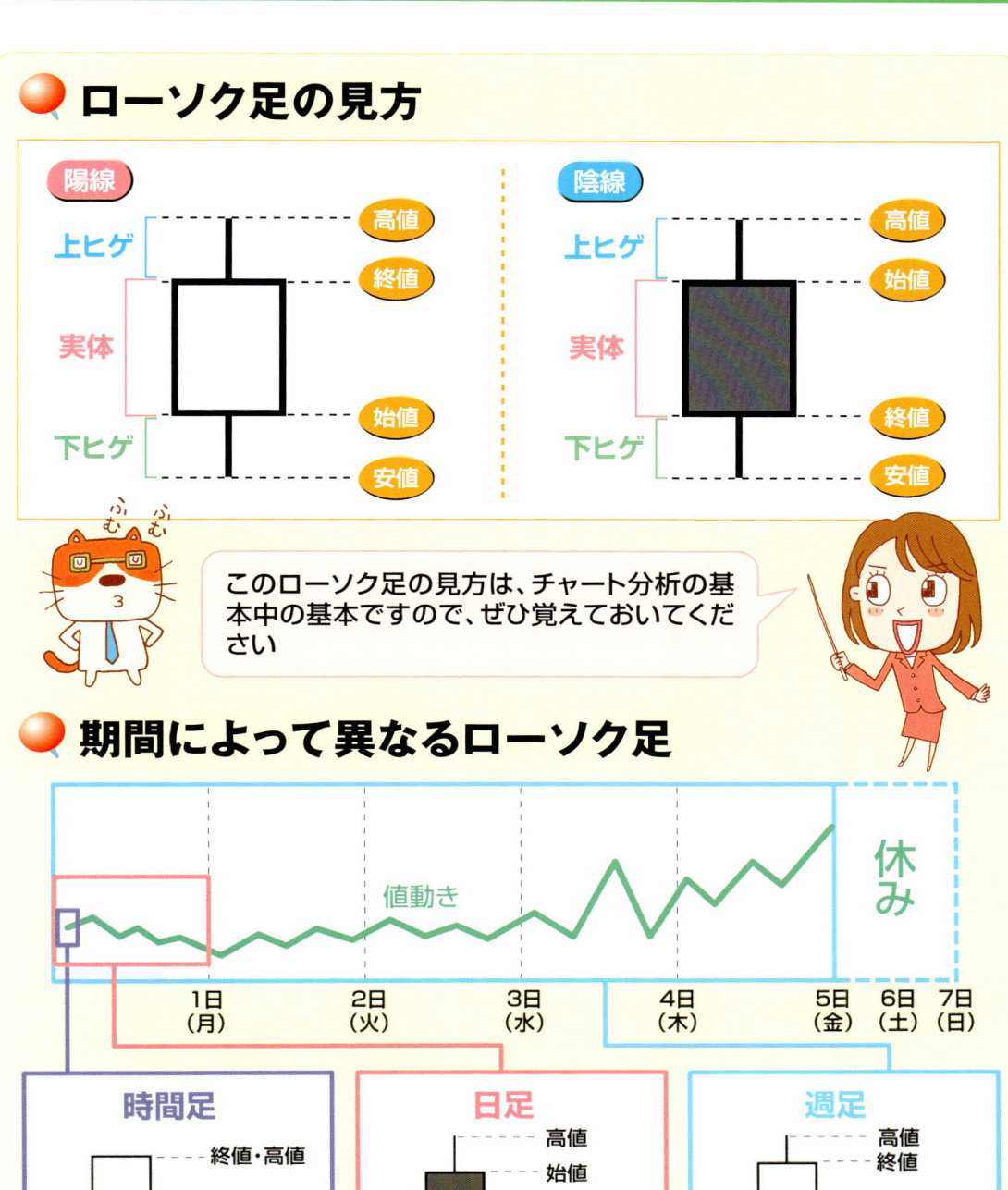

為替マーケットの流れをローソク足から読み取る

日足や週足、月足といっても、ぱっと見はどれも同じに見えます。しかし、それぞれのチャートは時間の区切り方が違うため、その1本1本のローソクが示す情報も異なるのです。

月曜日の朝5時から土曜日の朝5時まで

株式投資の場合、始値と終値は証券取引所の開いた時間と閉じた時間の値段になります。しかし、FX投資の場合、常に世界中のマーケットが開いているため、日足の始値と終値の設定が業者によって異なります。

ただし、週末は世界中のマーケットが取引を休止するため、週足の始値と終値が業者によってズレることはありません。この週足をベースに、為替の流れを追いかけてみましょう。

月曜日の朝、ニュージーランドのウェリントンで、その週の為替市場はスタートします。**日本時間で月曜日の朝5時（冬時間の場合は6時）。ここで最初についた値段が始値です。**

そして1週間トレードが行われ、**日本時間で土曜日の朝5時（冬時間の場合は6時）に、最後についた値段が終値になります。**このときに、1週間の高値と安値も決まります。この4本値で週足のローソクが1本できます。

より細かな値動きを示すのが日足、時間足、分足

そのローソクの形が、過去の別の週と似たような形になることがあったとしても、月曜日から土曜日の間の為替の変動まで同じになることは、まずありません。

週足のローソクが大きく上昇したことを示す長い陽線（これを「**強い陽線**」と言います）であっても、その1週間、ずっと相場が上昇していたとは限りません。月曜日から木曜日までは、ズルズルと下げていたのが、金曜日に起死回生の大上昇を遂げたため、強い陽線のローソク足ができあがったのかもしれません。

その間の日々の動きを確認できるのが、日足です。さらに時間足、分足では、1日のなかのより細かな流れを見ることができます。

週足ではとらえきれない、大きな動き（トレンド）を確認するときには、1ヵ月間の動きを1本のローソクで表す月足が用いられることもあります。月足では、ローソクが12本並んだだけで1年間の動きをカバーしてしまいますから、相当な長期間の流れを見ることができます。

儲けのポイント

■為替の週足は日本時間で月曜日の朝5時に始値がつき、土曜日の朝5時に終値がつく。このときに高値と安値も決まる

1週間の値動きを示す週足ローソク

日本時間月曜日午前5:00、その週の為替市場がスタート
高値
終値
始値
安値
月
火
水
木
金
土
週足ローソク
日本時間土曜日午前5:00、その週の為替市場がクローズ

同じローソク足でも値動きが異なる例

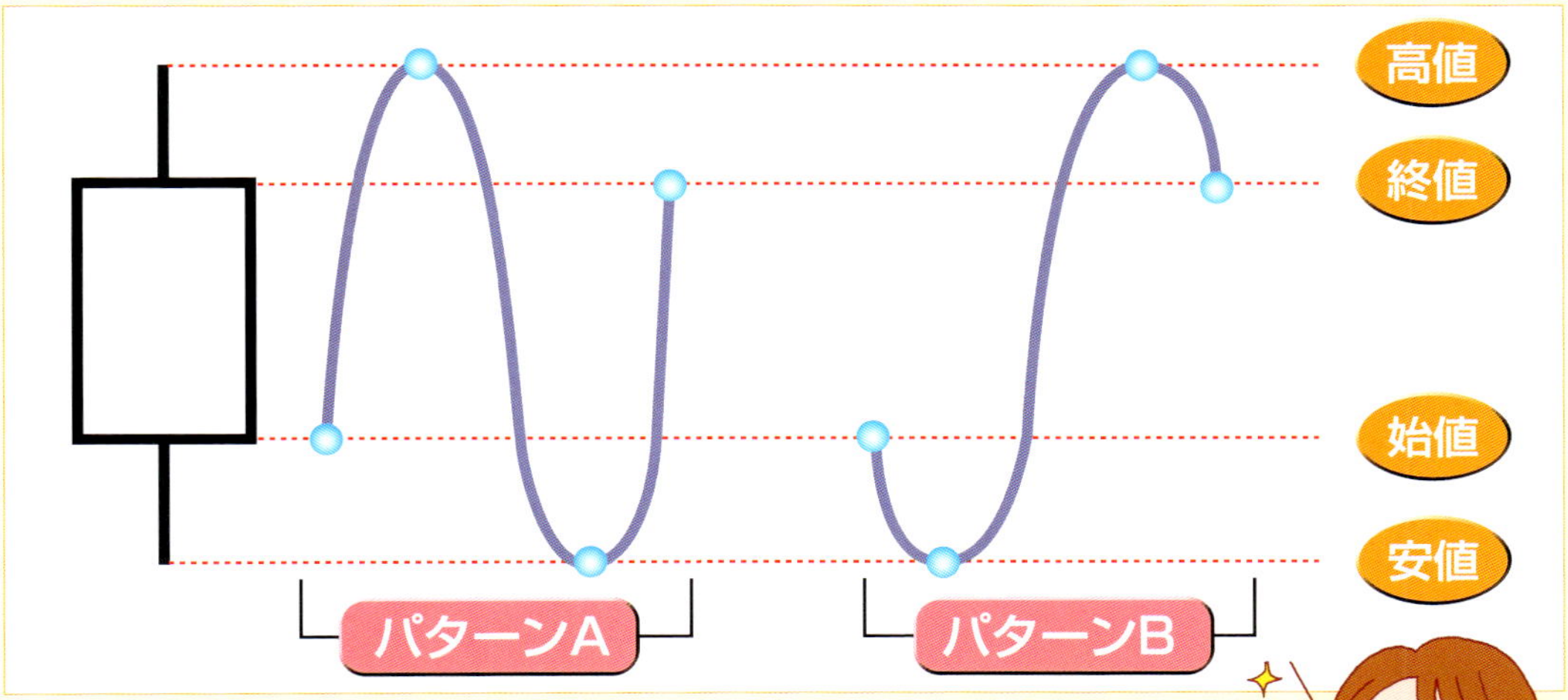
高値
終値
始値
安値
パターンA
パターンB

パターンAとBは高値と安値をつけたタイミング、終値をつけるまでの値動きの方向などが違いますが、ローソク足にすると同じ形になります

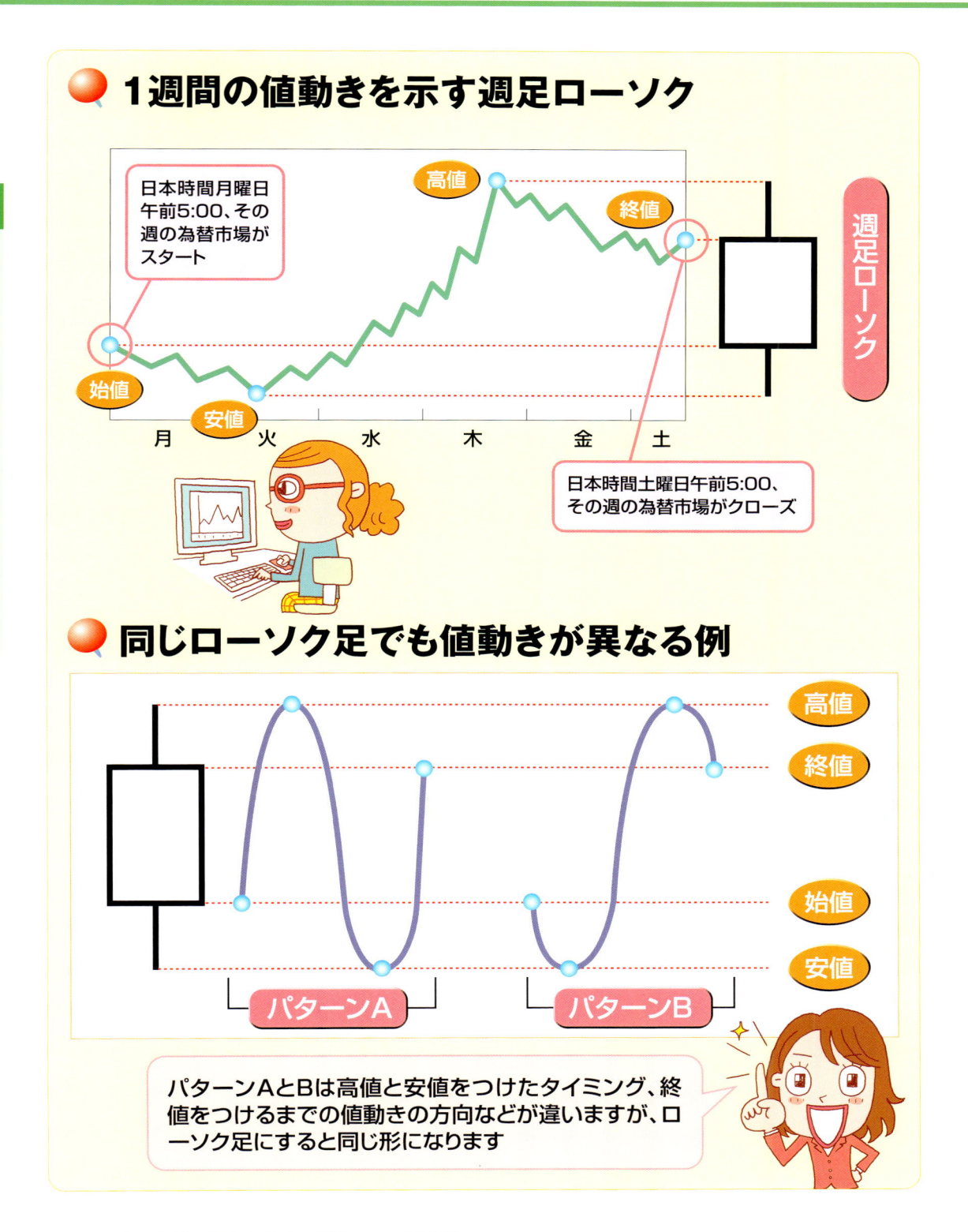

ローソク足の長さや形で相場の強弱をつかむ

ローソク足の形は、実体やヒゲが長いものから短いものまで、または実体自体がないものなど、さまざまです。その形の特徴をつかむと、相場の流れが見えるようになります。

ローソク足に表れる相場の変動幅

ローソク足には、ヒゲの有無、実体（始値と終値を表すローソク足の四角い部分）の長短、ローソク足全体の長短、ヒゲの長短と、いろいろな特徴を踏まえて形が作られます。

その1つ1つに、ローソク足の示す一定期間の相場の実勢が織り込まれています。1本のローソク足に含まれるヒントを読み取りましょう。

まず、ヒゲの有無にかかわらず、**ローソク全体が長いものは、「相場の変動が大きかった」**ことを示します。

陽線であれば「相場が上昇する変動が大きかった」となり、陰線であれば「相場が下落する変動が大きかった」ことを示します。

ローソクの上は最高値、下は最安値を示すのですから、その幅が大きければ大きいほど、大きく動いたことがわかります。

実体に表れる相場の勢い（強さ）

さて、ローソク足から、実体だけをピックアップしてみましょう。

ローソク足全体が示すのは、上下にどれだけ動いたかを表す「変動幅」ですが、実体だけをピックアップすると「相場の勢い（強さ）」をうかがうことができます。どれだけ上昇するパワーが強いか、下落するパワーが強いかをキャッチする指標になるのです。

2本の長い陽線のローソク足があったとします。1本は実体が短く、1本は実体が長いものであったら、どちらが強いと思いますか?

強いのは「実体が長い」ローソク足なのです。

実体が長いということは、始値から終値までの強さが一方方向に大きく傾いていたことを示しますから、**長い陽線の実体であれば「買いのパワーが強かった」**となり、**長い陰線であれば「売りのパワーが強かった」**ととらえられるのです。

実体のない十字足の意味

ローソク足は、全体の長さも、実体の長さもともに重要なポイントです。

ローソク足を見るときは、足全体と

儲けのポイント

■ローソク足は、全体の長短で「相場の変動幅」をつかみ、実体の長短で「相場の勢い（強さ）」をつかむ

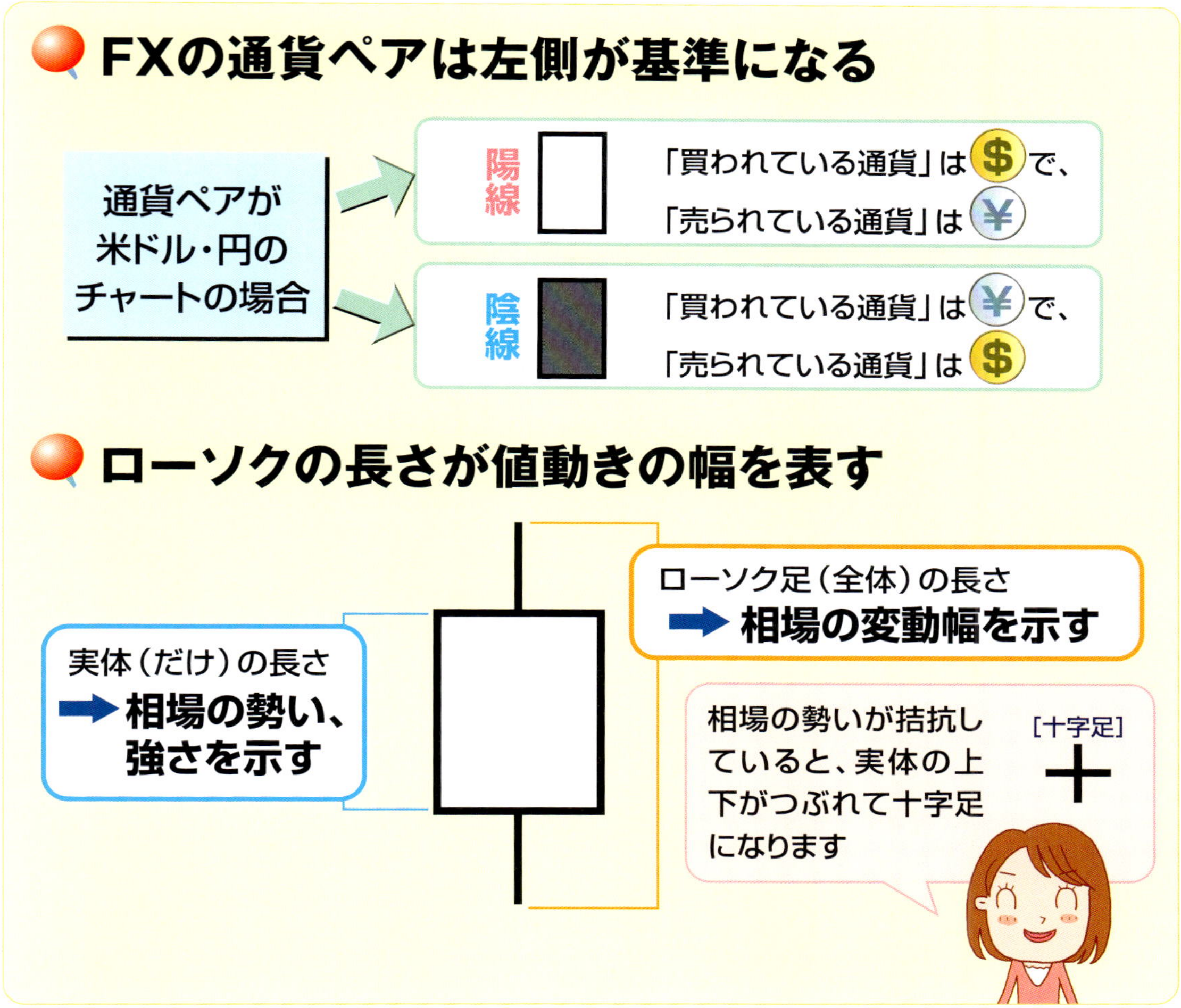
FXの通貨ペアは左側が基準になる
通貨ペアが米ドル・円のチャートの場合
陽線
「買われている通貨」は$で、「売られている通貨」は¥
陰線
「買われている通貨」は¥で、「売られている通貨」は$
ローソクの長さが値動きの幅を表す
ローソク足（全体）の長さ
➡相場の変動幅を示す
実体（だけ）の長さ
➡相場の勢い、強さを示す
相場の勢いが拮抗していると、実体の上下がつぶれて十字足になります
[十字足]

実体、2つの目線で見つめましょう。

そして、**実体がない「十字足」**というローソク足があります。

まさに十字の形をしたローソク足で、始値と終値が同じ値段で終わったことを表します。だから、実体がないのではなく、1本の横線になってしまったただけだと思ってください。

この十字足のヒゲが長ければ「値動きは大きかったが、結局引けてみたら元に戻っていた」という状態を意味します。短ければ、一段と値動きが小さかったことがうかがえます。

こういう特徴から、十字足は寄《より》引《ひけ》同《どう》事《じ》線《せん》とも言われます。

チャートには「終値に集約される」という格言があります。

日中の動きが似たようなものであったとしても、終値で下がれば「勢いが弱かった」となり、終値が高ければ「勢いが強かった」ととらえ方が変わります。

十字足であれば「いってこいだったな（途中、大きく上下したけど、結局は元の値段と同じところで引けたな）」となります。

PART 4

マーケット参加者の動向がよく表れる、「ヒゲ」

ローソク足や実体はマーケットでの変動や強弱を示しますが、ヒゲはマーケット参加者の動向をよく表します。「ヒゲ」は世界中のライバルたちの動向を知る大きな手がかりです。

長い上ヒゲに気をつけろ！

一口にヒゲといっても、ローソク足のほとんどにはヒゲがついていますから、それら全部に惑わされてはいけません。では、注意するべきはどんなタイプのヒゲでしょうか。

1つは、上に長く伸びたヒゲです。ローソクの実体の上につくヒゲを上ヒゲと呼びますが、これが長く伸びているものには、要注意です。

この**長い上ヒゲが示すメッセージは、「売り」**です。この形から、マーケットの動きを読み取って見ましょう。

ヒゲの頂点が示すのは、その期間内での高値です。このヒゲが長く伸びたということは、高値からどんどん値段が下がっていって、ローソクの実体が縮まってしまった、ということです。ローソクの実体が表すのは始値と終値ですから、ヒゲが長いということは**「途中は高かったんだけど、最終的には安くなってしまった」**ということ。

この形が出やすいのが、利益確定売りなどが相次いだようなときです。「上昇は一段落したかな」と判断されたりすると、「ここは手堅く利益を確定しておこう」と考えるマーケット参加者が多くなり、マーケットは下げて終わります。結果、ローソクは長い上ヒゲの形になるのです。

これが出ると、しばらくは値動きが小さくなったり、いったん調整場面に入って値を下げたりすることが多くなりますから、要注意ですよ。

長い下ヒゲは強力な買いのチャンス!?

逆に、相場上昇のメッセージを発してくれるのが下に長く伸びたヒゲです。これは長い上ヒゲと逆で、途中で安値をつけてから、マーケット終了にかけて一気に買われた結果できるヒゲです。マーケット参加者が**「下落は一段落」と判断して、一気に買いが入った**ことを表します。

特に週足や月足など、長いスパンのチャートで長い下ヒゲのチャートが安値圏（安値が続いている場所）で出たようなときは、「買い」の長期投資をスタートさせる絶好のチャンスになるかもしれません。

儲けのポイント

- ■ヒゲの長さから、マーケットの動向を読み取れる
- ■長い上ヒゲは「売り」、長い下ヒゲは「買い」

長い上ヒゲには要注意!

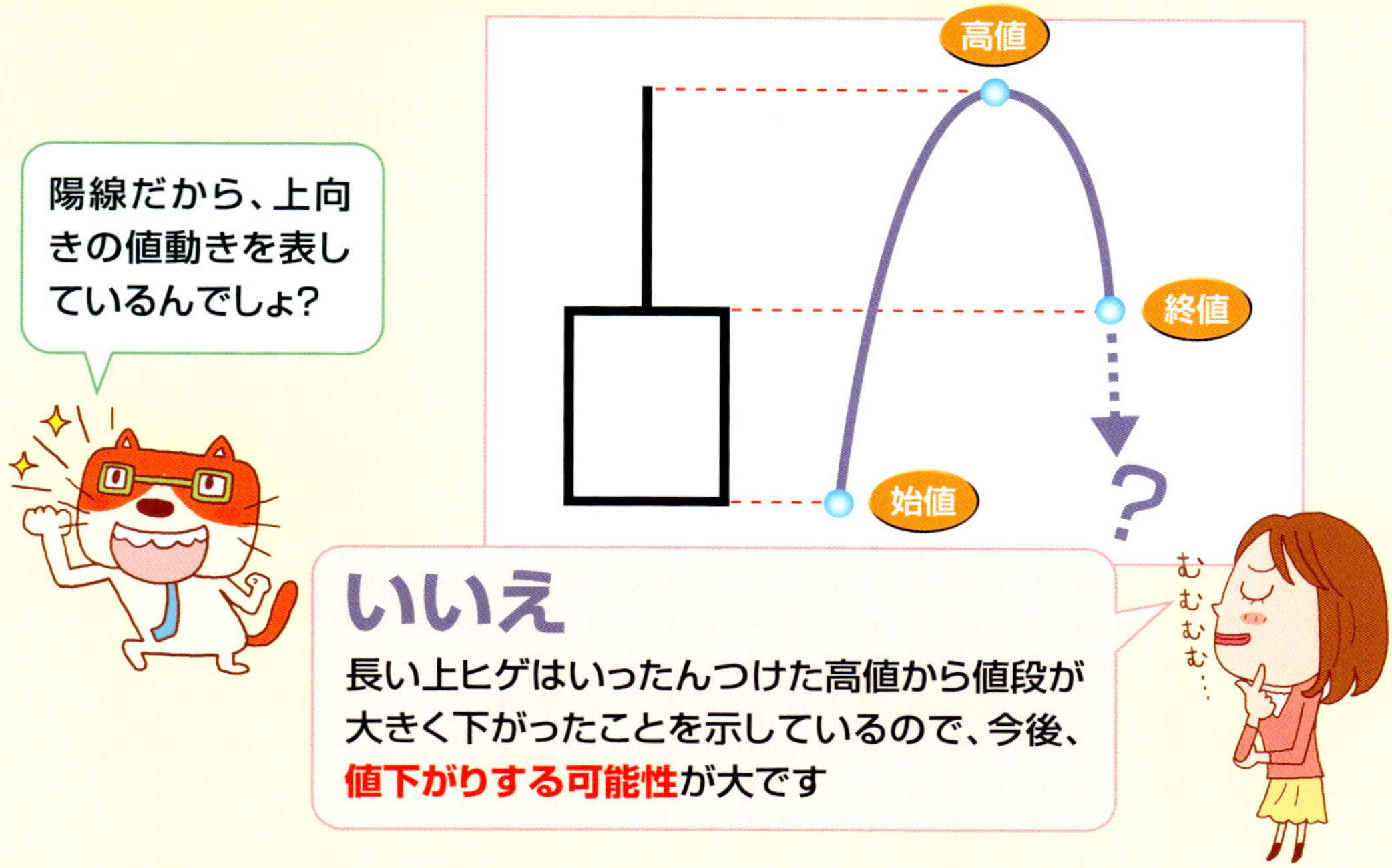
陽線だから、上向きの値動きを表しているんでしょ?
高値
終値
始値
?
むむむむ…

いいえ

長い上ヒゲはいったんつけた高値から値段が大きく下がったことを示しているので、今後、**値下がりする可能性**が大です

長い下ヒゲはチャンスかも?

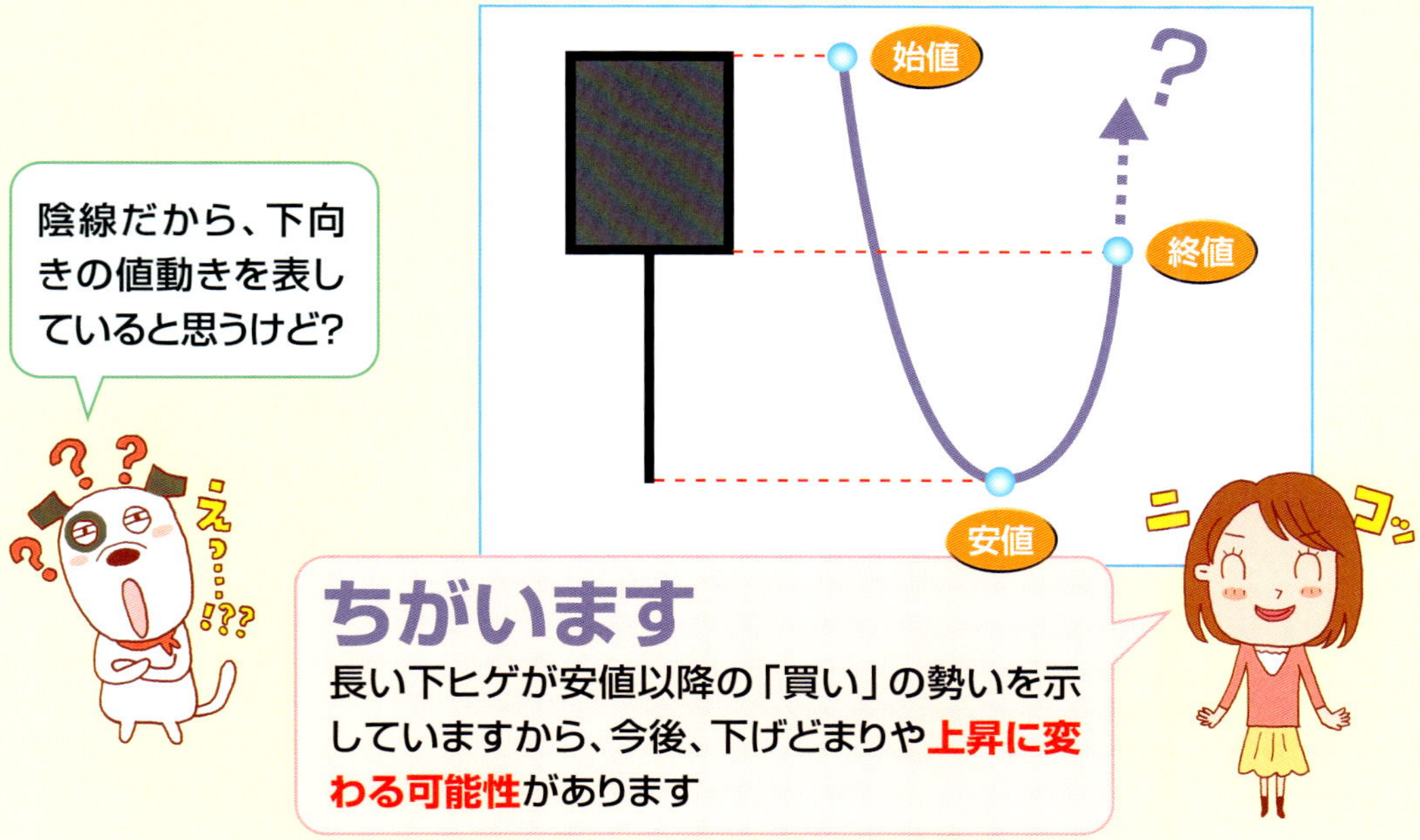
陰線だから、下向きの値動きを表していると思うけど?
始値
?
終値
安値
え?…!??
ニコッ

ちがいます

長い下ヒゲが安値以降の「買い」の勢いを示していますから、今後、下げどまりや**上昇に変わる可能性**があります

PART 5

全体の形からマーケットのトレンドを読む

複数のローソクが並ぶ、ローソク足チャートに目を向けていきましょう。個々のローソクではなく、全体の形を見ることで、その通貨のトレンドが浮かび上がってきます。

ローソク足チャート（週足）の例

米ドル・円（週足）
チャート上の最高値
＝天井
チャート上の最安値
＝大底
05/15
108.96
10/09
119.87
12/04
114.43
01/29
122.18
03/05
115.15
03/17
95.77
114
111
108
105
102
99
96
93
90
4月
10月
2008年
4月

ローソク足チャートの全体像をつかむ

ここまでは、ローソク足1つ1つの見方を説明してきましたが、いよいよチャート全体に目を移しましょう。

ローソク足のチャート全体を眺めたときにまず見えるのが、その全体の形です。この形から、**マーケットが「上昇」しているのか、「下降」しているのか、「動きがあるのか、ないのか」など、「トレンド（流れ）」が浮き彫り**になります。

マーケットで取引される金融商品には、必ず価格変動があります。そして、その価格変動には、それぞれのトレンドがあります。例えば人気が高く、多くの人が買いたいと思っているものは、右肩上がりに上昇していくトレンド。売買が少なく上にも下にもいかないときでも、それは「動きがない」という1つのトレンドになります。

FX投資で勝つためには、こうした「トレンド」をつかむことが絶対条件です。

これから下降トレンドになりそうだというとき、トレンドを無視して買いで入ってしまったら、含み損（確定していない損失）がかさんでいってしまいます。

原則は「底」で買い、「天井」で売る「天井」で売り、「底」で買い戻す

FXで利益を上げるには、為替レートの変動を利用して、**①安いところで買って、高いところで売却する。②高**

儲けのポイント

■ローソク足チャートの全体の形からマーケットのトレンドがわかる
■チャートを見ることで安いところ、高いところをキャッチできる

チャート全体からトレンドを見る

チャート全体を見ることで、**為替マーケットの「トレンド」をつかむ**ことができます。「安いところで買って、高いところで売る」「高いところで売って、安いところで買い戻す」のが、FXで利益を出す基本になります

ユーロ・米ドル（週足）
上昇トレンド
下降トレンド
横ばい
12/27
1.3660
07/19
1.2458
02/07
1.2731
08/29
1.2587
07/04
1.1866
11/14
1.1640
1.1204
1.40
1.38
1.36
1.34
1.32
1.30
1.28
1.26
1.24
1.22
1.20
1.18
1.16
1.14
1.12
7月
10月
2005年
4月
7月
10月
2006年

いところで売って、安くなったら買い戻す、という2つの方法があります。この価格変動で得る利益を「キャピタルゲイン（為替差益）」と言います。

為替トレードの利益にはもう1つ、金利収入のインカムゲイン（FXの場合は、スワップポイントを積み上げること）もありますが、**やはり王道であり、儲けも大きいのはキャピタルゲインです。**

キャピタルゲインの儲け幅を大きくするためには、少しでも、安いところや高いところをキャッチする必要があります。これに大いに役立つのが、ローソク足に代表されるチャートの動きを見ていくことです。

上の図は、週足のローソク足チャートです。これを見ると安いところ、高いところが一目瞭然でわかりますね。

大底（一番安いところ）から天井（一番高いところ）まで、その途中で上げ下げをくり返しています。右肩上がりの上昇トレンドのなかでも、安いところで買って、高いところで売り、安くなったら買い戻すという動きができるのが理想です。

日足・時間足・分足はトレードの必須チャート

FX投資の基本は、まずは森（トレンド）を見て、そして木（日々の足元の動き）を見ること。実際の売買タイミングは短期スパンのチャートでとらえていきます。

ローソク足チャート（時間足）の例

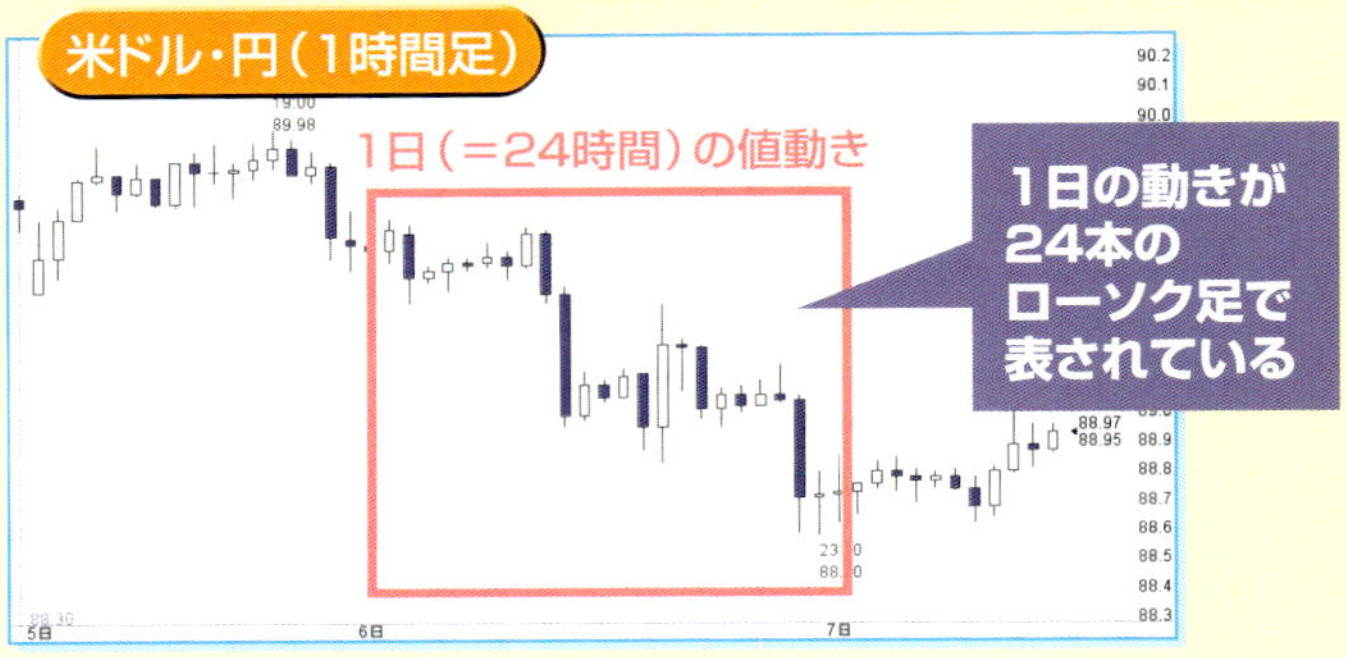
米ドル・円（1時間足）
1日（=24時間）の値動き
1日の動きが24本のローソク足で表されている

FX投資では時間足が大活躍

24時間トレードが可能なFX投資において、意外に重宝するのが時間足チャートです。時間足には、1時間足、4時間足など、さまざまなバリエーションがあります。

FXがほかの金融商品と決定的に違う点は、取引時間にあります。例えば株や商品（石油や金など）、債券などは、「ザラバ」と呼ばれる取引時間があり、その時間中に売買が行われます。対してFXは、**24時間いつでも取引可能**です。為替は常に、世界中のどこかで取引されているからです。

日本の早朝の時間帯には、オセアニアのマーケットが活発で、日中はもちろん日本や、アジア各国、夕方からはヨーロッパのマーケットが開き、深夜はニューヨークのマーケットでの取引が活況になります。それぞれの時間帯は、取引が活発なマーケットの地域から、「オセアニア時間」「日本時間」「ヨーロッパ時間」「ニューヨーク時間」と称されています。

このように24時間、常に値動きがありますから、個人投資家の多くのトレードスパンである**スイングトレード（3日～1週間ほどでポジションを決済する取引）**の場合、日足では動きがおおざっぱ過ぎ、分足では細か過ぎるということになります。こんなときに、**ピッタリなのが時間足**です。

時間足を使うと、1日のなかで最も値動きが多くなりやすい時間などが見

儲けのポイント

■短期トレードには時間足が便利。マーケットの転換点を示す日足、マーケットの敏感な動きをとらえる分足と併用すること

短期トレードでは日足、分足を活用

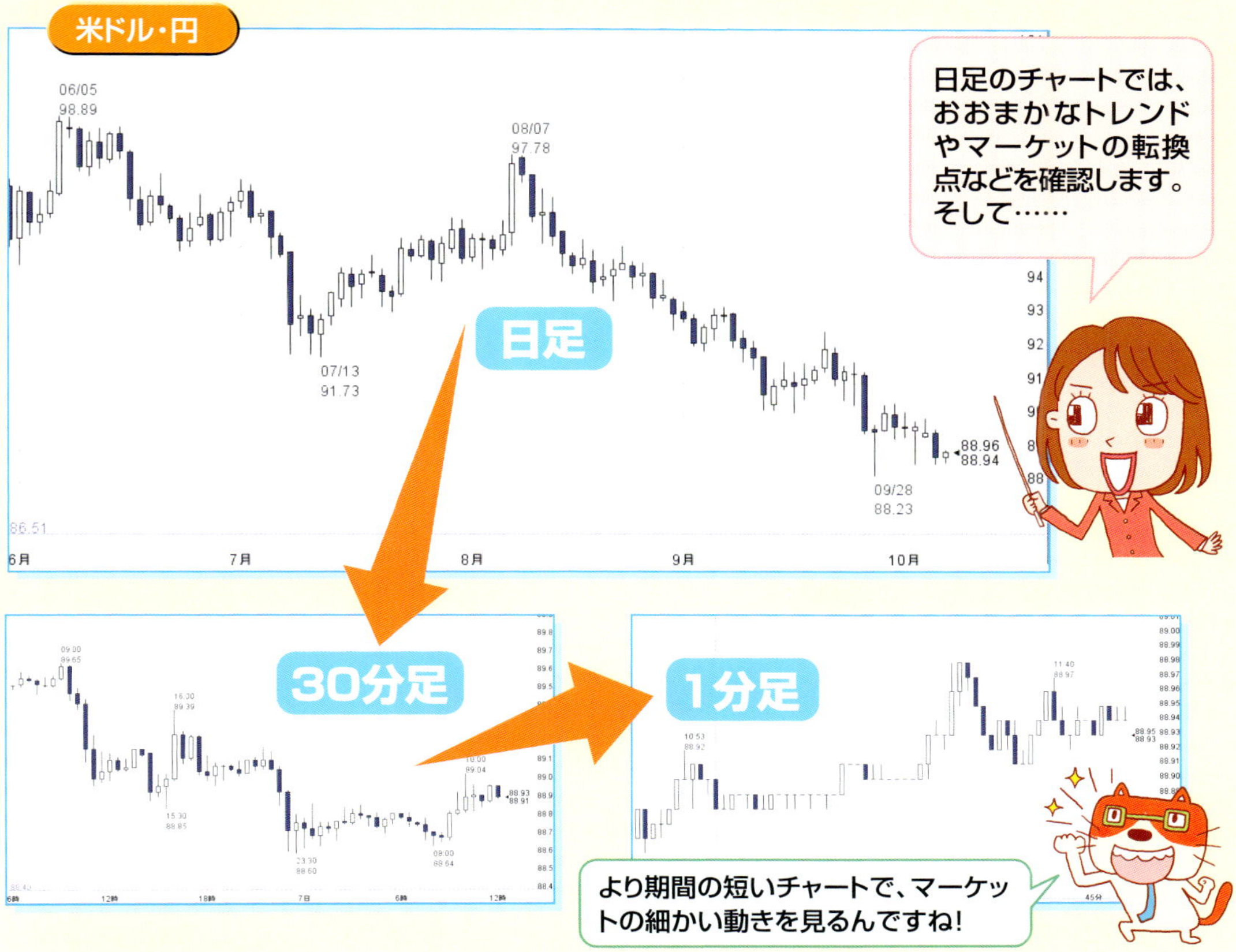
米ドル・円
06/05
98.89
08/07
97.78
07/13
91.73
09/28
88.23
88.96
88.94
86.51
6月
7月
8月
9月
10月
日足のチャートでは、おおまかなトレンドやマーケットの転換点などを確認します。そして……
日足
30分足
1分足
より期間の短いチャートで、マーケットの細かい動きを見るんですね!

えてきます。これがわかれば、マーケットが動きやすい時間をねらってトレードでき、**24時間ずっとウォッチする必要もなくなります。**

基本の日足と買うタイミングをねらう分足

短期の売買では「おおざっぱ過ぎる」とは言ったものの、それでも日足はチャート分析の基本中の基本です。**マーケットの転換点をいち早く示してくれるのが日足です。**また、日足をベースに多くの市場参加者が売買のタイミングを計っていますから、これは絶対的に欠かせないチャートです。

そして、私が日中によく眺めているのは分足です。これはパッと見ただけで、**マーケットの敏感な動きをとらえられます。**分足はデイトレーダーが最も活用しているチャートと言えます。分足といっても1分から5分、10分、30分と、さまざまな種類がありますから、自分が見やすい、相性のよいチャートを探しましょう。

ちなみに私は、ベースは1分足。そして30分足で短期のトレンドを見ていますよ。

マーケットの動向を表す代表的なローソク足

ローソクそれぞれの形には、その間のマーケットの動きが反映されています。そのメッセージを読み取るコツは、そのローソク足が出現した前後の流れを見ることです。

儲けのポイント

- マーケットの動向をよく表す代表的なローソク足の形を覚えよう
- 実体の大きさとヒゲの長さに注目！

目で見て覚えて投資のチャンスに！

ローソク足チャートを構成するローソク足には、さまざまな形がありますが、マーケットの動向をよく表すという点で、代表的な形がいくつかあります。

ここでは、5つの代表的な形を説明します。大事なことは、それぞれの形の示す方向性を理解することです。

きっと、取引の際あなたが見るチャートにも、これらの形のローソク足が含まれているはずです。**「この場面で、この形が出たということは、どんなトレンドを示そうとしているのか？」**そんな視点で見ていきましょう。そこには、買いや売りのチャンスが隠れているのです。

①大陽線と大陰線

実体の部分が長いローソク足のことです。これは、始値から終値にかけて価格が**一方的に上昇または下降したとき**にできる形です。

②小陽線と小陰線

実体の部分が短いローソク足のことです。ヒゲも短いのが特徴です。価格が上にも下にも大きく動かなかったときにできる形です。

③上影陽線と上影陰線

上にヒゲが長く伸びているローソク足で、下影陽線（陰線）の反対のサインになります。**長く上昇を続けたあとに出現したような場合は、特に要注意**です。そこまでのトレンドが転換するかもしれません。

④下影陽線と下影陰線

18ページで説明した、ヒゲが下に長く伸びているローソク足のことです。**買いのサインであることの多い形**です。ただし、このローソク足がすべて「買い」を意味するわけではありません。

この形が長く上昇を続けてきたあとに出るようなら、そのメッセージは「そろそろ天井かもしれない」という、逆の意味になります。このローソク足は、どのような流れで出現したか、がポイントです。

⑤十字足

16ページでも説明しましたが、**始値と終値が同じときにできる**ローソク足です。寄引同事線《よりひけどうじせん》とも呼ばれます。

ローソク足の代表的な形

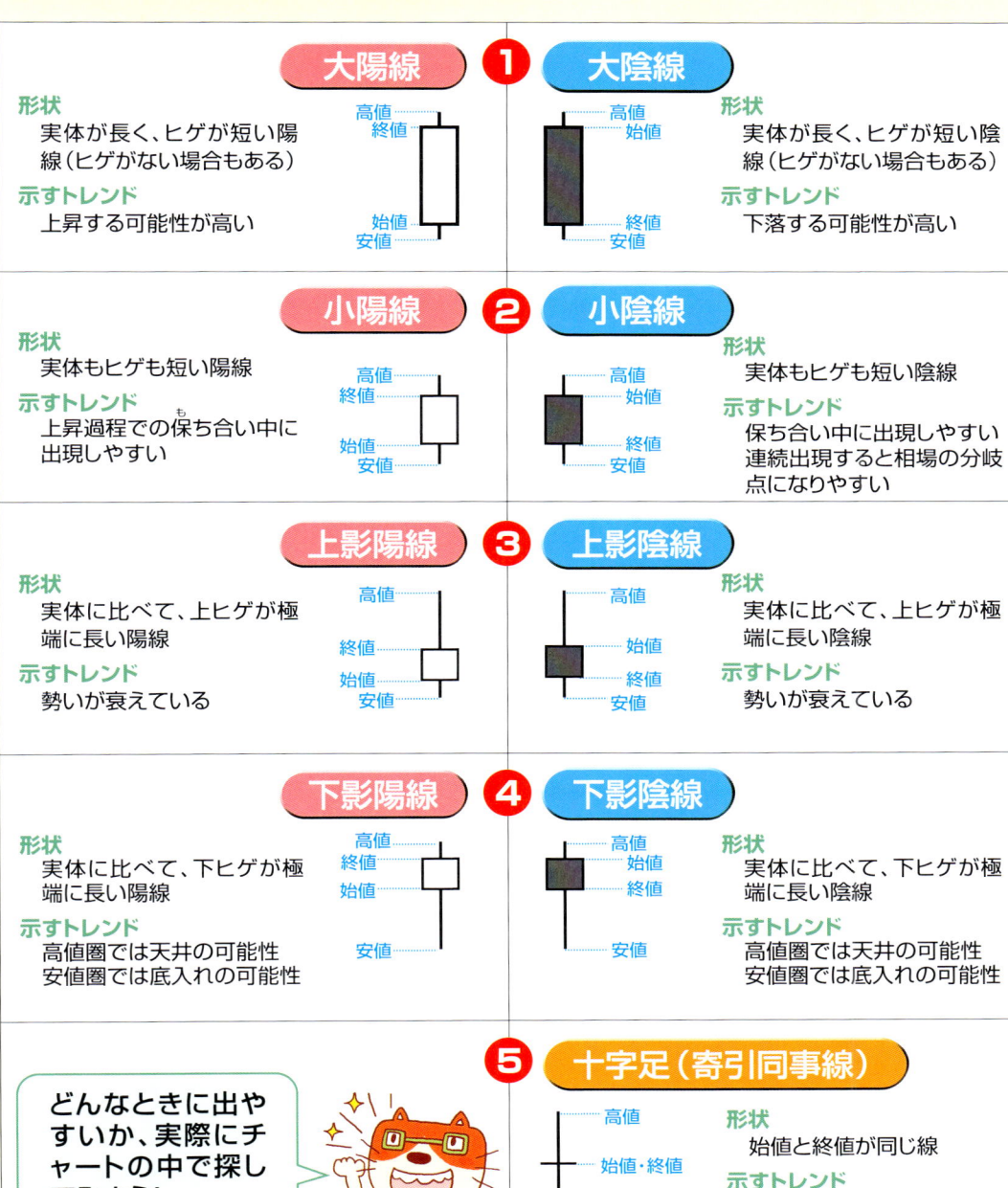

1 大陽線

形状
実体が長く、ヒゲが短い陽線（ヒゲがない場合もある）

示すトレンド
上昇する可能性が高い

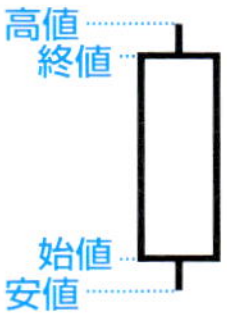
高値
終値
始値
安値

1 大陰線

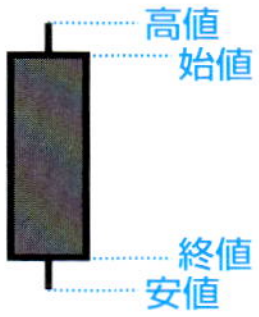
高値
始値
終値
安値

形状
実体が長く、ヒゲが短い陰線（ヒゲがない場合もある）

示すトレンド
下落する可能性が高い

2 小陽線

形状
実体もヒゲも短い陽線

示すトレンド
上昇過程での保《も》ち合い中に出現しやすい

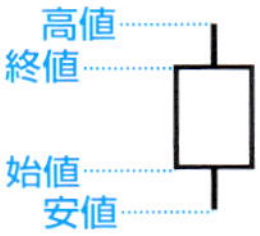
高値
終値
始値
安値

2 小陰線

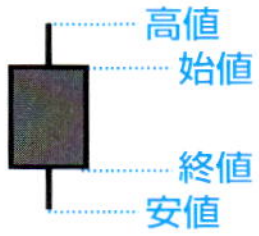
高値
始値
終値
安値

形状
実体もヒゲも短い陰線

示すトレンド
保ち合い中に出現しやすい
連続出現すると相場の分岐点になりやすい

3 上影陽線

形状
実体に比べて、上ヒゲが極端に長い陽線

示すトレンド
勢いが衰えている

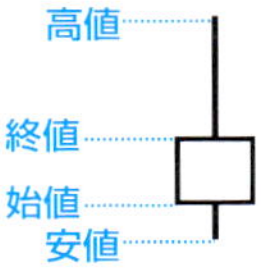
高値
終値
始値
安値

3 上影陰線

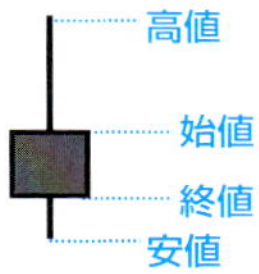
高値
始値
終値
安値

形状
実体に比べて、上ヒゲが極端に長い陰線

示すトレンド
勢いが衰えている

4 下影陽線

形状
実体に比べて、下ヒゲが極端に長い陽線

示すトレンド
高値圏では天井の可能性
安値圏では底入れの可能性

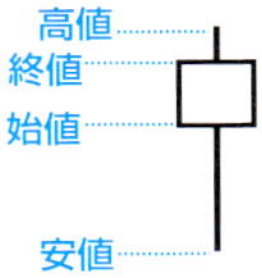
高値
終値
始値
安値

4 下影陰線

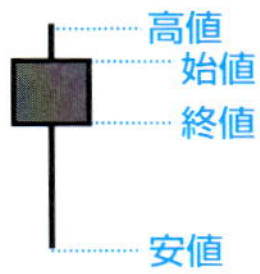
高値
始値
終値
安値

形状
実体に比べて、下ヒゲが極端に長い陰線

示すトレンド
高値圏では天井の可能性
安値圏では底入れの可能性

どんなときに出やすいか、実際にチャートの中で探してみよう!

5 十字足（寄引同事線）

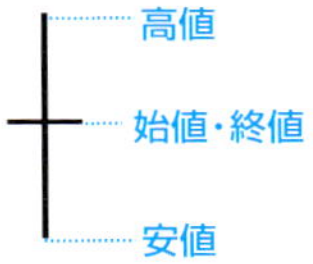
高値
始値・終値
安値

形状
始値と終値が同じ線

示すトレンド
「買い」と「売り」が拮抗しており相場転換の可能性

PART 8

ローソク足の応用を知って、分析力アップ!

基本の5つのローソクをベースに、さらに細分化したローソク足が応用形として、相場の実勢を示してくれます。大事なのはその形の意味を理解すること!

形だけではなく出現した場所も重要

ローソク足は日々、または1時間、1分など、さまざまな区切り方で設定され、次々に更新されていきます。そこには、常に最新のマーケットの動きについてのメッセージがこめられているのです。1つでも多く、こうしたメッセージを受け取りましょう!

基本の形でも触れたように、ローソク足には「相場の強さ（弱さ）を示すもの」や「相場の転換を示唆するもの」、または「保《も》ち合いが続くというシグナル」など、さまざまな形が存在し、その意味も多様です。

そのローソク足の持つ意味ももちろんですが、大切なのはそのローソク足がどこで出現したかです。同じ形のローソク足でも、それが天井圏で出たのか底値圏で出たのかによっては、その**意味合いは全く逆になってしまう**こともあるからです。

強気でいくなら大陽線 弱気のときは大陰線

左ページの一覧には、ローソク足の16の応用形を示しています。それぞれの名前などを暗記する必要はありませんが、**「こんな流れのなかでこの形が出たときは…」というイメージを頭のなかに植えつけて**おきましょう。

また、トレンドが続いていても、いつか突然その流れは変わります。その見極めこそ肝心です。転換を示す十字足やヒゲの長いローソク足が出現したとき「アレッ」と立ち止まれたなら、ローソク足の分析はもうお手の物!

ローソク足が示しやすいシグナルをしっかり押さえて、チャートを見てみましょう。

強気で買いたいときならば、「大陽線」についていきましょう。

弱気で売りたいときならば、「大陰線」についていきましょう。

また、十字足や小陽・陰線が続くのならば、相場が保ち合いになると構えて、転換点を待ち構えます。

下がってきたところで下ヒゲの長い陽・陰線が出たならば、買い圧力が高まってきた、底打ちか?と買い転換するシグナルになりそうです。

このように、**出てくるタイミングによって、そのとらえ方は多種多様**です。

儲けのポイント

■ローソク足は、その形だけではなく「どこで出たか」が重要

■大陽線は強気、大陰線は弱気、十字足は保ち合い

ローソク足16の応用形

基本形	ニックネーム	形状	シグナル
大陽線系	陽の丸坊主 終値 始値	ヒゲがまったくない大陽線	買い勢力が「一方的」に強い
	陽の寄付き坊主 高値 終値 始値	下ヒゲのない大陽線	買い勢力が強い
	陽の大引け坊主 終値 始値 安値	上ヒゲのない大陽線	買い勢力が強く、今後も上昇か
小陽線系	コマ（陽の極線） 高値 終値 始値 安値	実体もヒゲも極めて短い陽線	相場が迷い、保ち合っている
下影陽線系	カラカサ（陽線） 終値 始値 安値	短い実体に長い下ヒゲがつく陽線（上ヒゲなし）	「底値圏」で出たら上昇へ転換の可能性大
上影陽線系	トンカチ（陽線） 高値 終値 始値	短い実体に長い上ヒゲがつく（下ヒゲなし）	「天井圏」で出れば下落へ転換の可能性大
寄引同事線系	トンボ 高値 始値 終値 安値 高値 始値 終値 安値	下ヒゲが長い寄引同事線	相場の転換期を示唆
	トウバ（塔婆） 高値 始値 終値	下ヒゲがない寄引同事線	相場の1つの流れが終了し、この後転換か保ち合いへ

基本形	ニックネーム	形状	シグナル
大陰線系	陰の丸坊主 始値 終値	ヒゲがまったくない大陰線	売り勢力が「一方的」に強い
	陰の寄付き坊主 始値 終値 安値	上ヒゲのない大陰線	売り勢力が強い
	陰の大引け坊主 高値 始値 終値	下ヒゲのない大陰線	売り勢力が強く、今後も下落か
小陰線系	コマ（陰の極線） 高値 始値 終値 安値	実体もヒゲも極めて短い陰線	相場が迷い、保ち合っている
下影陰線系	カラカサ（陰線） 始値 終値 安値	短い実体に長い下ヒゲがつく陰線（上ヒゲなし）	「底値圏」で出たら上昇へ転換の可能性大
上影陰線系	トンカチ（陰線） 高値 始値 終値	短い実体に長い上ヒゲがつく（下ヒゲなし）	「天井圏」で出れば下落へ転換の可能性大
寄引同事線系	寄せ線（足長同事線） 高値 始値 終値 安値	上ヒゲと下ヒゲがほぼ同じ長さの寄引同事線	売り勢力と買い勢力が激しい攻防をしている。相場の転換期を示唆
	4値同事足 四本組	四本値がすべて同じで、柱もヒゲもない寄引同事線	相場が動いていない状態だが、動き出せば新しい相場へ

※各ローソク足の出現タイミングについては182ページの早見表参照

2本のローソク足のメッセージを読む

ローソク足は1つ1つでもメッセージを発信しますが、2本並んだその並び方によっても、さまざまなメッセージを届けてくれます。代表的な例を紹介しましょう。

1本より2本の方が具体的で明確になることが多い

隣り合わせた2本のローソク足が示すメッセージは、単体のものに比べて、より具体的で明確なものになることが多くあります。

特に、転換点を示す強力なサインになることが多いので、覚えておきましょう！

①かぶせ線

大陽線のローソク足に続けて、先の大陽線の中心付近まで終値が下落した陰線がくることを「かぶせ線」と言います。最初の大陽線ほどの強さを次の段階では保てずに、勢いが衰えて下落するとこういう形になります。これは**天井打ち（上昇の勢いがなくなった）の可能性が高い**というサインです。

②切り込み（切り返し）線

大陰線に続けて大陽線が現われる形です。大陽線の高値の部分が、先に出ている大陰線の中心より上に位置するものは「切り込み（切り返し）線」と言われます。大きく下げたあとに大きく上昇したことを表すもので、下げのパワーよりも上げのパワーが強く、**下げ渋っている(下げにくくなっている)**ことを意味することから、**上昇シグナル**ととらえられます。

③はらみ線

大陰線のあと、その大陰線の範囲内に収まる小陽線が出た場合。逆に、大陽線のあと、その大陽線の範囲内に収まる小陰線が出た場合がこの形です。**天井圏で出た場合は天井確認、底値圏で出た場合は底打ち確認**となる傾向が強いシグナルです。

④出合い線

先のローソク足（の終値）から大きく放れて始まるが、終了してみると先のローソク足の終値近辺にまで近づいているような形。**先に陰線がきて次に陽線が続くなら上昇、陽線の次に陰線がくるなら下落**を示唆します。

⑤毛抜き

陰線、陽線の順で並ぶもので、2本の安値がピタリとそろった形。これが**安値圏で出現すると底打ち**を示唆します。

逆に並びの順が陽線、陰線で、2本の高値がピタリとそろい、**高値圏で出現した場合は、天井を打った**ということを示唆します。

儲けのポイント

■隣り合った2本のローソク足の組み合わせで、より具体的で明確なメッセージが読み取れる！

2本のローソク足の代表的な組み合わせ

①かぶせ線

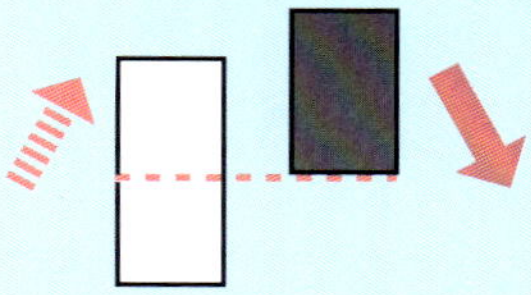

先の大陽線の中心付近まで下落した陰線が続く。**天井打ちのシグナル**

②切り込み（切り返し）線

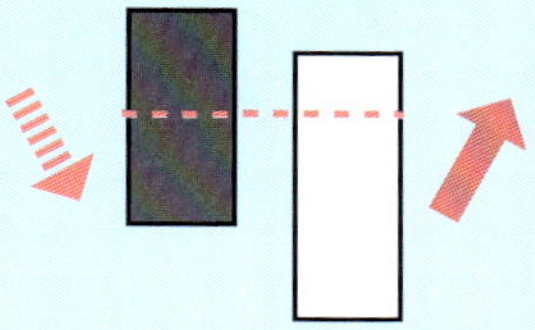

先の大陰線の中心より上で高値がついた大陽線が続く。**上昇のシグナル**

③はらみ線

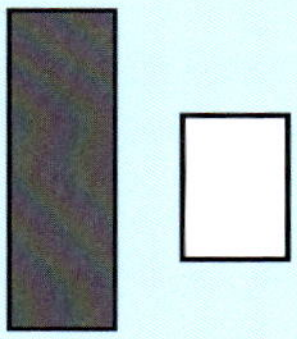

大陰線のあとに、その範囲内に収まる小陽線が続く。**相場転換のシグナル**

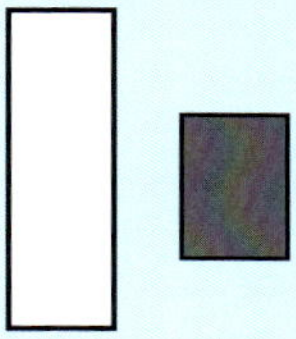

大陽線のあとに、その範囲内に収まる小陰線が続く。**相場転換のシグナル**

④出合い線

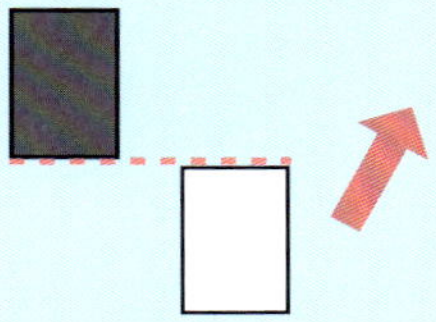

先の陰線から大きく下がった値から始まり、先のローソク足の終値付近まで上がる。**上昇のシグナル**

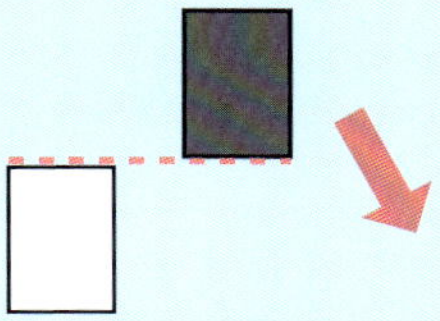

先の陽線から大きく上がった値から始まり、先のローソク足の終値付近まで下がる。**下降のシグナル**

⑤毛抜き

［毛抜き底］

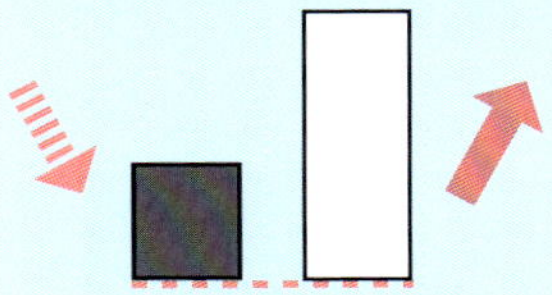

先の陰線と次の陽線の安値がそろう。**安値圏で出ると、底打ちのシグナル**

［毛抜き天井］

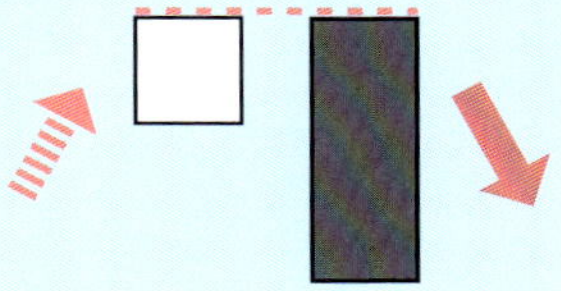

先の陽線と次の陰線の高値がそろう。**高値圏で出ると、天井打ちのシグナル**

2本のローソク足の最強シグナル「つつみ足」

隣り合ったローソク足の形のなかでも、特に強力なのが「つつみ足」。新たなトレンドへ転換したことを示す大事なシグナルです。簡単な形ですから覚えて使いましょう!

つつみ足とは?

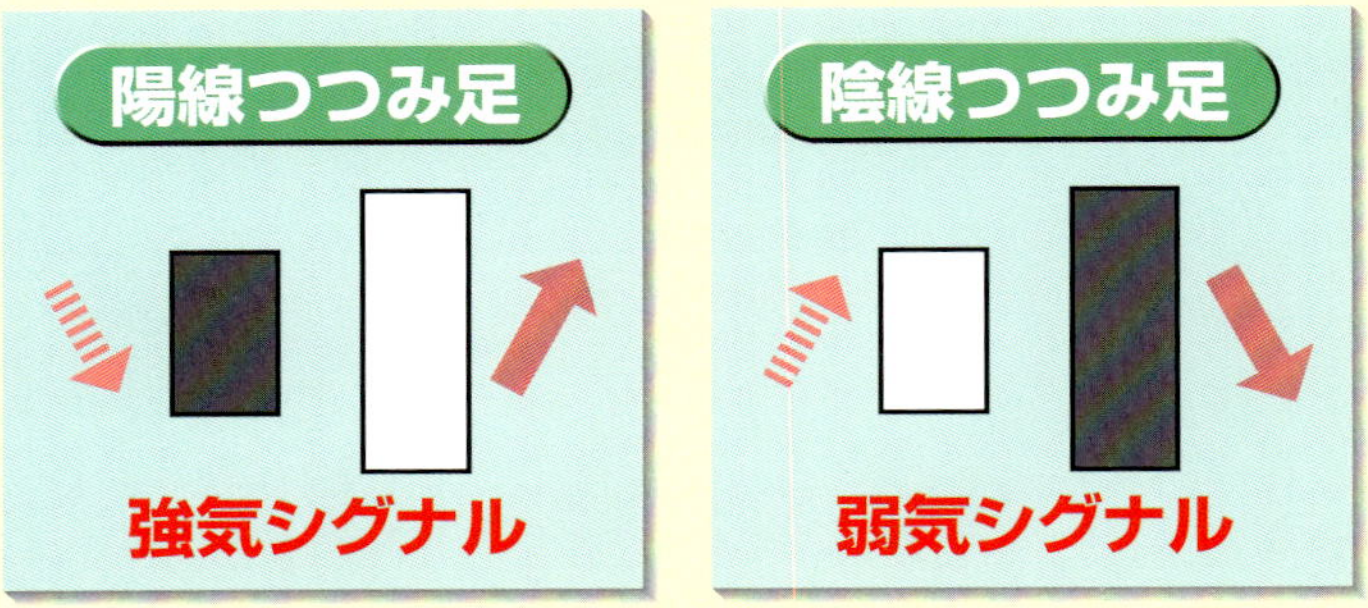

トレンドの転換を示す簡単&強力なシグナル

つつみ足は、上昇トレンドから下降トレンドへ、もしくは下降トレンドから上昇トレンドへという**「トレンドの転換」**を示す、簡単で強力なシグナルです。つつみ足では、2本のローソク足は次のように並びます。

- **先の陰線を、続く陽線がすっぽりつつみ込む「陽線つつみ足」**
- **先の陽線を、続く陰線がすっぽりつつみ込む「陰線つつみ足」**

「陽線つつみ足」は**「強気シグナル(上昇に転じると考えられる信号)」**、「陰線つつみ足」は**「弱気シグナル(下降に転じると考えられる信号)」**です。これらが意味するマーケットの状態を考えてみましょう。

あとのローソク足の高値が、先のローソク足の高値よりも高く、あとの安値よりも、先の安値の方が高い場合、先のローソク足をあとのローソク足が上から下まですっぽりつつみ込むことになります。これが、つつみ足です。

陽線つつみ足であれば、先のローソク足よりも安い安値をつけたけれど、それ以上に上昇して引けたことから、**買い需要が高まっている**と判断します。よって強気シグナルとなるのです。

陰線つつみ足は逆で、先のローソク足よりも高い高値をつけたけれど、それ以上に下がって引けたため、**売り需要が高まっている**と判断します。よって弱気シグナルです。

儲けのポイント

- 強気の「陽線つつみ足」は、安値圏で探す
- 弱気の「陰線つつみ足」は高値圏で探す
- より長期のチャートで探すと精度が高まる

安値圏・高値圏でつつみ足を探す

ユーロ・円（月足）
07/31
168.93
07/31
169.95
08/31
149.23
06/30
139.22
135.09
135.06
175
168
161
154
147
140
133
126
119
大きな下落後に、陽線つつみ足が出現。その後、上昇トレンドへ
陽線つつみ足
上昇トレンド
2007年
2008年
2009年

豪ドル・円（週足）
陰線つつみ足
下降トレンド
03/22
77.96
87
85
84
83
82
81
80
79
78
77
76
75
74
73
72
上昇トレンドが長く続いたあと、陰線つつみ足が出現。その後、下降トレンドへ
10月
2004年
4月

つつみ足の精度を高める3つのポイント

ただし、つつみ足が出たからといって、そのすべてが転換シグナルになるとは限りません。チャート分析の常套《じょうとう》句ですが、**「ダマシ（発しているメッセージ通りにならないこと）」**があって当たり前なのです。

でも、そのダマシになるべく引っ掛からないために、「どんなタイミングで出たらより精度が高くなるのか？」を紹介しましょう。

- **より長期のチャートで見る。**

日足より週足、週足よりも月足の方がつつみ足の出現率は下がります。そのぶん、つつみ足が出たときの精度は高くなります。

- **安値圏での陽線つつみ足を探せ**
- **高値圏での陰線つつみ足を探せ**

この2つは同じ理由です。マーケットが横ばいで推移しているときのつつみ足は、それほど意味を持ちません。高値圏や安値圏で出るからこそ、強いメッセージになるのです。安値なら陽線つつみ足、高値なら陰線つつみ足を探しましょう。

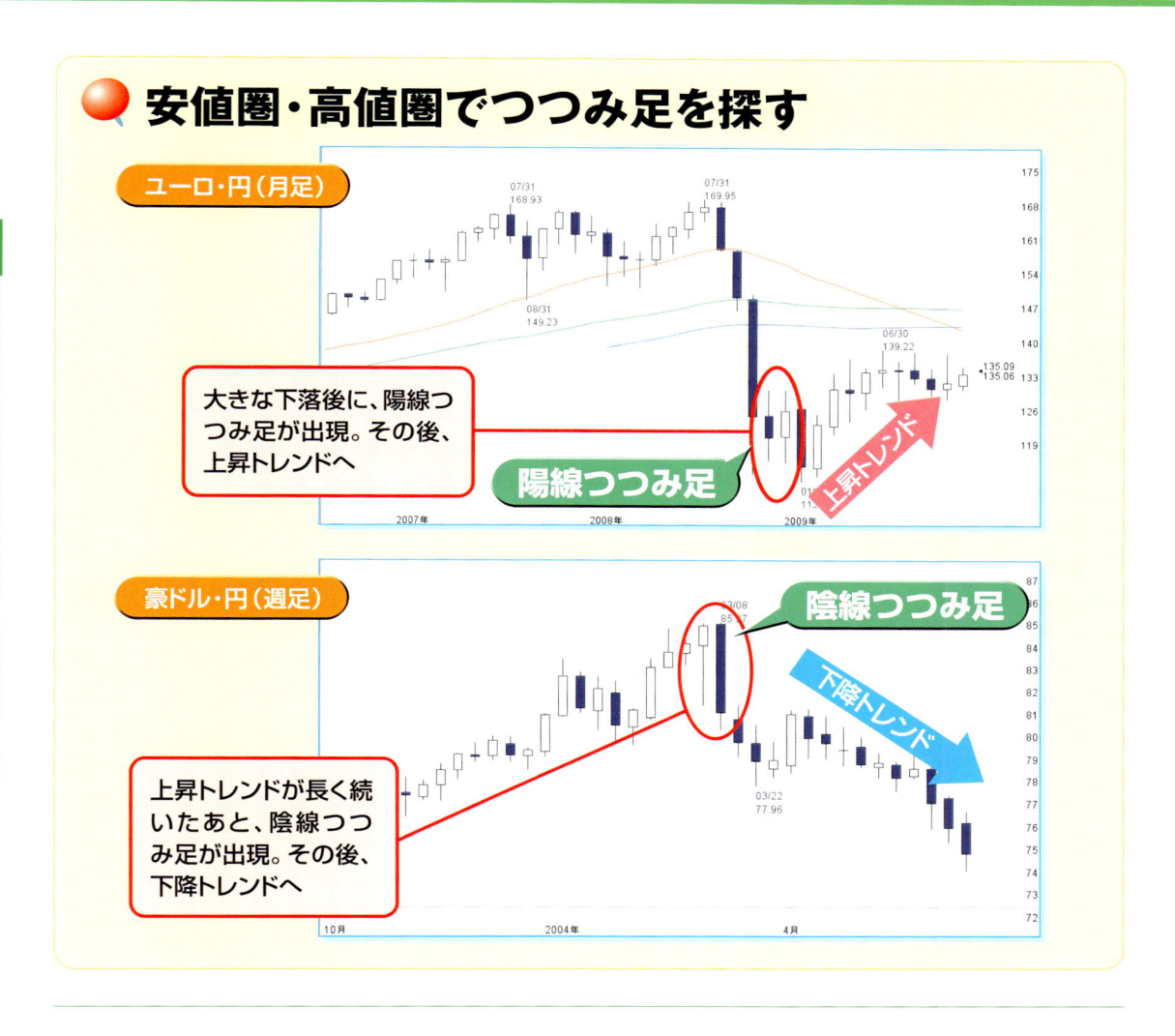

PART 11

「酒田五法」日本が誇る世界のローソク足分析

江戸時代、米相場で投資手腕を発揮した本間宗久が作ったのが、ローソク足チャートの分析法である「酒田五法」です。今もなお、ローソク足チャート分析の原点として使われています。

儲けのポイント

- チャート上で酒田五法を見つけたら、トレンド転換に備える
- 理屈ではなく、ローソク足の形で覚えるのが近道！

トレンド分析の基礎 5つの分析

酒田五法には、その名前の通り5つの分析スタイルがあります。左のページの図と比較しながら覚えて下さい。

①三山（ヘッドアンドショルダー）

上げ下げをくり返すことで、3回天井をつけてから（3つの山を作ってから）崩れる形を「三山」と言います。

一番典型的で、最もポピュラーな形は、3つの天井のうち、まんなかが一番高い**「三尊天井《さんぞんてんじょう》」**と言われる形です。テクニカル分析のニュースなどでもよく使われる言葉ですが、海外では「ヘッドアンドショルダー」と言われます。**海外ニュースの多いFXでは、この言葉で覚えてもOK**ですよ。

②三川

3本のローソク足を使って、相場の転換点を示すシグナルを確認するのが三川です。**「宵《よい》の明星」**（下降トレンドへの転換を示唆）、**「明けの明星」**（上昇トレンドへの転換を示唆）が最もポピュラーです。

③三空

24時間、途切れずに取引される為替マーケットでは出にくいのが、隣り合わせるローソク足が前のローソク足とかぶらず**「窓（前のローソク足と間隔を空けた始値がついた形）」を3つ空けて上昇（下降）**していく形です。上放れなら上昇シグナル、下放れなら下降シグナルとして強力です。

④三兵

陽線のローソク足が3本続けば**「赤三兵」**。大きな上昇トレンドの前兆と見られます。陰線のローソク足が3本続く**「黒三兵」**は下降トレンドへの転換シグナルとされています。

⑤三法

「上げ三法」は大陽線のあとに三本の小陽線、または小陰線が連なったところへ、再度大陽線が出現した形です。最初の大陽線に包まれるように続くローソク足は、陽線や陰線の区別はありませんが、最初の大陽線の安値を下回ることはありません。そして、再度大陽線が立ちますが、この高値は最初の大陽線の高値を更新します。これは、上昇トレンドを示すシグナルです。

この逆の形が**「下げ三法」で**、下降トレンドのシグナルとされます。

酒田五法の5つのパターン

①三山《さんざん》（ヘッドアンドショルダー）

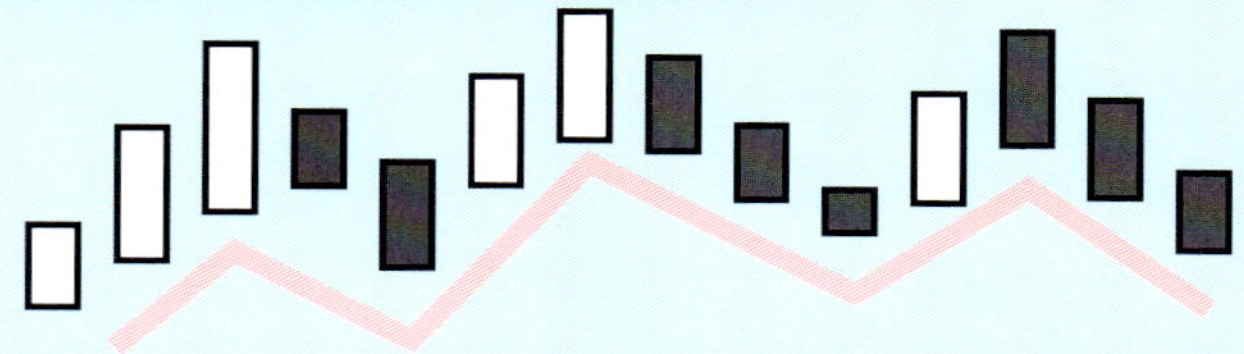

上げ下げをくり返して、3回天井を形成したあと、相場が下落に向かう

②三川《さんせん》

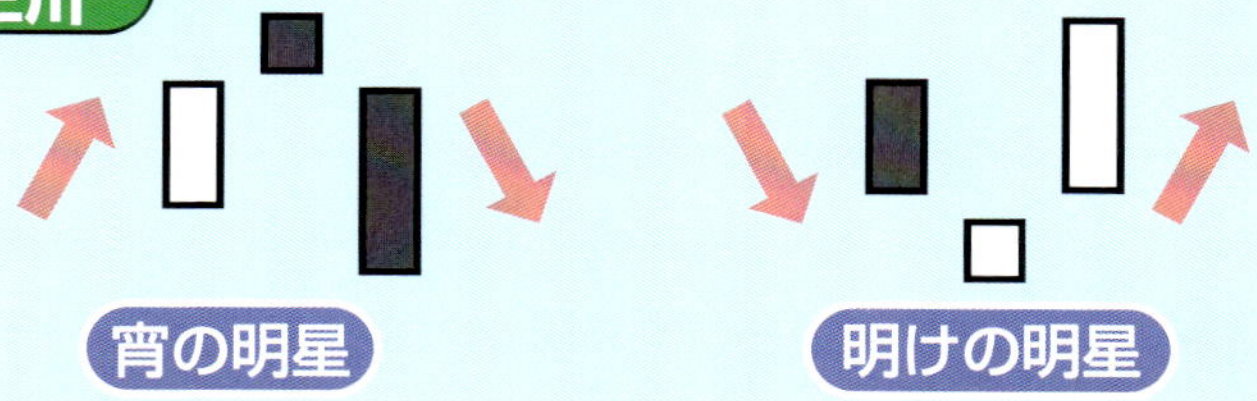
宵の明星
明けの明星

「宵の明星」は下降トレンドへの、「明けの明星」は上昇トレンドへの転換を示す

③三空《さんくう》

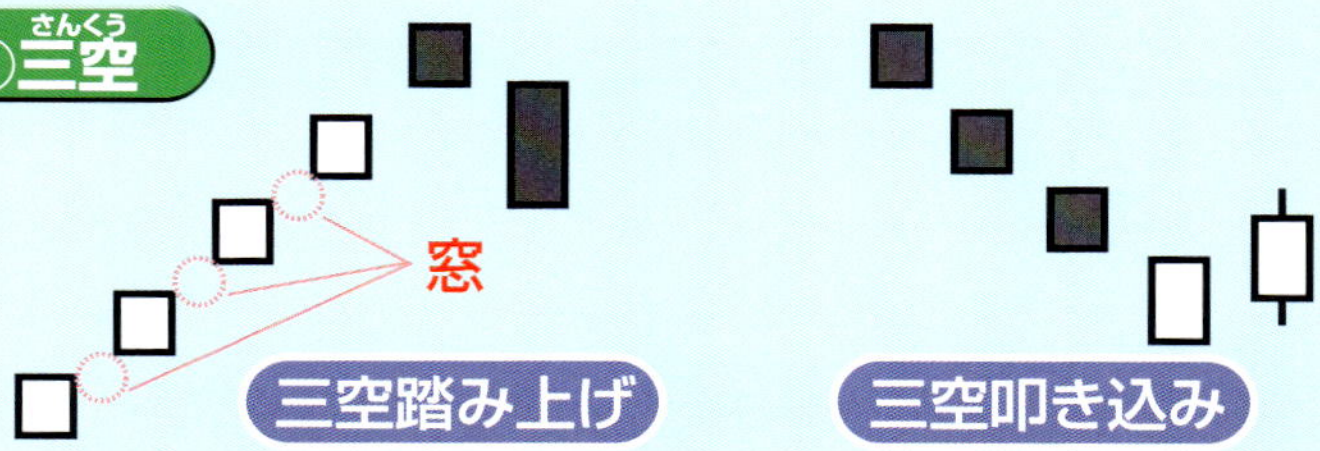
窓
三空踏み上げ
三空叩き込み

前のローソク足と間隔を空けた始値の陽線、または陰線が3つ続く。上放れは買い、下放れは売り

④三兵《さんぺい》

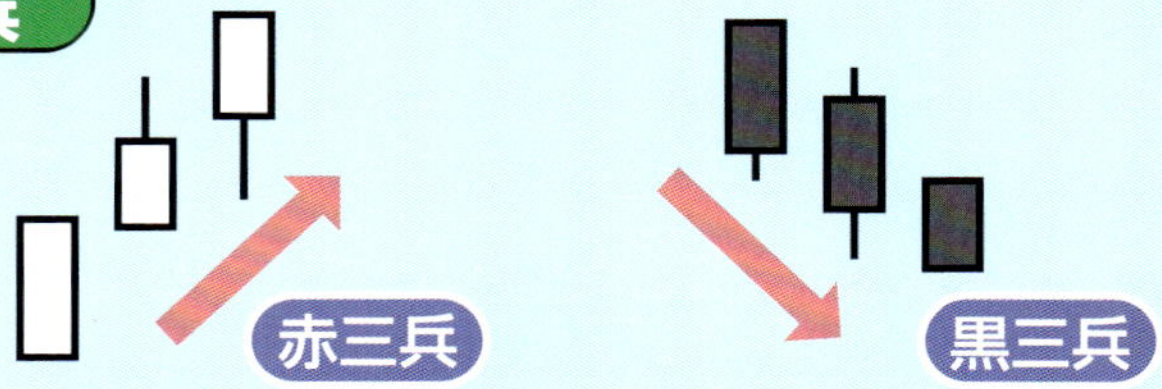
赤三兵
黒三兵

陽線が3本続く「赤三兵」なら上昇への、陰線が3本続く「黒三兵」なら下降への転換

⑤三法《さんぽう》

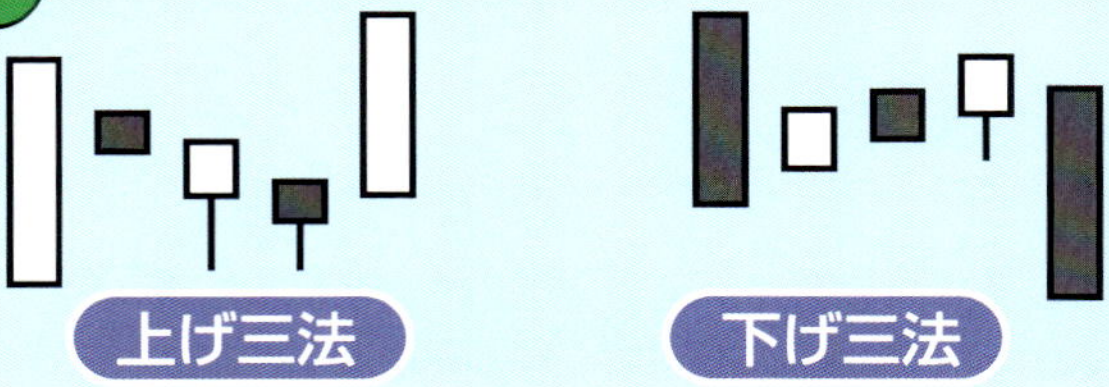
上げ三法
下げ三法

「上げ三法」は上昇相場のなかで、「下げ三法」は下降相場のなかで見られる

column

リーマンショックに学ぶ①

FXトレーダーの「自己責任」

2000年以降、為替市場では長期円安トレンドが続いていましたが、2008年9月のリーマンショックで、このトレンドは完全に覆りました。当時、外貨市場だけを見ていたFXトレーダーは「ユーロがこんなに下がった。押し目買いだ！」「英ポンドも下げた。買おう買おう！」と、リーマンショックの下げを「押し目」と見て、大勢が買いに回りました。

サブプライムショックも含め、それまでの暴落は、絶好の押し目となることが多かったので、彼らは「円売り、外貨買い」に慣れ切っていたのです。しかし、リーマンショック後は、「マージンコール」、「ロスカット」といった言葉がFXトレーダーたちの間で飛び交いました。そして、多くのトレーダーが莫大な損害を被りました。

こうした不満が当局にぶつけられた結果、「FXのレバレッジ規制」という動きが起こったのです。自己責任で投資ができなかったトレーダーの恨みつらみを、素直にお役人が聞いて、「投資家保護」のための措置を講じたというわけです。

実際のところ、相対取引業者のレバレッジ設定は各社の判断となっていたので、200倍や500倍といった強烈なレバレッジも存在していましたが、それを選択するもしないも「投資家個人」の判断です。大きな利益を望める高いレバレッジでは、リスクも高くなるのは当然です。ハイリターンとハイリスクを踏まえて投資をしたはずの投資家たちが、損をしたからと泣き言を言ってしまったために、「レバレッジ規制」というFXトレードの手足を縛る結果を招いてしまいました。

レバレッジ規制は2010年夏と2011年夏の2段階で20～30%に引き下げられる予定です（ちなみに欧米のFX会社が設定するレバレッジの平均は100倍です）。

投資においては、自己責任が基本です。利益が生じたらそれを手にするのは投資家本人であるのと同様に、損失が生じたらそれを被るのも投資家本人であることを十分に肝に銘じてくださいね。

基本編

2章

上向き？ 下向き？ 流れを示す移動平均線

移動平均線はチャート分析のイロハの「イ」

ローソク足チャートとともに用いられることの多いポピュラーな分析が、移動平均線です。ある一定期間の値段の平均値をグラフ化したもので、トレンドを見極める手法として有効です。

細かな動きをならして、大きなトレンドを示す

ローソク足チャートを眺めているときに、ローソク足に寄り添うようにして何本かの曲線が引かれているのを見かけませんか？ それが**「移動平均線」**です。

移動平均線とは、ある一定期間の終値の平均値を線で結んだものです。その平均値が例えば5日間の平均値であれば5日移動平均線、25日であれば25日移動平均線となります。

ローソク足を見ると、始値、高値、安値、終値が詳細にわかります。マーケットが日々刻々、細かく上下していることがわかるでしょう。

しかし一方で、その細かな動きに惑わされてしまい、本来見なければならない「大きなトレンド」がローソク足では見えなくなっていることもあります。

その点、移動平均線は一定期間の終値の平均値を連ねたものですから、細かな動きはなめらかな曲線にならされ、マーケットが上向きなのか、下向きなのかといった**大きなトレンドがつかみやすくなって**います。

移動平均線の使われ方

一般的に移動平均線では、日足チャートで5日線、10日線、25日線、75日線、２００日線がよく使われます。

よく使われるということは、市場参加者の多くが、これらの**移動平均線をものさしにして売買の判断を下している**ということです。

これらの移動平均線の発するシグナルは、**マーケットに大きな影響を与えます**から、この動きには注意が必要です。移動平均線が発するシグナルについては、次ページ以降で順次説明していきます。

同様に週足チャートでは13週線、26週線、月足では60ヵ月線、１２０ヵ月線がポピュラーです。

分足や時間足になると、個別にそれぞれ使いやすいものを設定しているケースが多いので、多く用いられると特定できる移動平均線はありません。

日足、週足、月足で使い慣れてきたら、自分の使い勝手のよい分足、時間足の移動平均線を見つけてみるのも一考です。

儲けのポイント

- 一定期間の値段の平均値である移動平均線はトレンド把握に効果的
- 市場参加者の多くが移動平均線を参考に売買している

移動平均線とは？

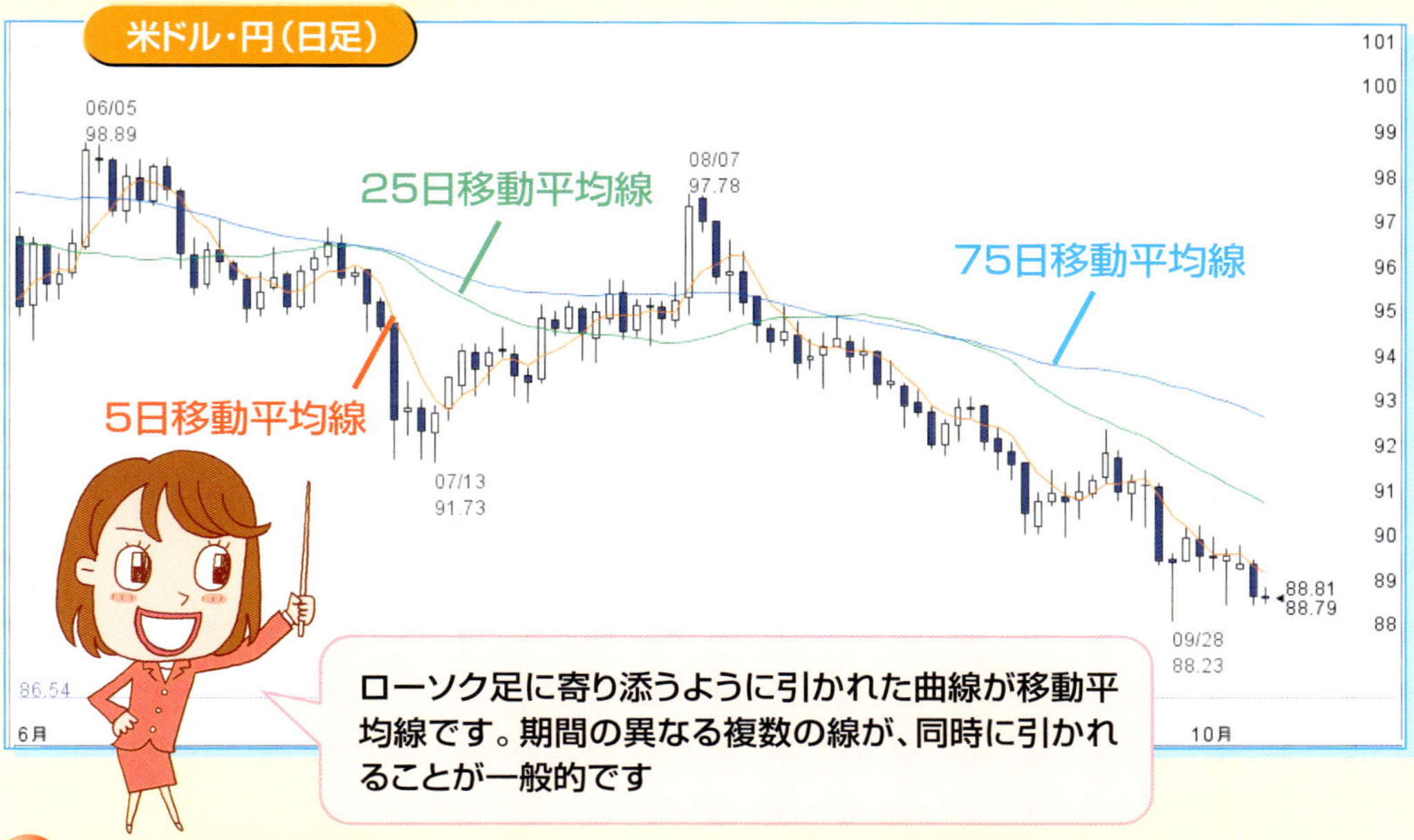
米ドル・円（日足）
06/05
98.89
08/07
97.78
25日移動平均線
75日移動平均線
5日移動平均線
07/13
91.73
09/28
88.23
88.81
88.79
101
100
99
98
97
96
95
94
93
92
91
90
89
88
86.54
6月
10月
ローソク足に寄り添うように引かれた曲線が移動平均線です。期間の異なる複数の線が、同時に引かれることが一般的です

一定期間の為替レートの平均値を表す

5日移動平均線を例にすると

	1日目	2日目	3日目	4日目	5日目	6日目	7日目	8日目	9日目	10日目
終値（円）	95	93	92	89	91	94	98	100	97	96

平均 92 円
平均 91.8 円
平均 92.8 円
平均 94.4 円
平均 96 円
平均 97 円

やったわん!
直近5日間の終値の平均を出すだけで5日移動平均線が描ける!

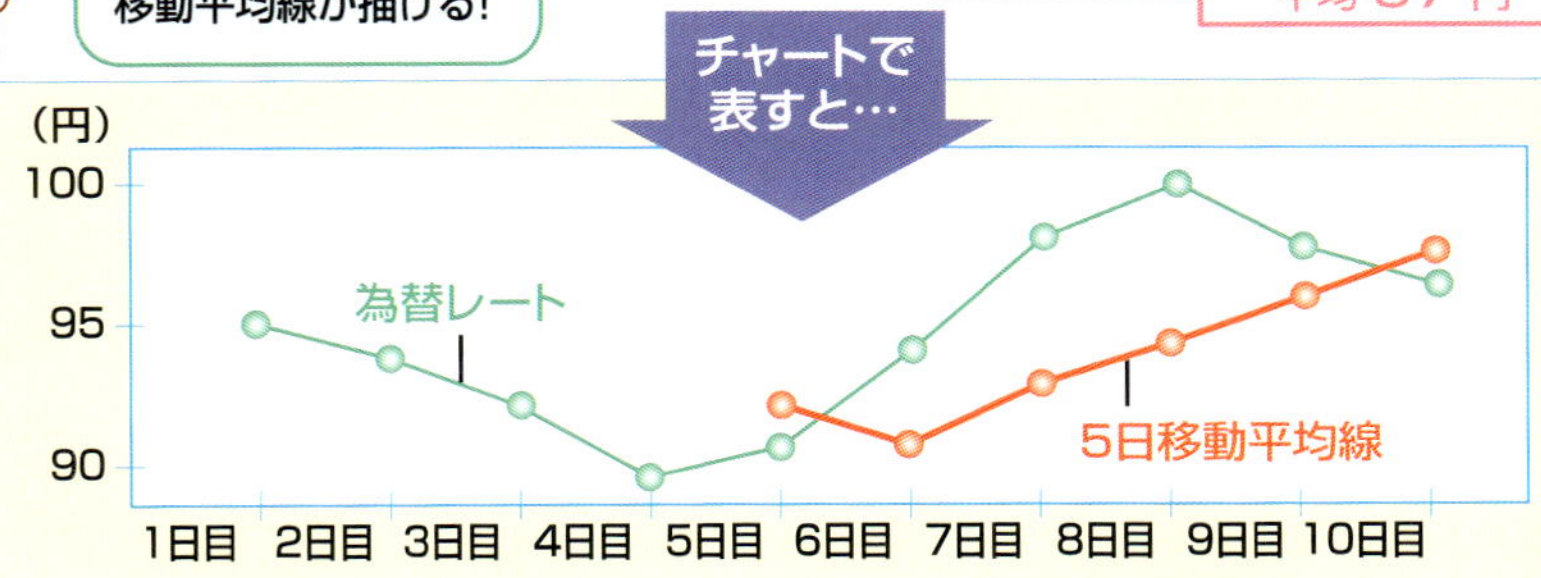
チャートで表すと…
（円）
100
95
90
為替レート
5日移動平均線
1日目
2日目
3日目
4日目
5日目
6日目
7日目
8日目
9日目
10日目

PART 2

移動平均線のクセや習性をつかむ

大きな流れをとらえる移動平均線は、値動きに即座に反応するローソク足とセットで利用します。移動平均線ならではのクセや習性をつかんで、より上手に使いこなしていきましょう。

儲けのポイント

- ■一定期間の終値を平均する移動平均線は大きな流れをつかむのが得意
- ■下値支持線や上値抵抗線として、押し目買いや戻り売りの目安になる

トレンドを描くぶん、細かな変化を示すのは苦手

ローソク足に比べてトレンドをしっかり表す移動平均線ですが、そのぶん不足する点もあります。それが、値段の変化へのタイムリーな対応です。

ローソク足では、急騰や急落がズバリ描かれますが、移動平均線はその名のとおり、前後の終値とともに平均されるため、**急騰や急落がタイムリーに反映されません。**その後の値動きを加味して、しだいに形を変えていきますが、ピンポイントで比較すると、どうしても遅れてしまうのです。

そもそも移動平均線はトレンドを見るためのものですから、これは仕方のない点です。

下値支持線、上値抵抗線として上値、下値の目安を示す

トレンドがしっかりと上方向に向いていると、これ以上下がりにくいと思われる目安のラインとして、移動平均線が機能します。ローソク足の動きが移動平均線の下に割り込まずに推移している場合、この移動平均線は**「下値支持線」**になっている、と言えます。

下値支持線とは、この線まで価格が下落してローソク足が近づいてきても、その線を越えて下がることがなく、逆に上昇していくラインのことです。

同じように、下降トレンドが固まってくると、これ以上は上がりにくいという目安のラインとして、移動平均線が**「上値抵抗線」**として機能します。

上値抵抗線とは、下値支持線とは逆に、この線まで価格が上昇してローソク足が近づいてきても、その線を越えて上がることがなく、逆に下落していくラインのことです。

こうした支持線や抵抗線として機能する移動平均線は、**日足チャートと一緒に使うと最も機能します。**週・月足ではシグナルの発信が遅れがちで、分・時間足ではシグナルの精度が落ちがちですから、注意してください。

この形を見つけられたときは、下値支持線なら、そこまで下げたときに押し目買いのタイミングとして「買い」注文を、上値抵抗線なら、その付近まで上がってきたら、戻り売りのタイミングと見て「売り」注文を入れるという売買に用いることができます。

移動平均線ならではのクセ

豪ドル・円（日足）
02/28
100.48
03/17
88.13
85.76
2月
3月
4月
98
97
96
95
94
93
92
91
90
89
88
87
86
85
ローソク足では
上昇から下降への変化が即座に表されている
移動平均線では
ローソク足よりも遅れて、その変化が表される

ポイント
移動平均線は、トレンドの大きな流れをつかむことには有効な反面、値動きをタイムリーにとらえることには適していない

移動平均線が下値支持線と上値抵抗線になる

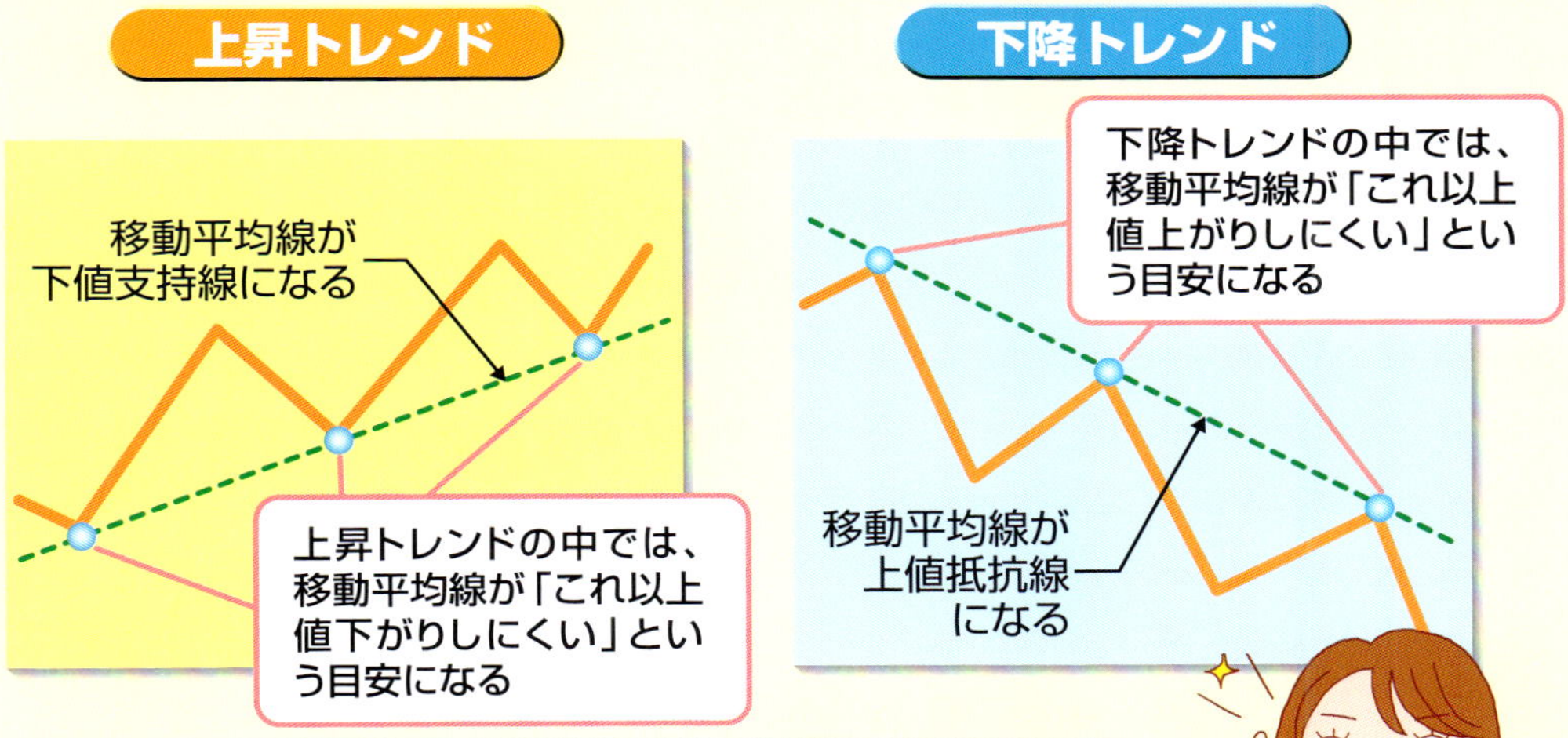
上昇トレンド
移動平均線が
下値支持線になる
上昇トレンドの中では、
移動平均線が「これ以上
値下がりしにくい」とい
う目安になる
下降トレンド
下降トレンドの中では、
移動平均線が「これ以上
値上がりしにくい」とい
う目安になる
移動平均線が
上値抵抗線
になる

上昇トレンドで下値支持線まで値下がりすることがあれば**「押し目買い」**、下降トレンドで上値抵抗線まで値上がりすることがあれば**「戻り売り」**と、売買のタイミングを計る目安にもなります

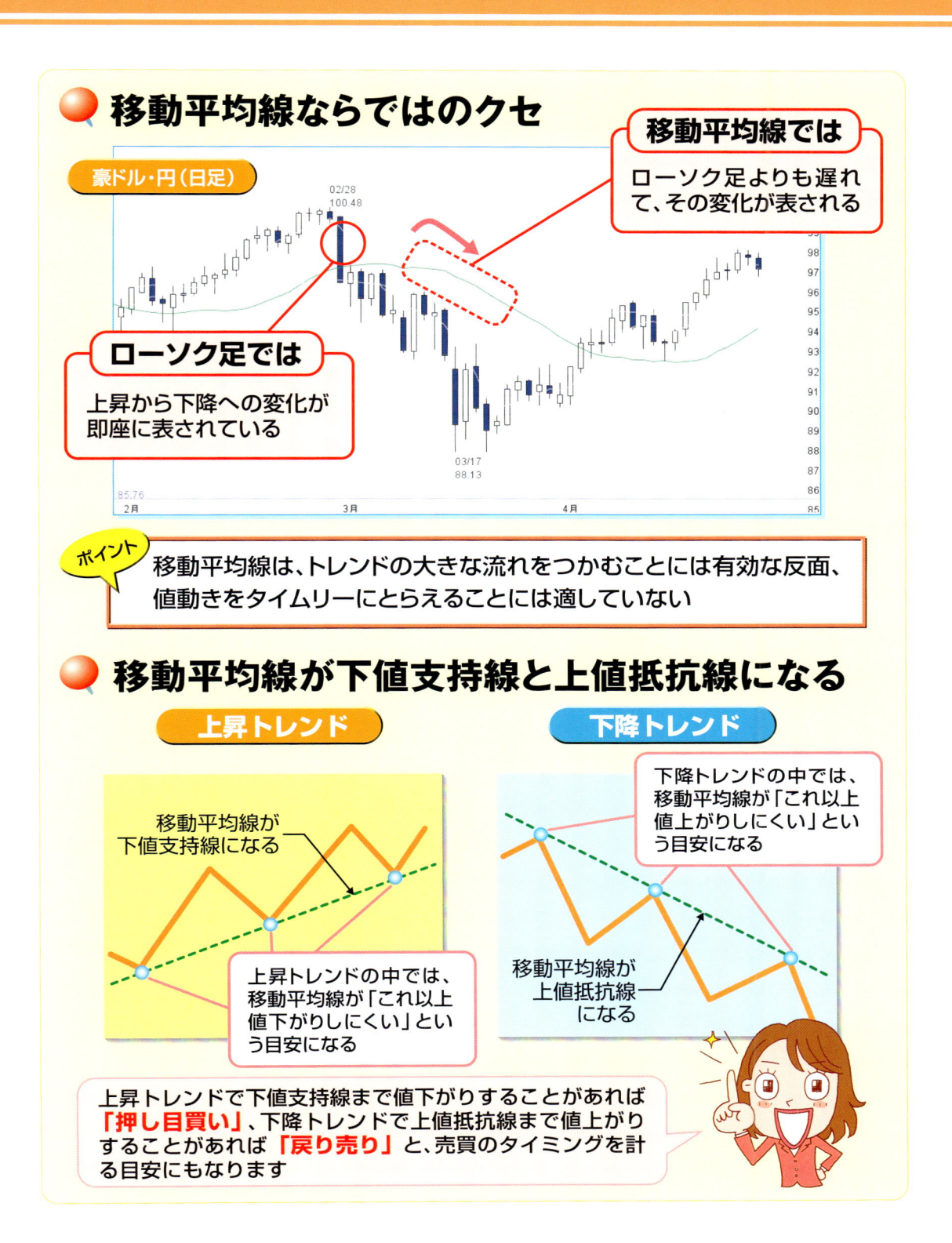

トレンドの変化をいち早く把握する

ローソク足＋移動平均線は、簡単かつ効果的なチャート分析のゴールデンコンビです。まずは、それぞれの位置関係だけで売買判断ができる、最もシンプルな方法を紹介しましょう。

ローソク足の上か?下か?でマーケットの勢いが見える

移動平均線の最もシンプルな活用法はズバリ、移動平均線がローソク足の上にいるか?下にいるか?でトレンドを判断する、というものです。

移動平均線の活用法としては、期間の異なる2本以上の平均線を設定して、それぞれがクロスするタイミングを見るという使い方が最も一般的ですが（44ページでくわしく説明します）、**ここで用いる移動平均線は1本だけ。**

一般的には日足であれば25日線を、週足なら13週線を1本引いて、**移動平均線とローソク足との位置関係を確認しましょう。**

ちなみに、為替においては25日線が非常に重用されています。

上なら強気、下なら弱気

この方法は、前ページで説明した「細かい動きをフォローしきれず、タイムラグが生じやすい」という短所を逆手にとった方法とも言えます。

直近のローソク足が移動平均線の上に位置している間は、「これまでのトレンドからの変化を敏感に反映して上昇している」と判断するわけです。したがって、こんなときは**ロング（買い）ポジション**で対応です。

逆に、**ローソク足が移動平均線の下に位置しているのであれば、**「これまでのトレンドからの変化を敏感に反映して下降している」と判断し、**ショート（売り）ポジション**で対応するわけです。

これは、シンプルかつ使い勝手のよい方法ですから、ぜひお試しを。

移動平均線の向きに注意

さて、シンプルな移動平均線を活用するには、シンプルな約束事を1つ。移動平均線の向きには注意を払いましょう。

上昇トレンド中でも移動平均線の向きが「上向き」なら強気、下向きや横ばいなら動きが目先鈍るかも、と判断します。

逆もしかりで、下降トレンド中「下向き」なら弱気、上向きや横ばいは転換点になるかもしれません。

儲けのポイント

- ローソク足が移動平均線の上なら「買い」、下なら「売り」で対応！
- 移動平均線の向きが上向きか下向きかに注意を払う

ローソク足との位置関係からトレンドを判断する

**直近のローソク足が
移動平均線の上に位置**

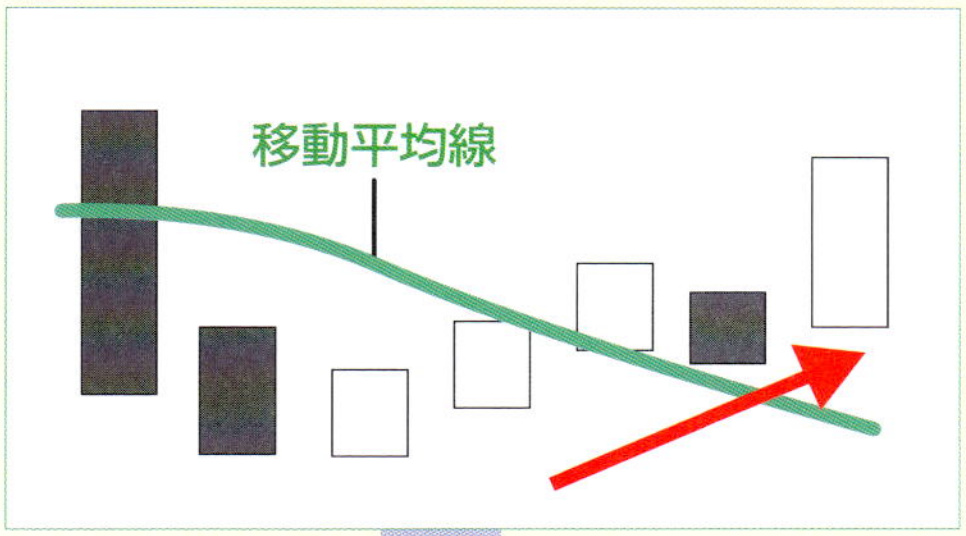
移動平均線

直近のローソク足は、これまでのトレンドからの変化を反映して上昇したと判断

ロング（買い）で対応

**直近のローソク足が
移動平均線の下に位置**

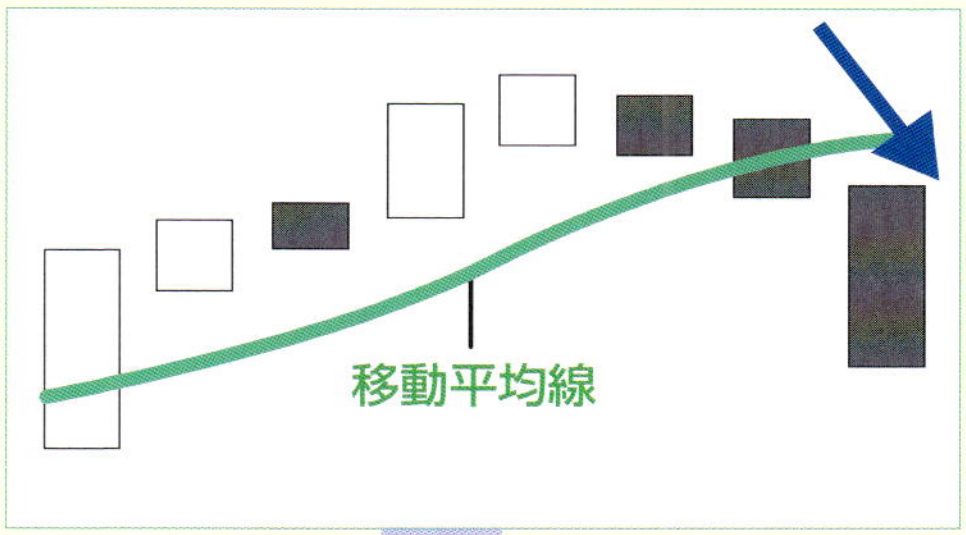
移動平均線

直近のローソク足は、これまでのトレンドからの変化を反映して下降したと判断

ショート（売り）で対応

ふむ
ふむ

米ドル・円（日足）
移動平均線はまだ横ばいだが、
ローソク足は移動平均線の上に位置している
10/13
119.87
11/01
116.57
12/05
114.43
01/29
122.18
123
122
121
120
119
112.81
25日移動平均線
上昇トレンド

このチャートでは、ローソク足が上昇トレンドへの転換を先に反映している様子がよくわかります。その後も安定した上昇トレンドを形成しています

ローソク足との位置関係から「行き過ぎ」を判断

移動平均線がローソク足からどのくらい離れているかを表す乖離率からは、その通貨ペアが売られ過ぎているか、買われ過ぎているかといった、マーケット動向を読み取ることができます。

移動平均乖離《かいり》率にはマーケットの行き過ぎ感が表れる

移動平均線は、ある一定期間の終値を平均化したものだと前述しましたが、それとローソク足の位置が、時に大きく離れる（乖離する）ことがあります。この比率をグラフ化したものが**「移動平均乖離率」**です。

この**乖離率に表れるのは、ずばりマーケットの「行き過ぎ感」**です。

マーケットは常に需給のバランスで価格が決まります。しかし、時にマーケットでは、その需給のバランスが買いに大きく傾いたり、売りに大きく傾いたりすることがあります。そういう状態を「買われ過ぎ」「売られ過ぎ」と表現します。

「行き過ぎた動きは、のちに修正される（元の値段に戻る）」という考え方から、「買われ過ぎ→**（のちに売られるから）売りのチャンス**」、「売られ過ぎ→**（のちに買われるから）買いのチャンス**」とされます。

一般に上昇トレンドにおいては買われ過ぎが出やすく、下降トレンドにおいては売られ過ぎが出やすくなります。

この乖離を的確にとらえることで、トレードに活かすことができます。

移動平均乖離率の計算は、とっても簡単！

最近は多種多様なチャートをネット上などで手軽に見られます。多くのチャートにはローソク足と移動平均線のおなじみのペアに加えて、折れ線グラフや棒グラフなどのプラスαが表示されています。このプラスαの代表が、移動平均乖離率です。漢字ばかりで文字からは難しそうなイメージもあるかもしれませんが、実は簡単な計算で算出できる指標です。

乖離率は（為替レート－移動平均）÷移動平均×100で計算します。

たとえば上昇トレンドにおいて、乖離率が「買われ過ぎ」を示すときは、短期の売りチャンスです。この買われ過ぎはのちに、「修正の動き」で移動平均線の近くまで下落しますから、そのタイミングをねらって「売り」をしかけるわけです。

売られ過ぎの場合も、考え方は同じで、タイミングをねらって「買い」をしかけることになります。

儲けのポイント

- 移動平均線とローソク足との乖離率から、相場の行き過ぎがわかる
- 「買われ過ぎ」なら売りチャンス。「売られ過ぎ」なら買いチャンス

マーケットの「行き過ぎ」からチャンスを探る

買われ過ぎ

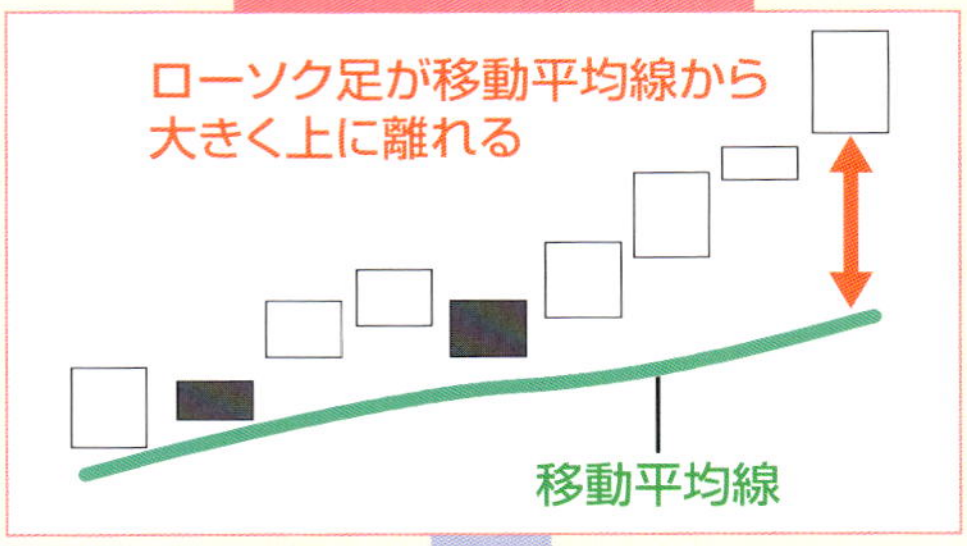
ローソク足が移動平均線から
大きく上に離れる
移動平均線

「買われ過ぎ」た通貨は、のちに移動平均線に向かって下に戻ると予想される

売りのチャンス

売られ過ぎ

移動平均線
ローソク足が移動平均線から
大きく下に離れる

「売られ過ぎ」た通貨は、のちに移動平均線に向かって上に戻ると予想される

買いのチャンス

米ドル・円（日足）

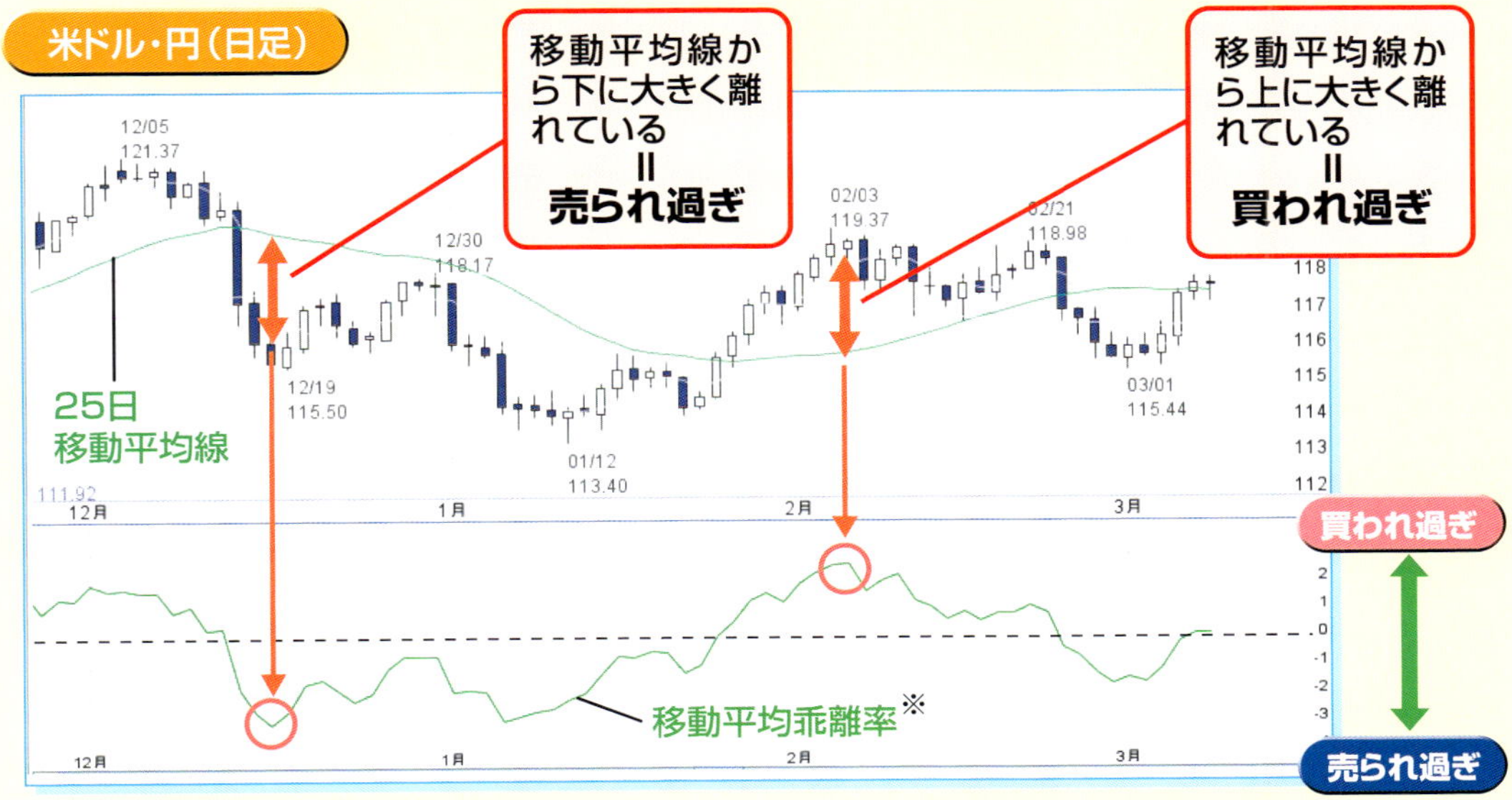
移動平均線から下に大きく離れている
＝
売られ過ぎ
移動平均線から上に大きく離れている
＝
買われ過ぎ
12/05
121.37
12/30
118.17
12/19
115.50
01/12
113.40
02/03
119.37
02/21
118.98
03/01
115.44
25日
移動平均線
111.92
118
117
116
115
114
113
112
12月
1月
2月
3月
買われ過ぎ
売られ過ぎ
2
1
0
-1
-2
-3
移動平均乖離率※

乖《かい》離《り》率（%）＝（為替レートー移動平均）÷移動平均×100

※移動平均乖離率はFX会社のチャート画面の設定を変更することで表示できます（→79ページ参照）

王道指標「クロス」を使って売買タイミングをつかむ!

移動平均線を用いた手法の王道は、数本の移動平均線のクロスするタイミングをねらってのトレードです。ゴールデンクロス、デッドクロスが売買のタイミングを知らせてくれます。

2本の移動平均線がクロスしたときに、チャンスが生まれる!

通常、移動平均線を利用する場合は、1本だけではなく、短期と長期というように、複数の平均線を用います。そのうちの2本の平均線がクロスする(交差する)とき、売買のチャンスが訪れます。

期間の短い「短期線」が期間の長い「長期線」を下から上に突き抜けることを**「ゴールデンクロス」**と言います。

逆に、**期間の短い短期線が期間の長い長期線を上から下に突き抜けること**を**「デッドクロス」**と言います。

ゴールデンクロスは読んで字の如くゴールデンですから、上昇していくことを告げるシグナルです。デッドクロスは、逆に、下落していくことを告げるシグナルです。

FXでは時間足、分足でのクロスも有効!

この2つのクロスを上手に使うには、どの期間の移動平均線を用いるかが非常に重要です。

もちろん、各人の好みで結構なのですが、多くの投資家が用いている移動平均線の期間というものがあります。これを知っているのと知らないのとでは、トレンド把握の面からも大きく違いますから、頭に入れておきましょう。

- **日足:5日、25日、50日**
- **週足:13週、26週**
- **月足:12ヵ月、24ヵ月**

また時間足、分足では、5本、10本、25本のローソク足から算出した移動平均線を用いることが多いです。私は、これらをベースの線として活用しています。

月足はもちろん、日足や週足では「クロス」の発生が、実際のマーケットの動きに遅れてしまう、ということがあります(このように遅れてしまう指標を「遅行指標」と言います)。

しかし、分足や時間足では値動きをいち早く表しますから**売買チャンスをより細かくとらえる**ことができるようになります。

これこそ、FXの24時間取引の醍醐味とも言える部分ですから、値動きの大きいときは時間足や分足のクロスをうまくとらえてチャンスにつなげましょう。

儲けのポイント

■短期線が長期線を下から上に突き抜けるゴールデンクロスは買い。短期線が長期線の上から下に突き抜けるデッドクロスは売り

ゴールデンクロスとは？

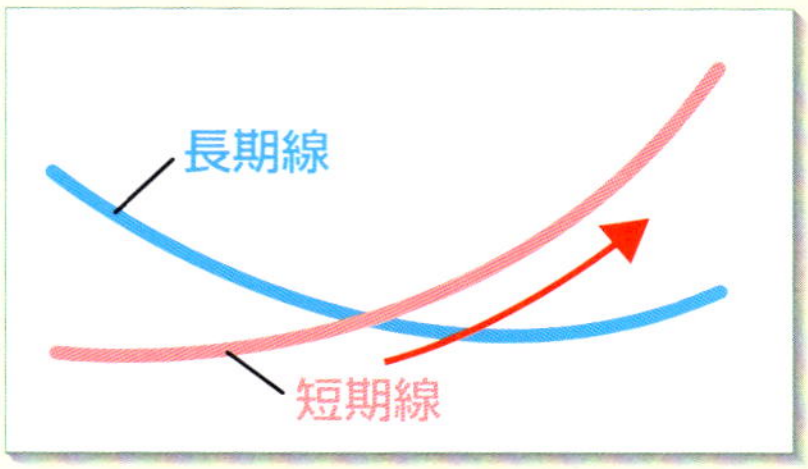
長期線
短期線

短期線が下から上がってきて、長期線の上に突き抜けるように交差するパターン

為替レートの上昇を示す

●ゴールデンクロスの例

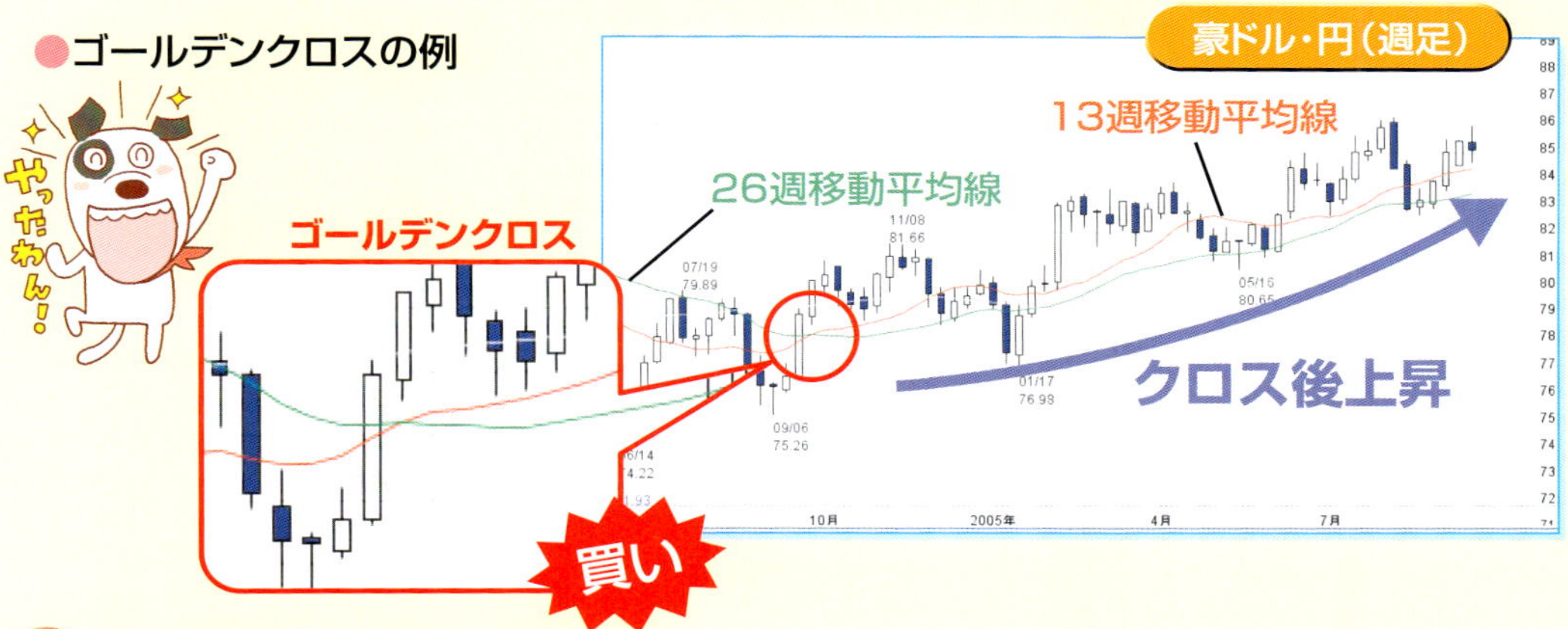
やったわん！
豪ドル・円（週足）
13週移動平均線
26週移動平均線
ゴールデンクロス
07/19
79.89
11/08
81.66
09/06
75.26
01/17
76.98
05/16
80.65
クロス後上昇
買い
10月
2005年
4月
7月

デッドクロスとは？

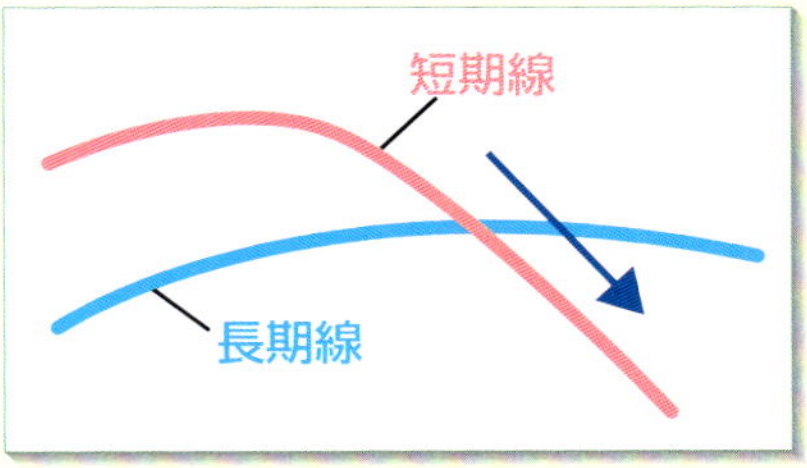
短期線
長期線

短期線が上から下がってきて、長期線の下に突き抜けるように交差するパターン

為替レートの下降を示す

●デッドクロスの例

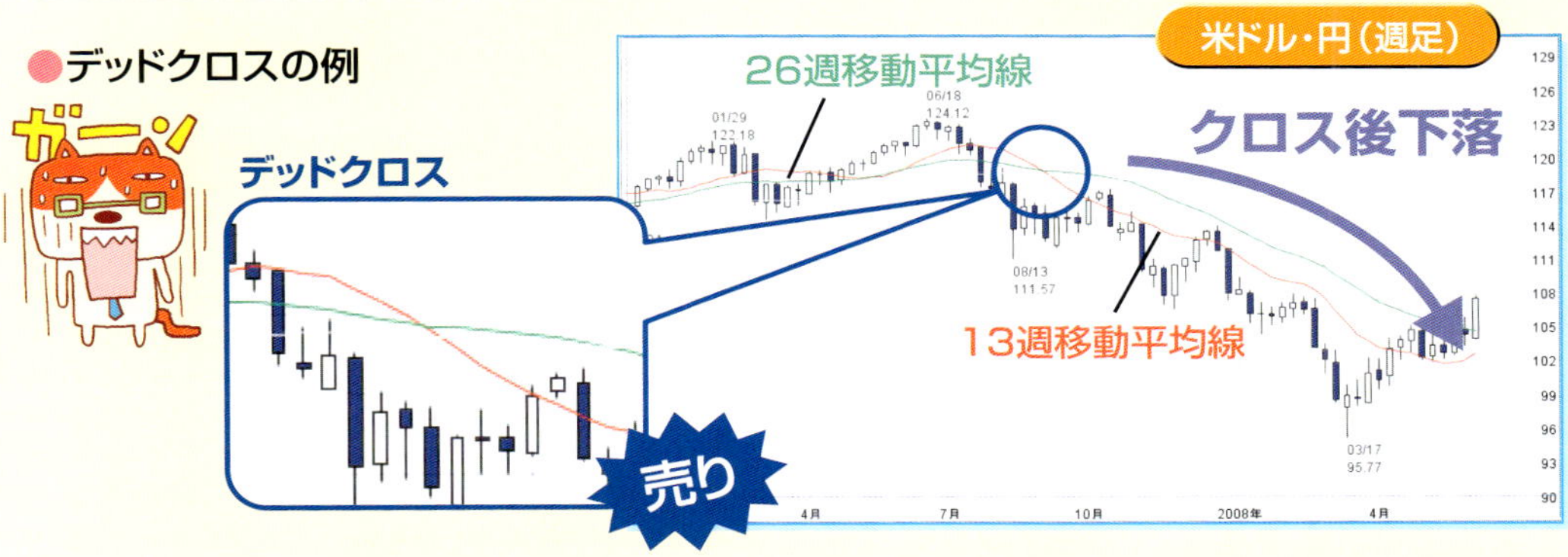
ガーン
米ドル・円（週足）
26週移動平均線
01/29
122.18
06/18
124.12
クロス後下落
デッドクロス
08/13
111.57
13週移動平均線
03/17
95.77
売り
4月
7月
10月
2008年
4月

グランビルの法則で売買のタイミングを探る

ローソク足と移動平均線の位置をもとに、売買タイミングを図っていくトレンド分析。これから説明するグランビル氏の考案した「8つの法則」は世界中の投資家が広く活用しています。

儲けのポイント

■移動平均線とローソク足との位置関係から売買タイミングを分析した「グランビルの法則」は、世界中の投資家が活用。暗記しよう！

売り買いともに、4つのタイミングがある

アメリカの著名な投資分析家であるジョセフ・E・グランビル氏が考案し、売り買いともに4つの判断タイミングをまとめたのが「グランビルの法則」です。

これは１９６０年に出版された彼の著書の中で発表された法則で、すでに50年近い年月がたっていますが、移動平均線を用いたチャート分析の初歩として広く活用されています。

さっそく売り買いのそれぞれ4つのタイミングについて解説していきましょう。左の図も合わせて見てください。

買いシグナル①

移動平均線が下落後、横ばいになるか上昇しつつある局面で、ローソク足が移動平均線を下から上にクロスする

買いシグナル②

移動平均線が上昇しているときに、ローソク足が移動平均線を上から下にクロスするポイントで押し目をねらう

買いシグナル③

上昇している移動平均線のさらに上で推移していたローソク足が、移動平均線に向けて下落したものの、クロスせずに再び上昇し始める

買いシグナル④

移動平均線が下降している局面で、ローソク足が移動平均線とかけ離れて大きく下降したならば自律反発期待

売りシグナル①

移動平均線が上昇後、横ばいになるか下降しつつある局面で、ローソク足が移動平均線を上から下にクロスする

売りシグナル②

移動平均線が下落しているときに、ローソク足が移動平均線を下から上にクロスするポイントで戻りをねらう

売りシグナル③

下降している移動平均線のさらに下で推移していたローソク足が、移動平均線に向けて上昇したものの、クロスせずに再び下降し始める

売りシグナル④

移動平均線が上昇している局面で、ローソク足が移動平均線とかけ離れて大きく上昇したならば自律反落期待

このなかでも、買いシグナル①と売りシグナル①はもっとも重要です。チャートを見るときは要チェック！

グランビルの8法則

買いシグナル

1

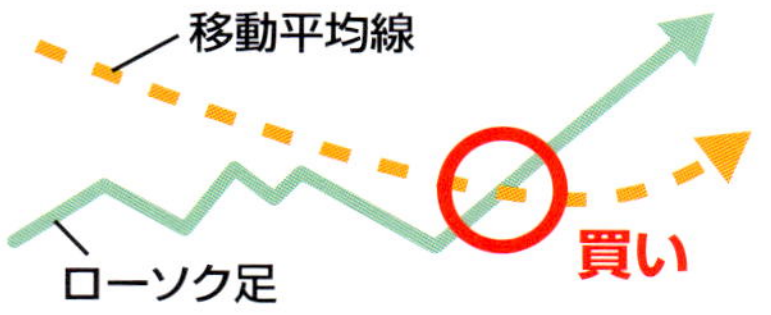
移動平均線
ローソク足
買い

移動平均線が下落後、横ばいになるか上昇しつつある局面で、ローソク足が移動平均線を下から上にクロス

2

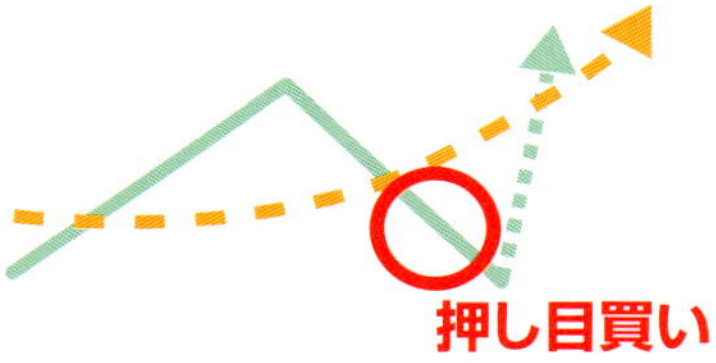
押し目買い

移動平均線が上昇している局面で、ローソク足が移動平均線を上から下にクロス

3

押し目買い

ローソク足が上昇する移動平均線の上にあって、移動平均線に向けて下落するもクロスせずに再び上昇

4

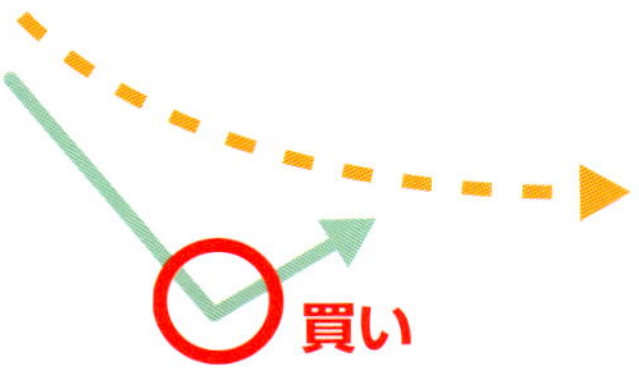
買い

移動平均線が下降している局面で、ローソク足が移動平均線とかけ離れて大きく下降

売りシグナル

1

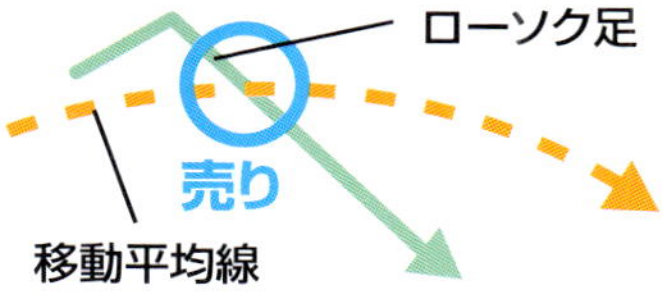
ローソク足
売り
移動平均線

移動平均線が上昇後、横ばいになるか下降しつつある局面で、ローソク足が移動平均線を上から下にクロス

2

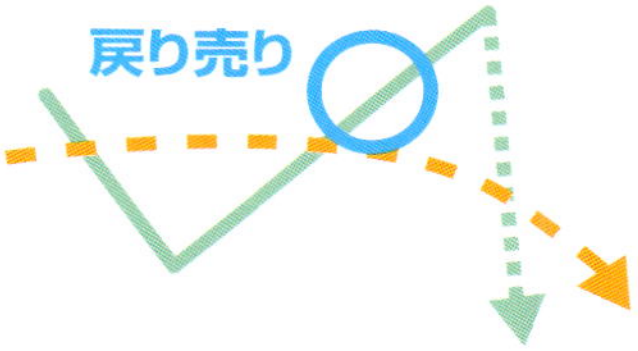
戻り売り

移動平均線が下落している局面で、ローソク足が移動平均線を下から上にクロス

3

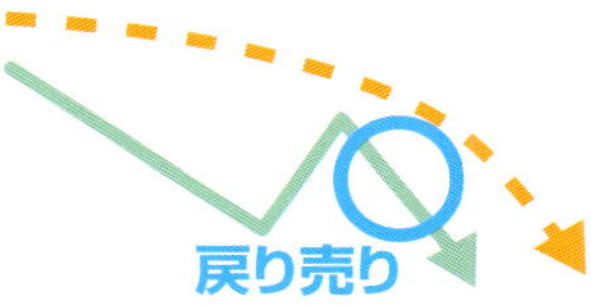
戻り売り

ローソク足が下落する移動平均線の下にあり、移動平均線に向けて上昇するもクロスせずに再び下降

4

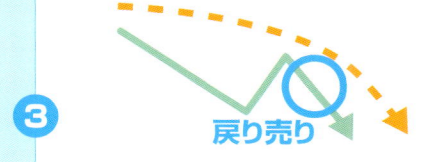

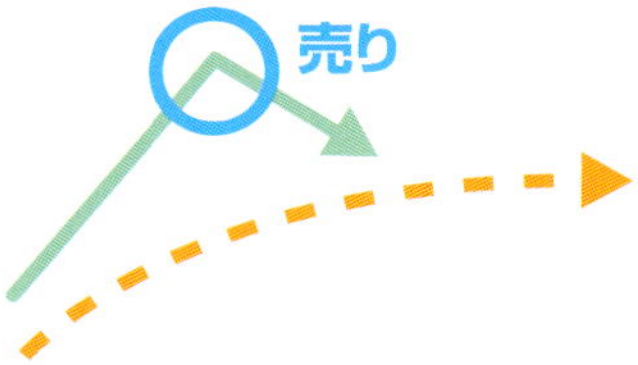
売り

移動平均線が上昇している局面で、ローソク足が移動平均線とかけ離れて大きく上昇

グランビルの法則に見る買い場探しと売り場探し

それぞれ4つずつあるグランビルの買いと売りの法則には、その勢いや出現するタイミングに違いがあります。それぞれに合わせた売買戦略を覚えましょう。

買い場探しに4つの法則を活用

グランビルの法則は4つの買いシグナルと4つの売りシグナルで構成されています（左ページ図参照）。

買いのシグナルで最も大事なものは①です。これは移動平均線が下落後に横ばいか上昇しつつある局面で、ローソク足が移動平均線を下から上にクロスするタイミングを表します。したがって**底値圏から上昇トレンドへの転換を示唆する重要なシグナル**と見られるのです。

①はトレンド転換を示すシグナルですが、②は上昇トレンドのなかでの**「押し目買い」**ポイントを示すシグナル。③は、マーケットの買いパワーが過熱する直前に出やすいシグナルで、押し目買いのポイントには変わりませんが、**短期ねらい**で迅速な売買が必要になりそうなパターンです。④は、移動平均乖離《かいり》率と同じく、ローソク足と移動平均線が大きく離れると**修正が起こるという動きをねらう**シグナルです。

それぞれシグナルの特性が違うことをしっかり理解してください。

売り場探しの4つの法則

売りのシグナルでも、一番大切なのは①です。買いシグナルの①と全く逆で、上昇のあとの横ばいか下落しつつある局面で、ローソク足が移動平均線を上から下にクロスしたら、**下降トレンドへの転換を告げるシグナル**になります。

①に対して、売りシグナル②は、下降トレンドのなかでの**「戻り売り」**ポイントを探るシグナル。③も、**同じく戻り売り**のシグナルです。

そして④は、移動平均乖離率と同じで、ローソク足と移動平均線の乖離が広がったら、**修正のために下落する**可能性が高いという習性をねらったシグナルです。

グランビルのそれぞれの法則は、高値圏で出やすいもの、安値圏で出やすいもの、トレンドの一過性のタイミングを計るものなど、さまざまな状況を切り取っています。ローソク足と移動平均線の「形」を見るだけではなく、**発生した場所を把握する**ことが、上手に使うためのコツになります。

儲けのポイント

- ■グランビルの法則は「買い」「売り」ともに法則①が最重要
- ■各法則はトレンドの転換から短期のねらいまで多種多様

グランビル―買いの4法則と売りの4法則

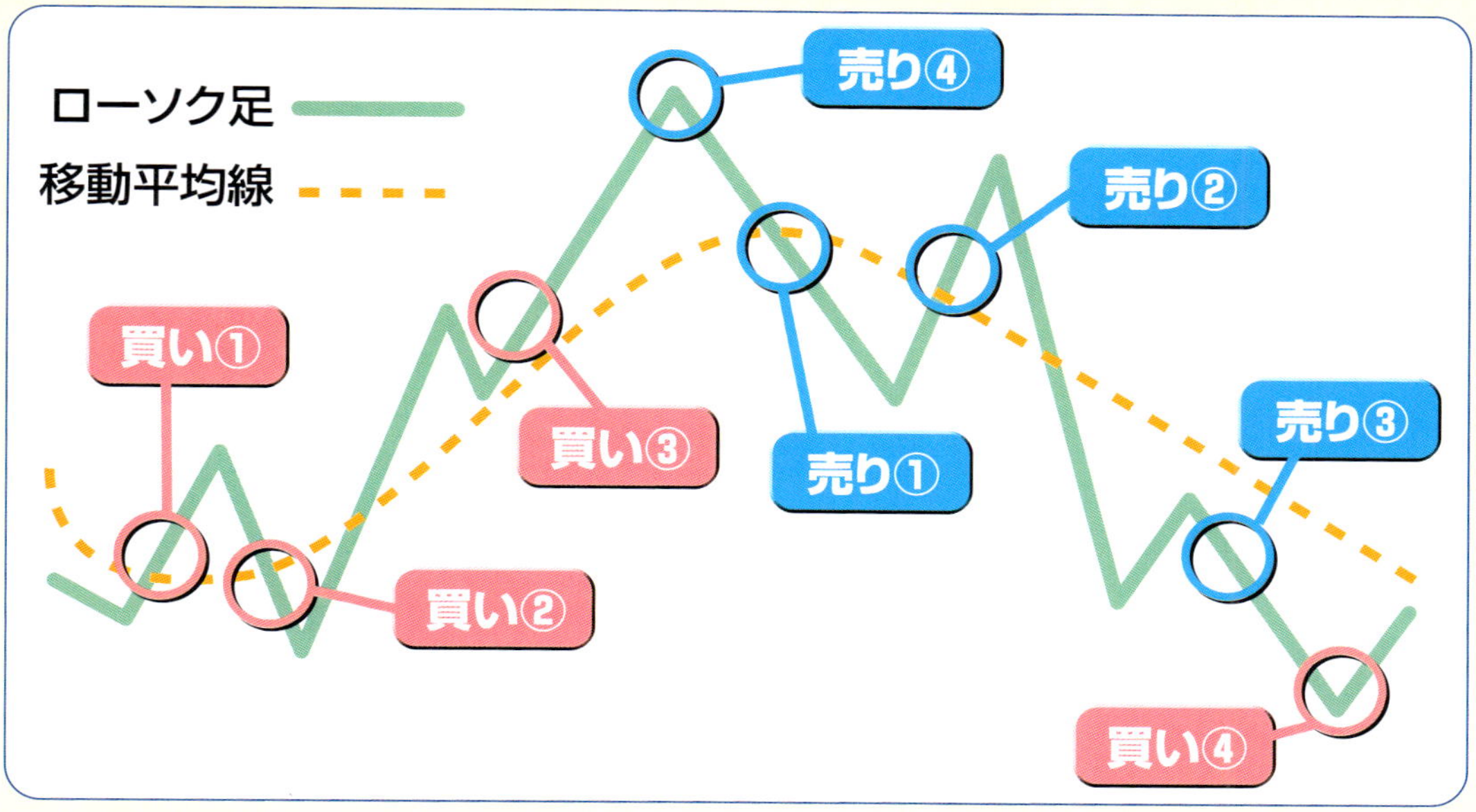

買いシグナル

1. 下落後に横ばいか上昇しつつある局面で、ローソク足が移動平均線を下から上にクロス。上昇トレンドへの転換を示唆
2. 上昇途上でローソク足が一時的に移動平均線を下回った形。上昇トレンドのなかでの押し目買いポイントを示す
3. 大きく上昇したあとの反落で、移動平均線に触れずにふたたび上昇したもの。より短期の押し目買いポイント
4. 下降局面での動きで、移動平均線よりも下げすぎた際の修正の動きとして起こる上昇をねらったもの

売りシグナル

1. 上昇後に横ばいか下降しつつある局面で、ローソク足が移動平均線を上から下にクロス。下降トレンドへの転換を示唆
2. 下降途上でローソク足が一時的に移動平均線を上回った形。下降トレンドのなかでの戻り売りポイントを示す
3. 大きく下落したあとの反発で、移動平均線に触れずにふたたび下降したもの。より短期の戻り売りポイント
4. 上昇局面での動きで、移動平均線よりも上げすぎた際の修正の動きとして起こる下落をねらったもの

移動平均線の設定スパンを考える

移動平均線の期間の設定は、「自分が使いやすいもの」が基本ですが、初心者には、その見当をつけること自体が難しいもの。そこで、よく用いられる、「オススメの移動平均線」を紹介します。

実は「他人の動向」を見ることも大切

36ページでは、最も一般的に使われる移動平均線について説明しました。たとえば日足の場合は、よく使われているもののひとつとして5日線を挙げました。これは1週間のうち為替取引が行われるのが、平日（営業日）の5日間であることから、5日移動平均線は1週間の区切りと考えられているのが理由です。

多くの移動平均線は、こういったキリのよさで使われるのが一般的です。でも、これらが絶対ではありません。「自分は8日線が使いやすいんだ！」と思えば、それはそれで結構です。**移動平均線の選択に絶対の間違いも絶対の正解もありません**から。

ただし、自分の使い勝手だけに終始するのではなく、**「ほかの投資家たちがどの線を利用しているか？」**ということには気を配りましょう。

多くの人が参考にしているシグナルは、それだけマーケットに与える影響も大きくなります。

逆に、あまり突飛な期間の移動平均線の場合、いくらシグナルが出てもだれも参考にしていなければマーケットは動きません。

このへんは「ニワトリと卵」の関係にも似ていますが、一人よがりな視点にこだわって周囲が見えなくなっては投資もうまくいきません。

「多くの投資家が常用する」スパンのなかで自分の使いやすいものを選びましょう。

月足なら24ヵ月線がオススメ

日足や週足でもトレンドはつかめますが、月足なら大きなトレンドもはっきりとらえられます。機関投資家などのプロの間では、月足の24ヵ月移動平均線が非常に有効な指標として注目されています。

24ヵ月というと2年です。経済理論などでは、2年間で1つのサイクルになるという考えがあります。そのために、プロはこの移動平均線に注目しているのです。

この**24ヵ月線をローソク足が上に抜けるのか下に抜けるのか、それだけでマーケットには大きな変化が訪れます。**

儲けのポイント

■月足の24ヵ月移動平均線はプロの御用達。この線を下に抜けるとマーケットは急落、上に抜けると急騰する

24ヵ月移動平均線は大きな変化を伝える

ユーロ・円（月足）
168.93
07/31
169.95
08/31
149.23
03/31
151.72
24ヵ月移動平均線
06/30
139.22
01/31
112.06
129.80
129.77
176
168
160
152
144
136
128
120
103.30
2007年
2008年
2009年
リーマンショック以前の2008年8月にローソク足が24ヵ月移動平均線を上から下にクロスした
大きな下落の訪れを示唆するシグナルだった

ガーン

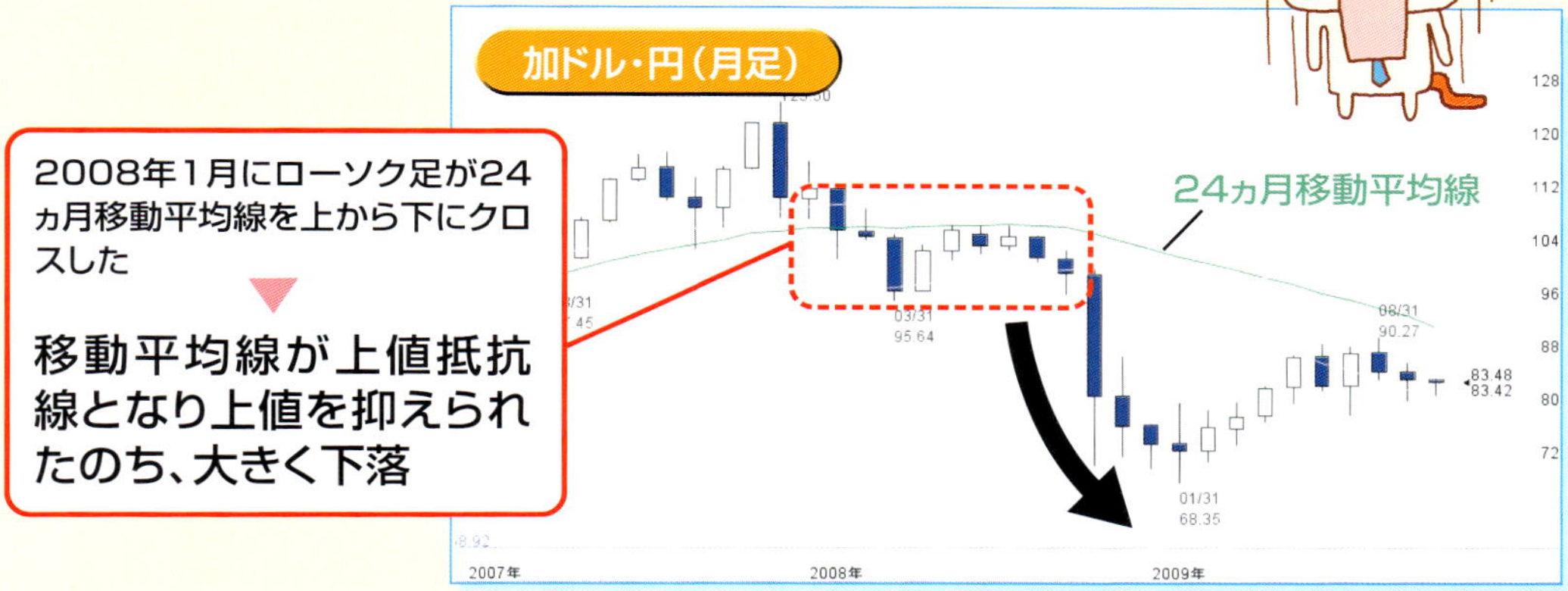
加ドル・円（月足）
03/31
95.64
24ヵ月移動平均線
08/31
90.27
83.48
83.42
01/31
68.35
128
120
112
104
96
88
80
72
2007年
2008年
2009年
2008年1月にローソク足が24ヵ月移動平均線を上から下にクロスした
移動平均線が上値抵抗線となり上値を抑えられたのち、大きく下落

リーマンショックの1ヵ月前にサインが

上のユーロ・円の月足チャートを見てみましょう。緑の移動平均線は24ヵ月線です。

リーマンショック前の2008年8月には、ローソク足が24ヵ月線を割り込んでいます。この形は長く見られていなかったもので、テクニカル的にも大きな変化でした。**リーマンショックの1ヵ月も前に移動平均線は大きな下落が訪れるとシグナルを発していた**のです。

また加ドル（カナダドル）・円の月足チャートも見てみましょう。こちらは2008年1月にローソク足が24ヵ月線を上から下にクロスしています。その後も、上に行こうともがくローソク足は、24ヵ月線のところで頭を押さえられてしまっています。そして、実際のマーケットでも急落していきます。

24ヵ月線は2年間という非常に長い期間の移動平均線ですから、動きは基本的になだらかになります。それだけに、**そこに表れたシグナルは大きな変化を伝える**ことが多くなるので、覚えておきましょう。

移動平均線を活用して短期トレーディング

移動平均線は、わかりやすく使いやすいうえに、投資初心者からプロまで、多くの人が注目しています。そんな移動平均線をシンプルに活用してFXに活かしましょう。

儲けのポイント

■機動的な動きが可能なFXでは、移動平均線とローソク足の位置から細かく「買い」と「売り」を使いわけて利益をねらう

ローソク足と移動平均線の位置

ここまで、移動平均線のクロスや乖《かい》離《り》率、そして売買の法則などを説明してきました。

どれもわかりやすいものだと思いますが、それでも最初から全部を使っていくのは難しいですね。チャート分析の始め方としては、1つの手法、1つのチャートを選び、その動きを毎日チェックし続けることで、見方や考え方を自分のモノにしていく、というのもよい方法です。

説明を読むだけではなく、現実のチャートをたくさん見て、本書などに出てくるシグナルを見つけてみてください。シグナルの出現やその後の動きを追うことで、実際のトレードに活きてきます。実践してこそのチャート分析ですからね！

さて、移動平均線を見続けるとき、次の点は必ず押さえておきましょう。

「ローソク足は、移動平均線の上にいますか？　それとも移動平均線の下にいますか？」

簡単なことですが、これだけでもFX投資の大きな手がかりになるのです。

売りで入るか？　買いで入るか？　の判断には

FX投資では、買いと売りの両方で取引ができます。FXでは売買することを**「ポジションを持つ」**と表現します。買いの場合は**「ロングポジション」**、売りの場合は**「ショートポジション」**と呼びます。

FX投資の魅力の1つは、手数料などが安いため、マーケットの細かい動きを追った機動的な取引ができることです。そのメリットを活かした短期投資の売買判断の手がかりとして有効なのが、40ページでも紹介した、移動平均線を用いたものです。

- **移動平均線の上にローソク足があるときは、ロングポジション**で入る
- **移動平均線の下にローソク足があるときは、ショートポジション**で入る

左ページのスイスフラン・円のチャートを見て下さい。25日移動平均線をベースに見ています。ローソク足が移動平均線を上に抜けてきたら「ロング(買い)」、下に抜けたら「ショート(売り)」で利益をねらえます。

このタイミングでロング、ショートを使いわける

ポイント

移動平均線の上にローソク足がある	▶	ロングポジションで入る　買い
移動平均線の下にローソク足がある	▶	ショートポジションで入る　売り

もちろん、予想がハズレて損失が生じることもあるでしょう。そのときは潔く撤退して、逆のポジションで入りましょう。投資では100%勝つことなど無理ですから、そんなときはドライに割り切ります。

予想と逆に動いてしまうのが恐いと思うときは、**ローソク足が移動平均線を完全に突破したのを確認してからポジションを建ててもよい**でしょう。

上図の大きな丸のなかにある小さな丸で囲ったローソク足の部分で、完全に線を突破したことを確認できます。

ポジションは大きなトレンドを見ながら

加えて、この場合は大きなトレンドは右上がりの上昇トレンドですから、移動平均線を下に割ったら、いったん一休みして、買いのシグナルがでるまで待つというのも1つの方法です。

上昇トレンドのなかで、ショートで利益をねらうのは、非常にリスクの高い行為です。細かい動きだけを追いかけるのではなく、**「今はどんな大きなトレンドにあるか？」という大きな視点**も忘れないようにしましょう。

column

リーマンショックに学ぶ②

スワップポイントの恐怖

FXがここまで個人投資家の人気を集めた要因は、なんと言っても「スワップポイント」を受け取れることです。長く続く超低金利に嫌気がさした日本の個人投資家が、大挙して為替の世界に足を踏み入れたのも、毎日もらえるスワップポイントに魅力を感じたからにほかなりません。

スワップポイントは、政策金利ベースに短期金融市場で推移する実質金利から算出される金利です。しかし、需給のバランスで「受け取り」と「支払い」が変化することがあります。そのため、政策金利とは関係ないスワップポイントが算出されてビックリ！なんてことがあるのです。

2008年秋のリーマンショック時、米ドルの供給が過剰になり、金利の下がっていたドルのスワップポイントが突然、豪ドルなどの高金利通貨よりも高くなるという異常事態が起こって、個人投資家の間では大変な混乱が生じました。高金利の豪ドルを買って米ドルを売っているにもかかわらず、「スワップポイントがマイナス」つまり「スワップポイントを受け取るのではなく、支払う」ということになってしまったのです。

そもそもスワップポイントは毎日変動するものです。日によって1円や2円違うことは往々にしてあります。それは、需要と供給のバランスによって変わるのです。政策金利に沿って「常に安定しているもの」ではないのです。この点を誤解している人は結構いますが、投資に絶対とか常に安定しているものなどありませんね。要注意です。

通常のマーケットの状態では、スワップポイントは政策金利を軸に考えてもよいですが、混乱状態にあるときは必ずしもそうなりません。需給のバランスが大きく崩れると、その影響はスワップポイントにも波及してしまうのです。ただし、いたずらに恐れる必要もありません。自身が使っている取引会社の「スワップカレンダー」などで、しっかりチェックしていれば安全です。

基本編

3章

チャートの流れやシグナルをキャッチしよう

トレンドを見るなら トレンドライン

上に行ったり下に行ったりしながらも、マーケットはある方向に向かって進んでいきます。その方向を「トレンド」と言います。トレンドを浮き彫りにするのがトレンドラインです。

上へ下へと動く為替の動きから方向を探る

日常の会話でも「トレンド」という言葉はよく使いますが、FXなどの投資の際に用いるときは、**「マーケットの方向性」**という意味で用います。

ある通貨が右肩上がりにあるときは「上昇トレンド」と評しますが、かといって毎日、刻々と上げ続けているわけではありません。同様に、下降トレンドだからといって、常に下げ続けているわけでもありません。

相場とは「上がったら下がる」し「下がったら上がる」のです。ただし、全体の大きな流れとして、上昇トレンドとか下降トレンドという見方をします。

簡単に言えば、**全体が右肩上がりならば「上昇トレンド」、全体が右肩下がりならば「下降トレンド」**という理解でよいでしょう。

また、上昇や下降といったトレンドが出ないときもあります。小さな上下動をくり返し、どちらの方向に向かっていくのかが見えない、エアポケットに入ったような状態にあるときです。

上昇局面では安値を結び下降局面では高値を結ぶ

ローソク足を見ていれば、なんとなく方向感はわかるかもしれません。でも、ひと手間加えるだけで、それはよりわかりやすくなります。

たとえば、ローソク足が右肩上がりに推移しているように見受けられたら、上がり始めのあたりから現在に至るまでのローソク足の安値部分を数本、直線で結んでみましょう。この線が「上昇トレンドライン」です。

また逆に、右肩下がりに推移しているように見受けられたら、下がり始めのあたりから現在に至るまでのローソク足の高値を数本、直線で結んでみます。そのラインが「下降トレンドライン」です。

上昇局面ではローソク足の安値同士を結び、下降局面ではローソク足の高値同士を結びます。これがトレンドラインの引き方です。

そして、このように上昇下降というトレンドを示してくれるラインを、トレンドラインと総称します。

儲けのポイント

- ■右肩上がりのチャートで安値を結んでできるのが上昇トレンドライン
- ■右肩下がりのチャートで高値を結んでできるのが下降トレンドライン

トレンドラインとは?

●右肩上がりのローソク足の安値を数本つなげた線を引く

ローソク足
上昇トレンドライン

●右肩下がりのローソク足の高値を数本つなげた線を引く

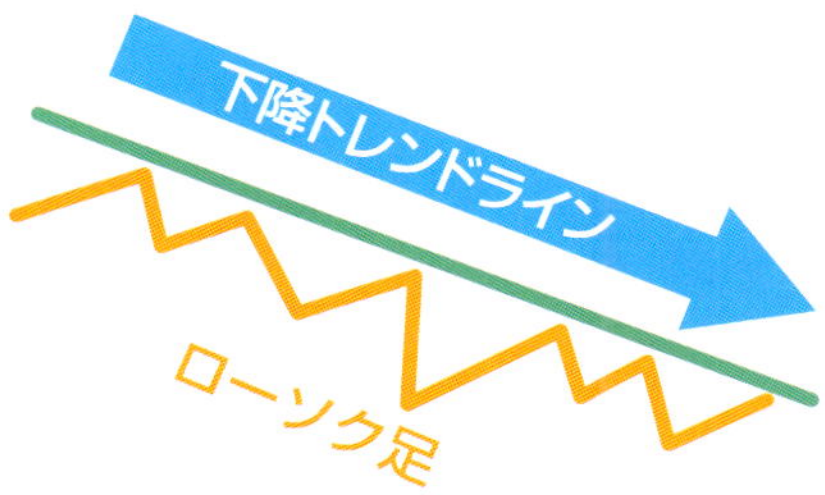
下降トレンドライン
ローソク足

トレンドラインを引くことで、目先の細かい値動きにまどわされずに、**トレンド全体の大きな流れをつかむ**ことができます

ニコッ

米ドル・円（日足）
103
102
101
100
99
98
97
96
95
94
93
92
91
04/06
下降トレンドライン
下降トレンドライン
上昇トレンドライン
上昇トレンドライン
04/28
95.62
06/05
98.89
93.54
93.85
90.74
5月
6月

バンザーイ!!!

実際にチャート上で線を引いてみると、トレンドの流れが一目瞭然!

上昇トレンドライン＝下値支持線の使い方

トレンドラインの中で、右肩上がりの上昇トレンドが示すのが、上昇トレンドライン。上昇トレンド中での一時的な下げ幅の目安となります。

下値支持線を引くと浮かび上がるもの

長く続く日本円の低金利によって、この数年は円売り外貨買いが主流になっていました。つまり日本円から見て外貨は、右肩上がりの上昇トレンドが長く続いていたのです。

ですから、その間のチャートに引かれるトレンドラインは、もちろん上昇トレンドラインとなります。この上昇トレンドラインは、**下値支持線**という名前でも呼ばれます。

下値支持線は、上げ下げをくり返しながらも、下値（安値）を切り上げて上昇していくトレンドを示すものです。そして上げ下げの下げの部分で、下値をしっかりとサポートしてくれる線なのです。

上昇トレンドのなかでも上げ下げは常にあります。その下げた場面で「どのあたりまで下がるかな?」という下げの目途を、下値支持線が表してくれているのです。

下値支持線まで下げたら、それ以上は下がらず、逆に再び上昇することが多いわけですから、「下値支持線あたりまで下げてきたら、市場参加者の買い意欲が高まる」ということも言えます。これは**押し目買い（上昇局面での一時的な下げをねらって買いを入れること）のチャンス**となるわけです。

下値支持線から下に外れたときは?

ローソク足はトレンドラインを引いたからと言って、ライン通りに動くような単純なものではありません。必ずそれを崩してしまう時期が来ます。

ローソク足が下値支持線を抜けてさらに下落することを**「ブレイクダウン」**と言います。こうなると、「売りシグナル」です。**下値支持線を割ったということは、上昇トレンドに変化が生じた、ということです。**

そこからさらに下に向かうのか、上に向かうのかは、あとになってみなければわかりませんが、少なくともブレイクダウンした直後は、急激に売りが集まる可能性が高くなります。

この変化が表れると、ポジションを手仕舞ったり、一時的にショート（売り）ポジションを建てるなどの対応が必要です。

儲けのポイント

- ■上昇トレンドラインは下値支持線になり、押し目買いの目安となる
- ■下値支持線を下に抜けると、上昇トレンドに変化が生じる

上昇トレンドライン＝下値支持線

下値支持線とは　**上げ下げをくり返しながらも、下値を切り上げて上昇していくトレンドを示すライン**

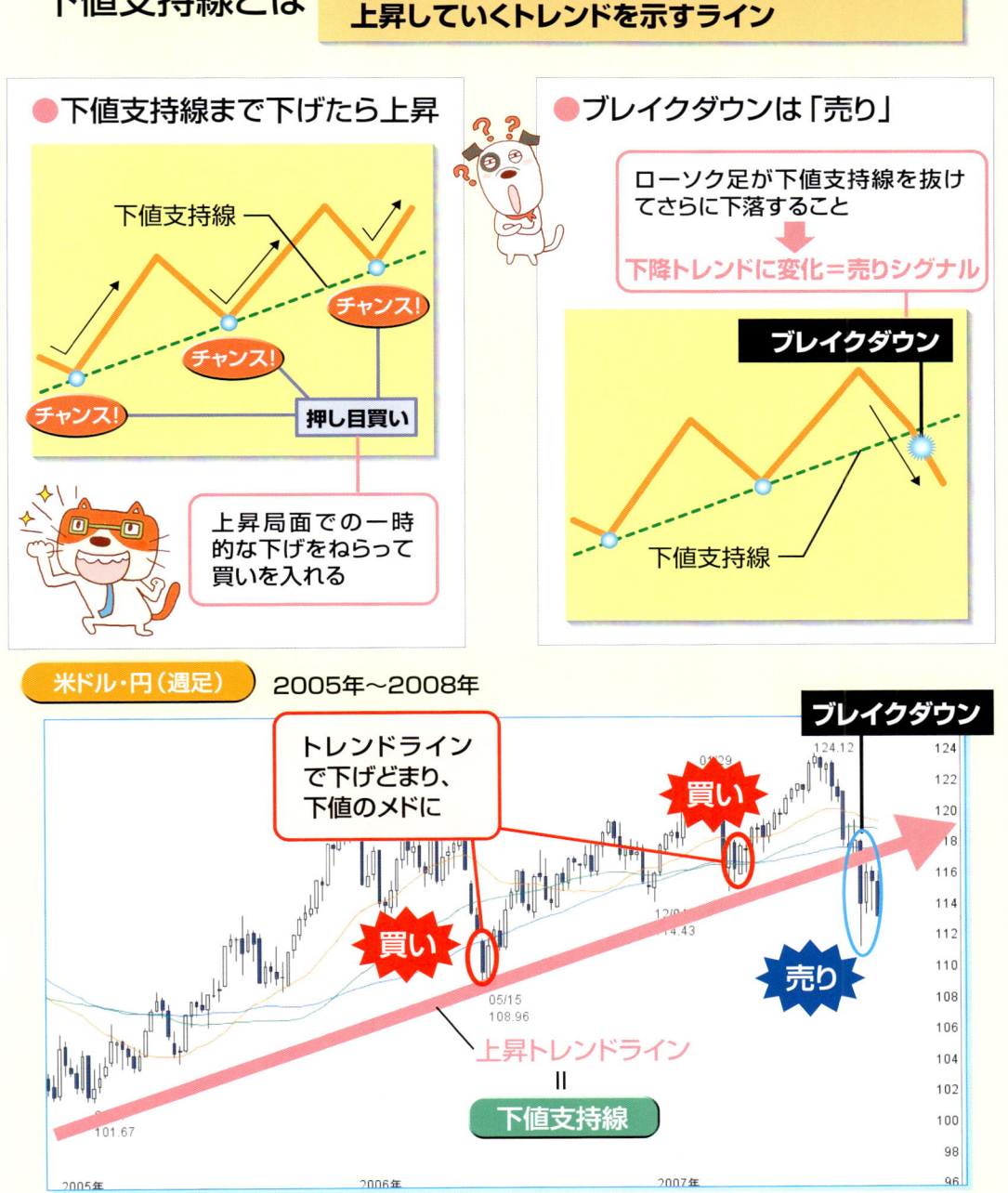

●下値支持線まで下げたら上昇

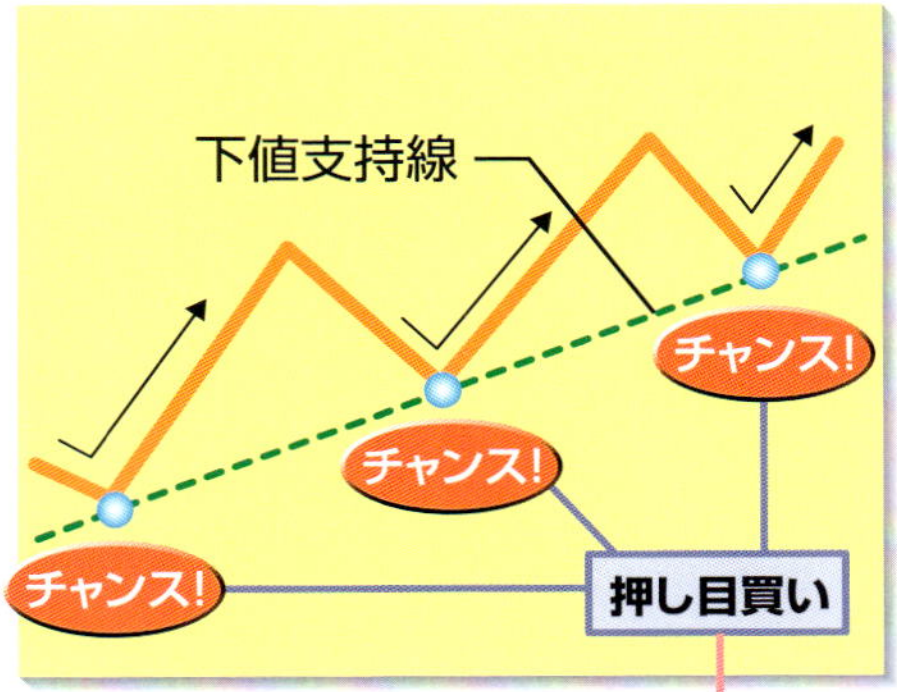
下値支持線
チャンス!
チャンス!
チャンス!
押し目買い

上昇局面での一時的な下げをねらって買いを入れる

●ブレイクダウンは「売り」

ローソク足が下値支持線を抜けてさらに下落すること

下降トレンドに変化＝売りシグナル

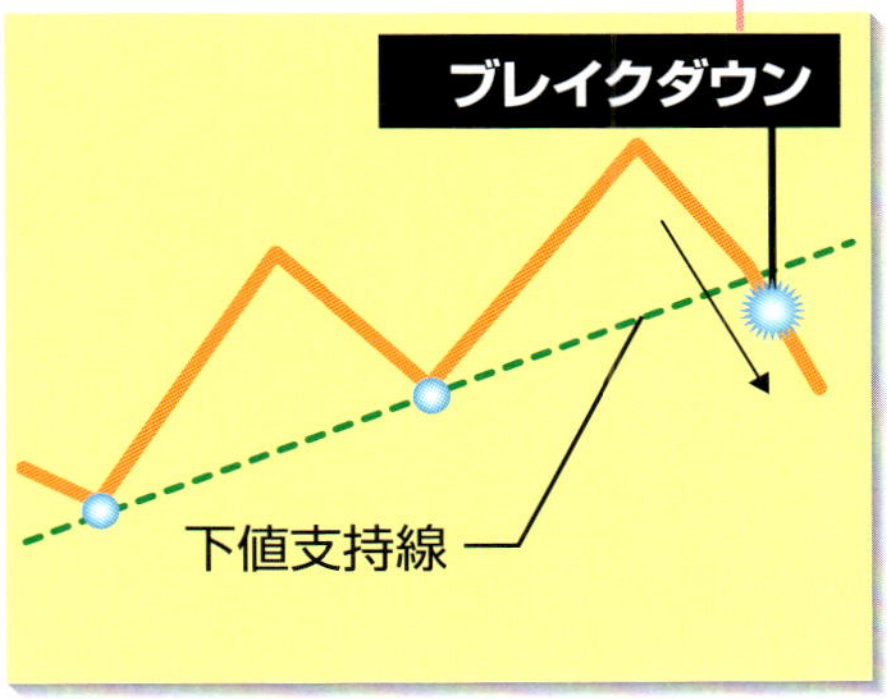
ブレイクダウン
下値支持線

米ドル・円（週足）　2005年～2008年

ブレイクダウン
トレンドラインで下げどまり、下値のメドに
買い
買い
売り
01/29
124.12
05/15
108.96
101.67
上昇トレンドライン
＝
下値支持線
124
122
120
116
114
112
110
108
106
104
102
100
98
96
2005年
2006年
2007年

下降トレンドライン＝上値抵抗線の使い方

トレンドラインの中で、右肩下がりの下降トレンドが示すのが、下降トレンドラインです。一般的に、マーケットでは上がるより下がるときの方がスピードが速いですから、上手に使いましょう。

下降トレンドラインは上昇よりも急角度

上昇トレンドラインが下値支持線となるように、**下降トレンドラインは上値抵抗線となります。**

上値抵抗線とは、右肩下がりになったマーケットで、上下動をくり返すなかでも上値（高値）を押さえて、下げへの圧力となるトレンドラインです。

上昇トレンドラインと下降トレンドラインは、もちろんその線の向きが上下で異なるわけですが、もう1つ違うのが2つのラインの「角度」です。

一般に下降トレンドラインである上値抵抗線の方がより急角度になっているのです。これは「(下げるときの)スピードが速い」ことの表れです。

だからこそ、下降トレンドでは1つ1つのシグナルへの反応も迅速でなくてはなりません。

下値支持線を利用して押し目買いのチャンスを見つけられるように、上値抵抗線を利用することで、短期的なトレードのチャンスを見つけることができます。それが**「戻り売り」**です。

戻り売りとは、下降トレンドのなかで出現する一時的な上昇局面で「売り」をすることで利益をねらうものです。一時的な上昇は、のちに下落に転じますから、ここで**「買い戻す」**ことで利益を得られるわけです。

上値抵抗線からローソク足が外れるとき

ローソク足が上値抵抗線の上に抜けるときは、下値支持線のときの「ブレイクダウン」とは逆に**「ブレイクアップ」**と言います。それまでの**下降トレンドに変化が生じた**ことを示します。

ブレイクアップになったら、ショート（売り）ポジションはひとまず手仕舞います。

このまま上昇するか、もしくはブレイクアップしたように見えて、再び上値抵抗線の下に戻ってくるような「ダマシ」になることも、もちろんあります。

次のトレンドが固まるまでの見極めが重要なポイントですから、ブレイクアップが出たからと言って、**すぐに全力で反対売買を始めるのは非常に危険です。**ポジションのシフトは様子を見ながら段階的に行うとよいでしょう。

儲けのポイント

- ■下降トレンドラインは上値抵抗線になり、戻り売りの目安となる
- ■上値抵抗線を上に抜けると、下降トレンドに変化が生じる

下降トレンドライン＝上値抵抗線

上値抵抗線とは　**上げ下げをくり返しながらも上値を押さえて下降していくトレンドを示すライン**

●上値抵抗線までは上げる

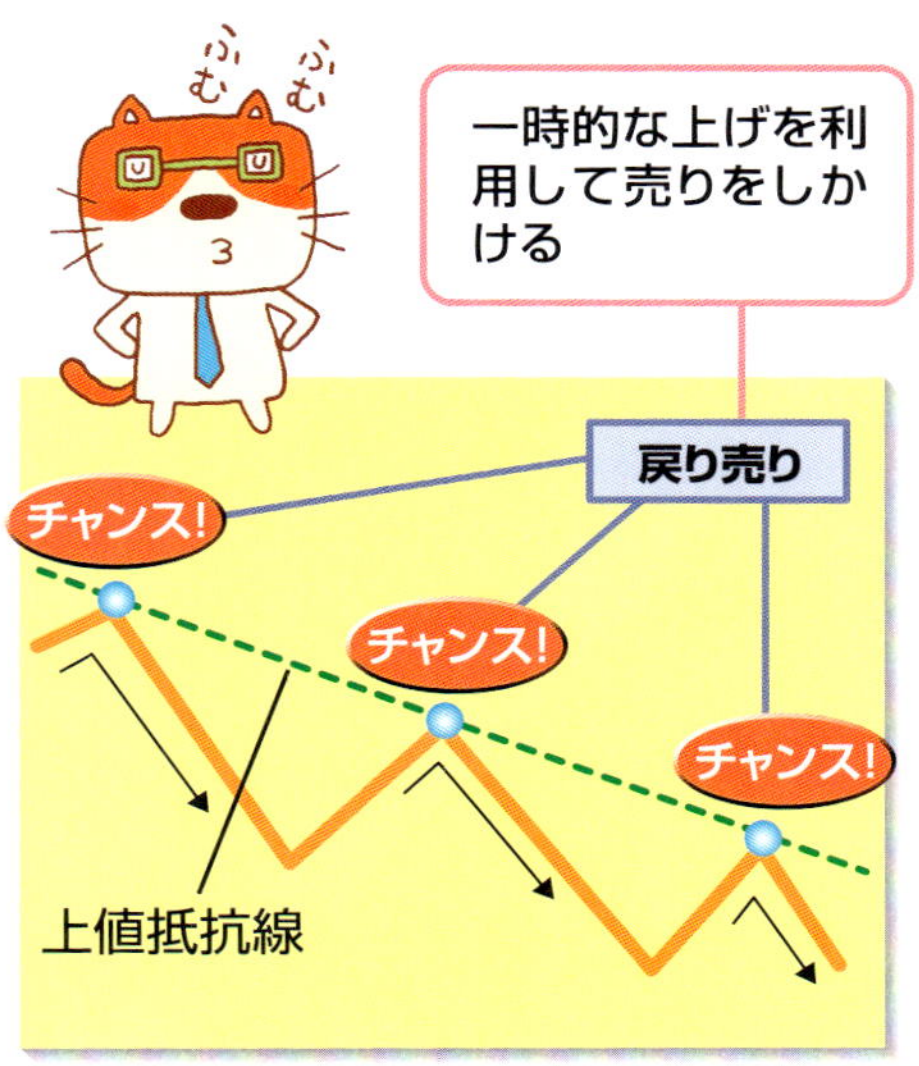

ふむ
ふむ
一時的な上げを利用して売りをしかける
戻り売り
チャンス!
チャンス!
チャンス!
上値抵抗線

●ブレイクアップは「買い」

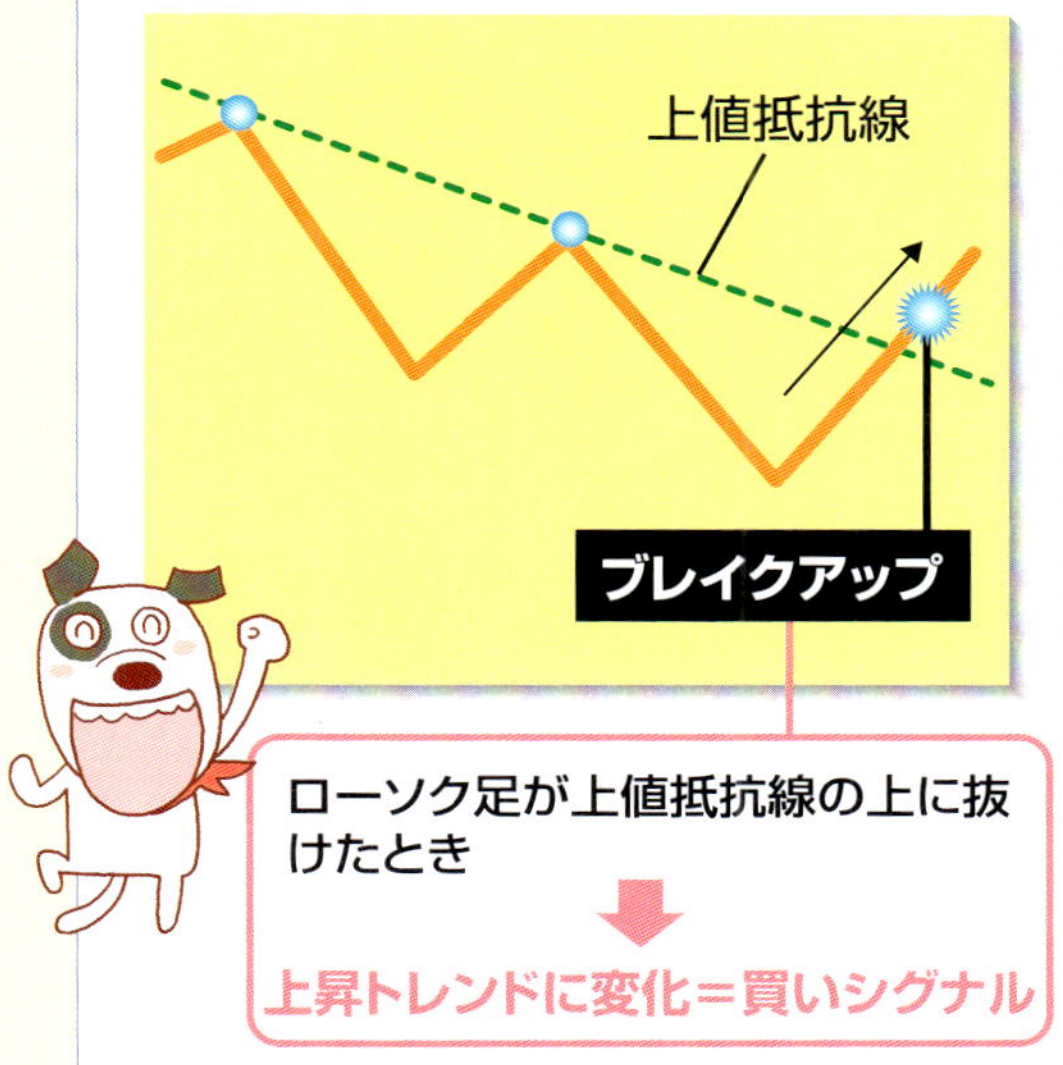

上値抵抗線
ブレイクアップ
ローソク足が上値抵抗線の上に抜けたとき
上昇トレンドに変化＝買いシグナル

豪ドル・円（日足）
07/21
上値抵抗線
＝
下降トレンドライン
買い
ブレイクアップ
01/06
54.96
史上最安値
02/02
55.52
04/28
66.80
108
102
96
90
84
78
72
66
60
10月
2009年
4月

売り買いが拮抗している ボックス相場

相場は常に上か下かに向いているわけではなく、迷って立ちどまるような状態が続くことがあります。そういった状態を保《も》ち合い＝ボックスと呼びます。こんなときは素直にトレードします。

上に行く意欲も、下に行く意欲も同じ、方向感なしのボックス相場

何度も言いますが、相場は永遠に上がり続けることも、永遠に下がり続けることもありません。

いつかはそのトレンドが変わって、逆に流れていきます。それがマーケットの道理です。

しかし、上げるも下げるも明確な方向が見えず、次はどちらに向かうかを判断できない状態になることもあります。それが**「ボックス相場」**です。

上値抵抗線と下値支持線で上手に売買シグナルに従う

ボックス相場では、これまで解説してきた**上値抵抗線と下値支持線の２本を使って売買シグナルを見ていく**ことになります。

左ページのユーロ・円チャートを見てください。２００９年の3月前後のところで、ボックス相場になりました。上値抵抗線がほぼ１２６円、下値支持線が１２２円というところで、間4円の振幅をくり返す日が続きました。

こういうときのトレードは、素直にトレンドラインに従います。上値抵抗線の**１２６円まで為替レートが上がってきたら「売り（ショート）」**、下値支持線の**１２２円まで下がってきたら「買い（ロング）」**です。ロングとショートをこまめに使い、上手にこの4円の振幅をねらっていくことに重点を置きます。

それが難しければ、トレンドを考えましょう。上昇トレンドのなかでのボックスなら買い中心。下降トレンドのボックスなら売り中心。いずれか一方の売買でも十分です！　その際の心がけは「シグナルに素直に従うこと」。

そして、上値抵抗線をブレイクアップするのか？　下値支持線をブレイクダウンするのか？　どちらに**放れていく（ボックス相場から抜ける）**のかが重要なのです。

このチャートでは、結果として上値抵抗線をブレイクアップし、上昇トレンドになっていきました。これは「買いシグナル」ですね。

こういうボックスを上もしくは下に放れるという形は、新たなトレンド形成の強力なシグナルととらえて、しっかりついていきましょう！

儲けのポイント

■売りと買いの勢力が拮抗し次の方向が見えないボックス相場では、抵抗線と支持線の間で売買をくり返し、利益を取る

抵抗線と支持線でタイミングを計る

ユーロ・円(日足)

ボックス相場の中にも売買チャンスが存在する
ボックス相場では抵抗線と支持線を用いて売買タイミングを計る
04/06
137.40
02/26
126.06
01/21
112.06
上値抵抗線
下値支持線
ブレイクアップ
138
135
132
129
126
123
120
117
114
2月
3月
4月

ボックス相場ではトレンドラインに従って売買する

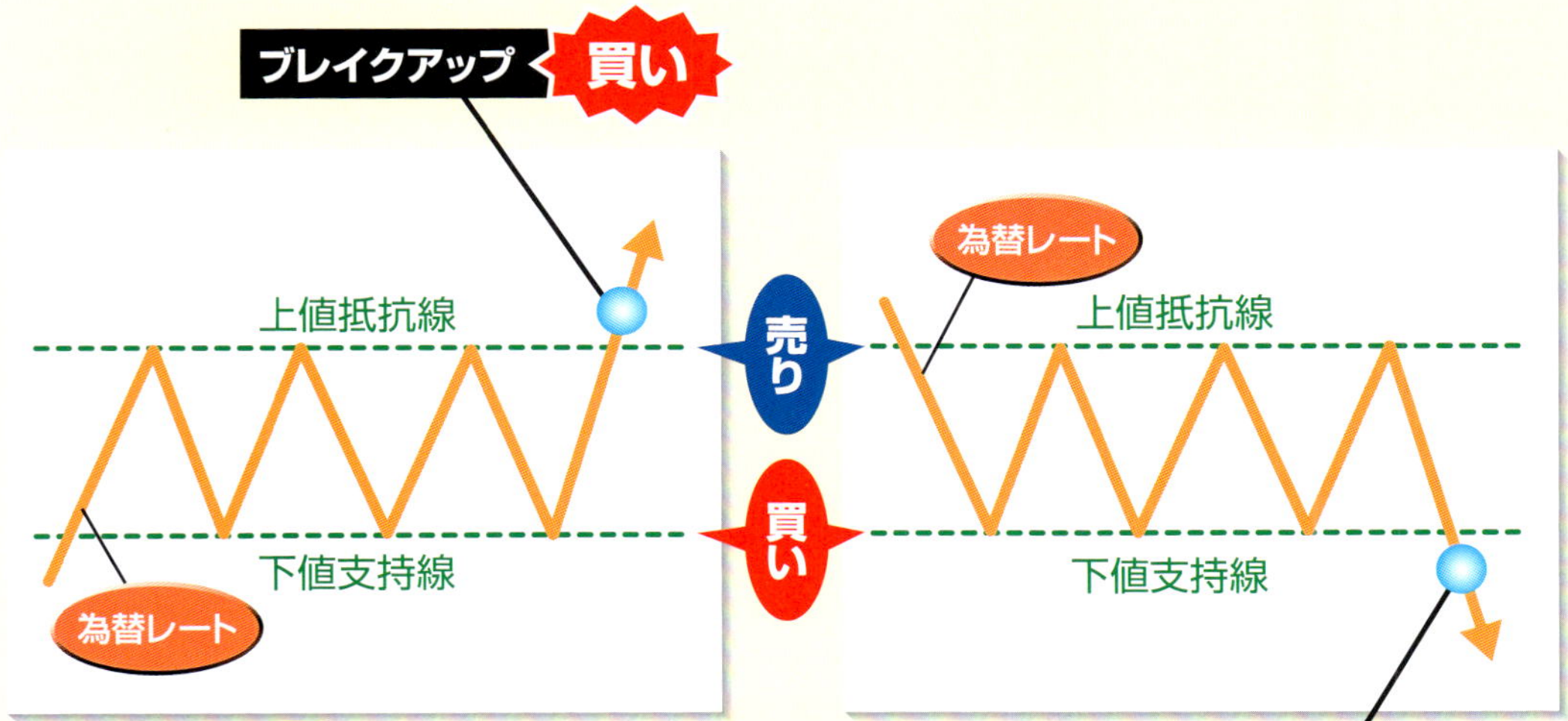
ブレイクアップ
買い
上値抵抗線
下値支持線
為替レート
売り
買い
為替レート
上値抵抗線
下値支持線
ブレイクダウン
売り

ポイント

シグナルに素直に従う!

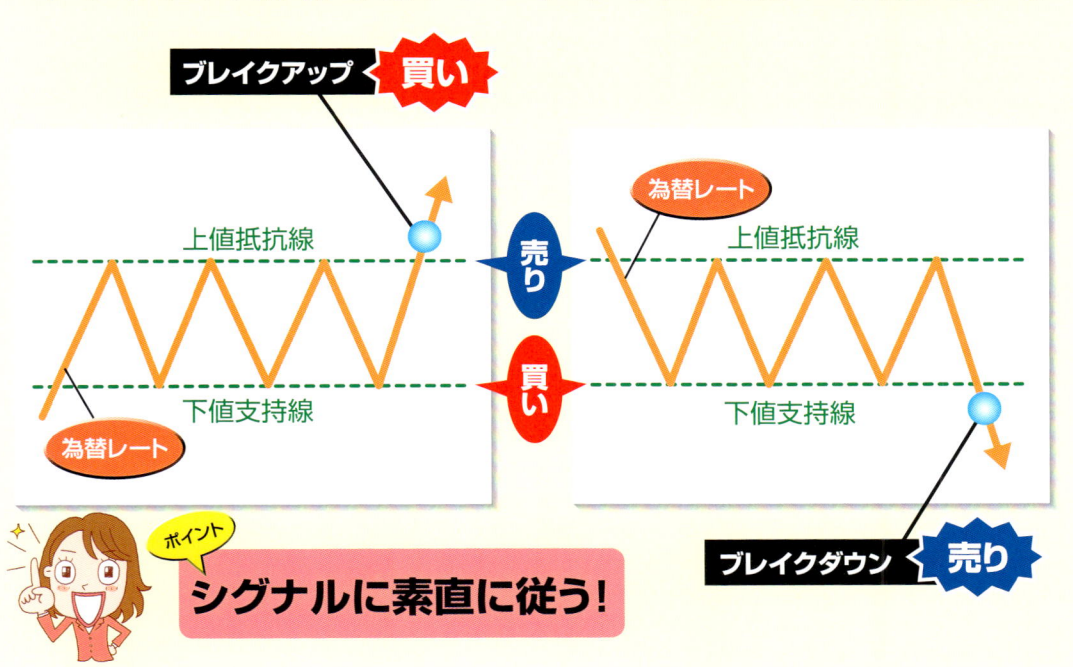

さまざまな保《も》ち合いの形①

為替相場では値動きの振幅がせまくなり、「お休み」のような場面になることがよくあります。これが「保ち合い」です。上値抵抗線と下値支持線を引くと、次の転換点の事前サインになります。

上昇スタートのシグナルになりやすい上放れ

小動きの相場に、高値同士を線で結んだ上値抵抗線と、安値同士を線で結んだ下値支持線を引いてみましょう。三角形や変形四角形など、さまざまな形になるはずです。この形が、次のトレンドを示唆する事前のシグナルを送ってくれるのです。

このような、さまざまな**「保ち合い」から上に放れたら、上昇シグナルになりやすい**というのが、次の4つです。

①上昇三角型

上昇トレンドの途中、ちょっと一休みというところで出やすくなる形です。上値抵抗線は水平で、下値支持線が右肩上がりに三角形の形になります。次第に高値と安値の値幅が小さくなり上に放れていくことが多い形です。

安値がどんどん切り上がるということは、**売り意欲よりも買い意欲が高まっている**と考えられるわけです。だから上に放れやすいと見られます。

②上昇フラッグ型

上値抵抗線と、下値支持線が、並行して下降していく、変形ボックスみたいな形が、この上昇フラッグ型。上昇トレンドのなかで、一時的に下に向いて動くことから、**押し目買いのチャンス**になりやすく、これを上に抜けると本格的な上昇のスタートです。

③上昇ペナント型

上昇トレンド、もしくは上がり始めたところで、直前に棒上げ（一本調子で上昇すること）をしてから作られる形です。高値は切り下がるので上値抵抗線は右肩下りになり、下値は切り上がるから下値支持線は右肩上がりになる三角形の形となり、この煮詰まりの頂点が上に放れやすくなります。**この形は、非常に強いシグナル**と見られています。

④下降ウェッジ型

ゴルフクラブのウェッジみたいな形をしていることから、ウェッジ型と呼ばれます。これは買い意欲である下値支持線よりも、売り意欲である上値抵抗線の方が強く、**次第に買い意欲の方が増して、**再び上向きに転換しやすくなるという形です。

下値はだんだん切り下がり、上値はそれ以上に切り下がり、煮詰まった最後に上に放れやすいというわけです。

儲けのポイント

■保ち合い相場に上値抵抗線や下値支持線を引くことで、次のトレンドを示唆するさまざまな形が浮かび上がる

上放れの保ち合いの形

①上昇三角型

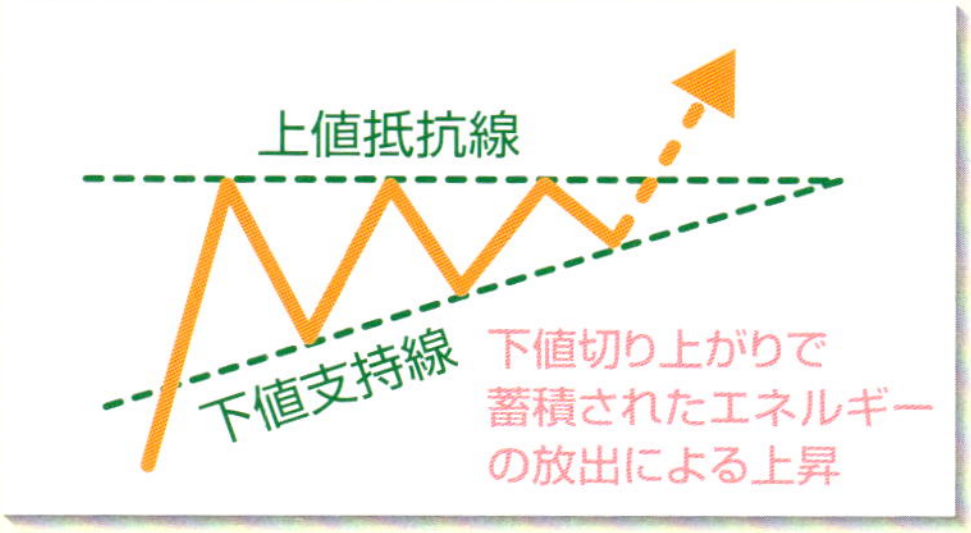

上値抵抗線は変動せず、下値支持線が上に切り上がっている。高値と安値の値幅がせまくなり、上に放れる

②上昇フラッグ型

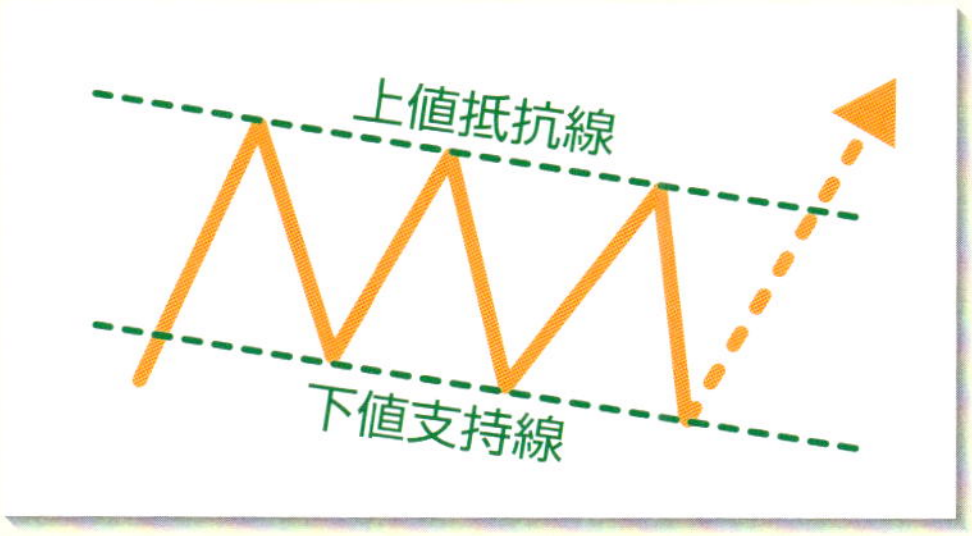

上値抵抗線と下値支持線が並行して下降していく。上昇トレンドのなかでこの形が出ると押し目買いのチャンス

③上昇ペナント型

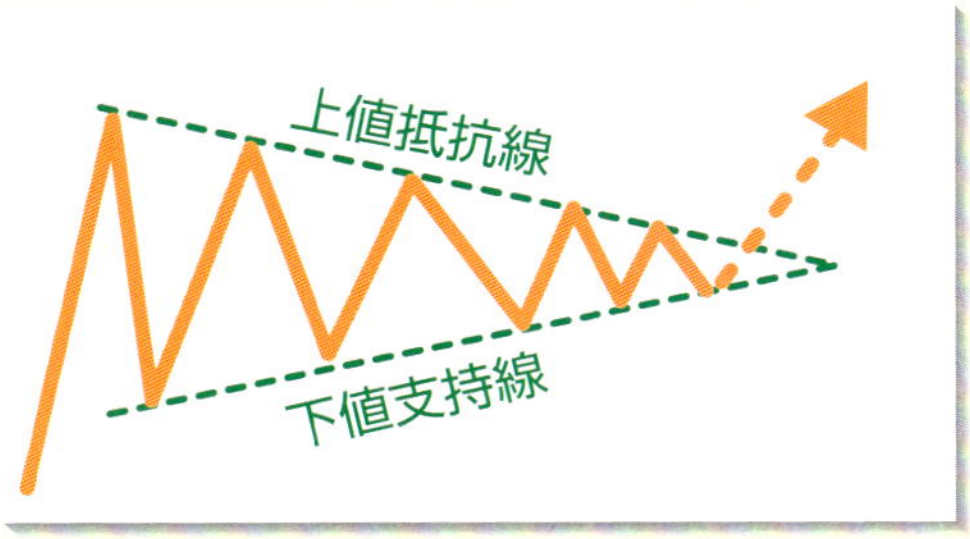

直前に棒上げし、上値抵抗線は右肩下がり、下値支持線は右肩上がりの三角形となり、この頂点で上に放れる。トレンド継続を意味する非常に強いシグナル

④下降ウェッジ型

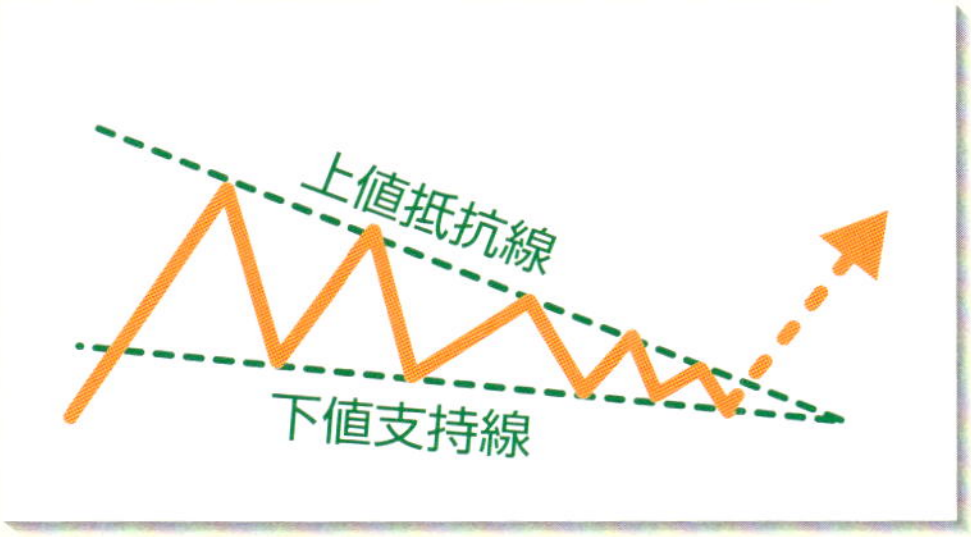

下値がゆるやかに切り下がり、上値はそれ以上に切り下がるために、下向きの三角形の形になる。頂点で上に放れる

PART 6

さまざまな保《も》ち合いの形②

上下の振幅がせまくなり、上下へ放れる動きを事前サインで知らせてくれる保ち合いの形の中で、下に放れやすいものと、上下どちらもアリというパターンについて解説していきましょう。

儲けのポイント

■保ち合いの形には上に放れやすい形、下に放れやすい形、両方アリの形にわかれる。その形から今後の方向性を予測しよう

下に放れやすい保ち合い

下に放れやすい保ち合いの形として、次の3つを紹介します。

①下降三角型

下降トレンドの途中で出やすい形です。**上値は切り下がる**から、上値抵抗線は右肩下がりになり、下値は同じ水準で推移するため、下値支持線が水平となる三角形が形成され、下に放れる動きが出やすくなります。

②下降フラッグ型

下降トレンドの下向きの動きから、一時的に戻り場面を作りやすいのがこの形で、上値抵抗線と下値支持線が右肩上がりに並行に推移し、変形ボックスの形となります。これもある程度もみ合ったあとに下に放れやすい形です。

売り損なった人、追撃売りをしかけたい人には、この下降フラッグ型が出現したら、**戻り売りのチャンス**です。

③下降ペナント型

ペナント型の特徴は、直前の棒上げ、棒下げ（一本調子の上げや下げ）です。「ペナントには、それを飾る棒が必要」と覚えましょう。

下降ペナント型の場合は、直前に棒下げがあったあと、一時的に下値は切り上がるため下値支持線は右肩上がりになります。しかし**売り圧力が強いため、高値にも勢いがない**ので、上値抵抗線は右肩下がりになって、ペナント型になります。そして、下に放れやすくなります。

両方アリの保ち合い

最後の2つは判断が難しいため、放れた方に素直につきましょう。

①対称三角形型

保ち合いの動きのなかで、高値は切り下がるため、上値抵抗線は右肩下がりになり、安値は切り上がるから下値支持線は右肩上がりになります。**売りと買いの圧力が拮抗**して、どちらが勝るかの判断が難しいときに出る形です。

②コイル型

対称三角形に似ていますが、対称三角形よりも長い時間をかけて形成され、コイルのように横に長い三角形になることから、**長い時間保ち合いが続く**ときに表れる形です。

下放れの保ち合いの形

①下降三角型

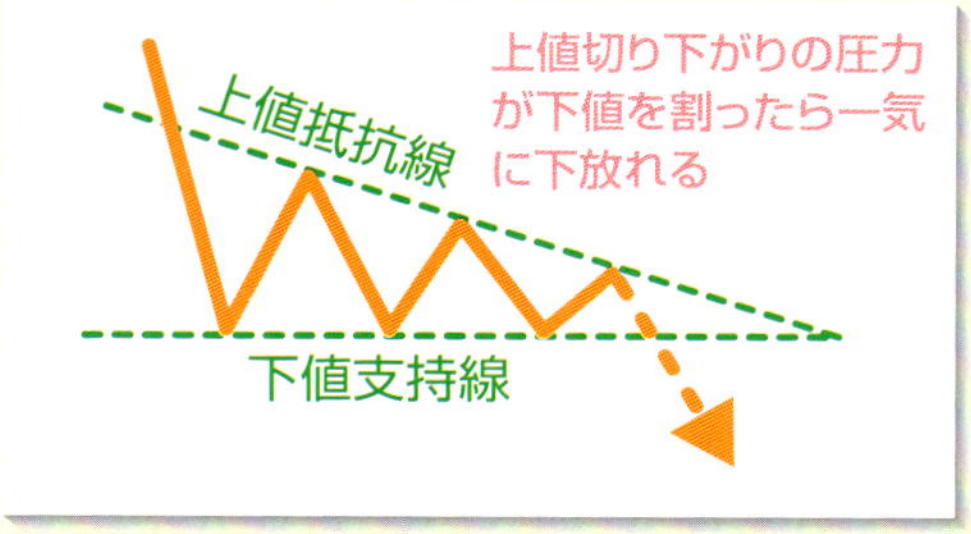
上値切り下がりの圧力が下値を割ったら一気に下放れる
上値抵抗線
下値支持線

下値支持線は変動せず、上値抵抗線が下に切り下がっている。高値と安値の値幅がせまくなり、下に放れる

②下降フラッグ型

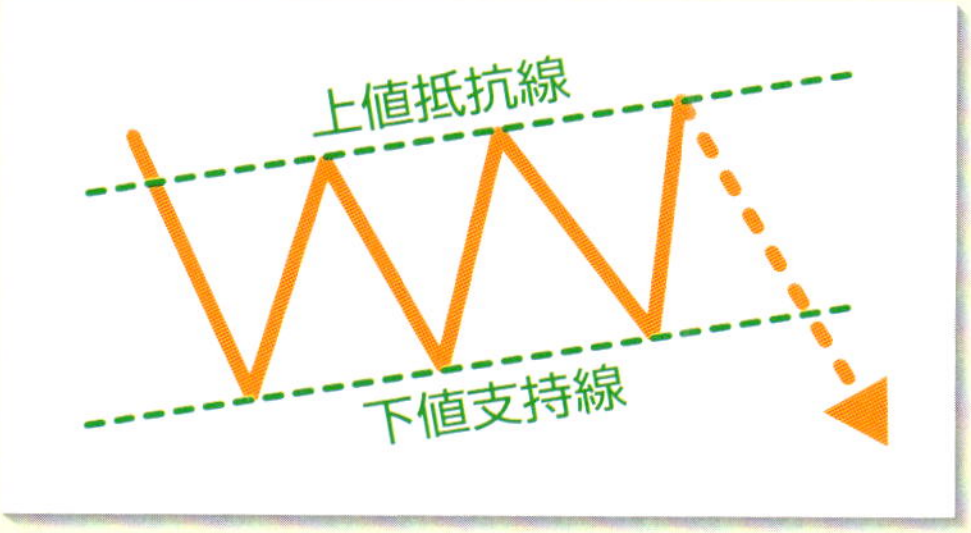
上値抵抗線
下値支持線

上値抵抗線と下値支持線が並行して上昇していく。下降トレンドのなかでこの形が出ると戻り売りのチャンス

③下降ペナント型

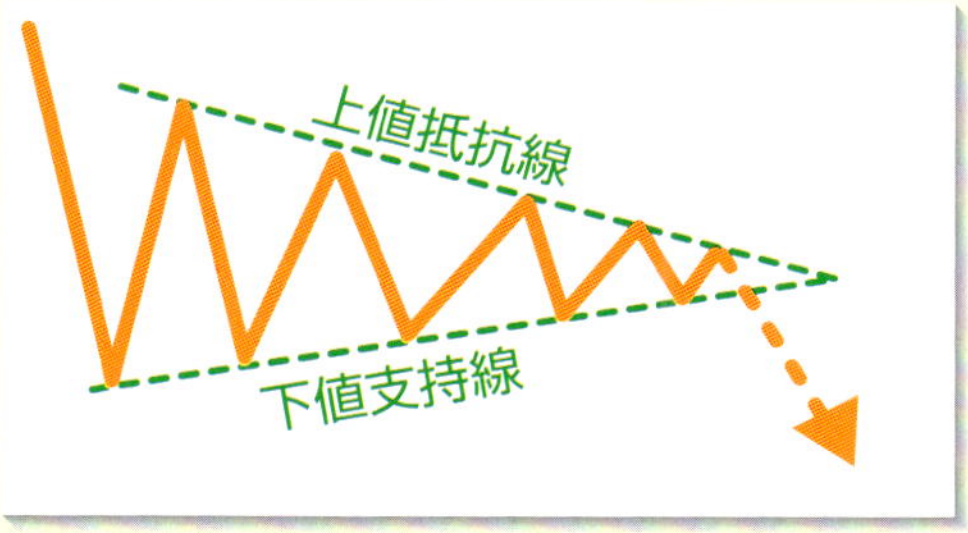
上値抵抗線
下値支持線

直前の棒下げを経て、上値抵抗線は右肩下がり、下値支持線は右肩上がりの三角形となり、この頂点で下に放れる

両方アリの保ち合いの形

①対称三角形型

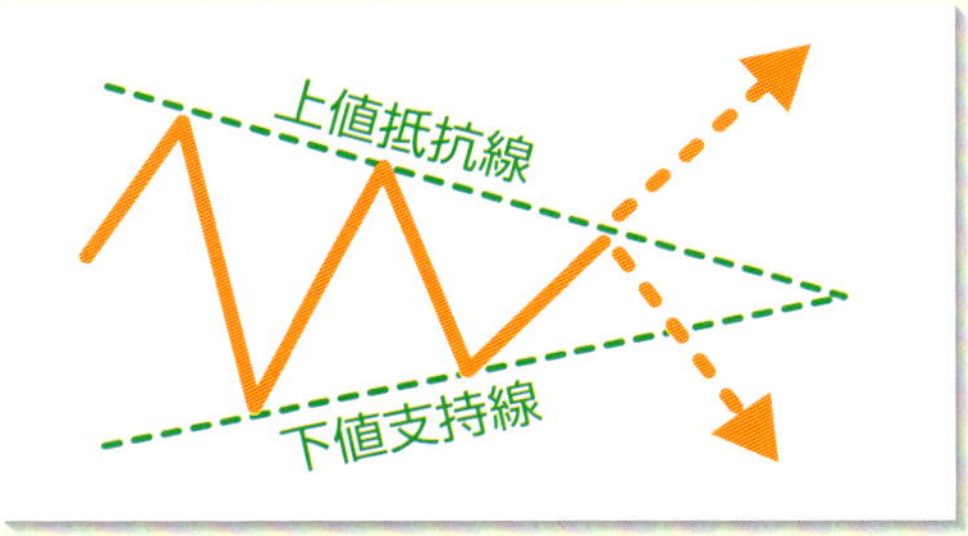
上値抵抗線
下値支持線

売り買いの圧力が拮抗して右肩下がりの上値抵抗線と、右肩上がりの下値支持線が二等辺三角形を形成する。上下どちらに放れるかの判断が難しい

②コイル型

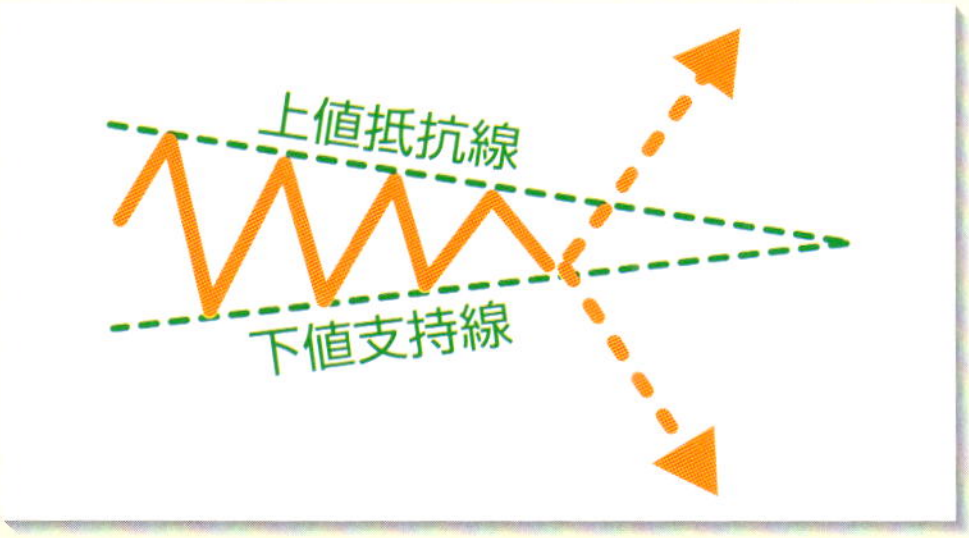
上値抵抗線
下値支持線

対称三角形型によく似た形を取るが、より長い時間をかけて形成されるのが特徴。こちらも売り買いの圧力が拮抗している

PART 7

保《も》ち合いの鉄則「放れた方につけ」

保ち合いの形によって、上昇、下降、両方アリと、それぞれの形を説明しましたが、基本は「放れた方につく」です。保ち合いから放れた瞬間のパワーは非常に大きいですから乗り遅れずに！

上放れは「買いシグナル」、下放れは「売りシグナル」

ボックス相場を上に抜け出したときは、それまでにたまっていたエネルギーが噴出することが多いため、**強力な売買開始のシグナル**になります。

ボックス相場は、しばらく一定の水準のなかで上下に振幅しながら、次の方向性をうかがうような動きです。上に放れやすい（ブレイクアップ）形や、下に放れやすい（ブレイクダウン）形がありますが、現実にはどちらになるか、放れた瞬間までわかりません。したがって上だろうと、下だろうと**事前に決めつけて動き出すことは、決してオススメしません。**

シグナルが出現した瞬間、売買行動へ！

保ち合い放れというのには、いろいろな形がありますが、どんな形にも上には上値抵抗線、下には下値支持線があります。まずは「そこからどう放れたか」を確認することが大切です。

買いシグナルの場合：上値抵抗線をブレイクアップした瞬間がロング（買い）ポジションの入り口です。

売りシグナルの場合：下値支持線をブレイクダウンした瞬間がショート（売り）ポジションの入り口です。

いずれの場合も、放れる直前にはかなりのエネルギーが集まっていますので、放れた瞬間の動きは急激に加速するケースが多いです。

特に昨今はデイトレーダーなどの活躍が目覚ましく、短期売買を主とする彼らは「放れ」という短期的に動きやすい瞬間を虎視眈々とねらっています。そのため最近は、**一段と動き出しのスピードが速くなる傾向**にあります。

放れたあとの加速が一段落すると、一時的な戻りを見せる場面もよくあります。しかし、基調は放れた方向にあることに変わりありません。

戻りが押し目のチャンスとなるか？ またはポジションを建て逃した場合の、再チャンスとなるか？ いずれにしても「放れ」は「堅いトレンドが決まった」というシグナルです。その方向についていく姿勢で取り組んでください。

儲けのポイント

- 上放れは買い、下放れは売りが基本。事前の決めつけは危険
- 放れた瞬間のパワーは大きいので、乗り遅れないことが重要！

保ち合いの鉄則

◆買いのシグナルは?
上値抵抗線をブレイクアップ(上放れ)した瞬間

◆売りのシグナルは?
下値支持線をブレイクダウン(下放れ)した瞬間

保ち合いの放れでは「どこから」「どう放れたか」が重要ですよ!

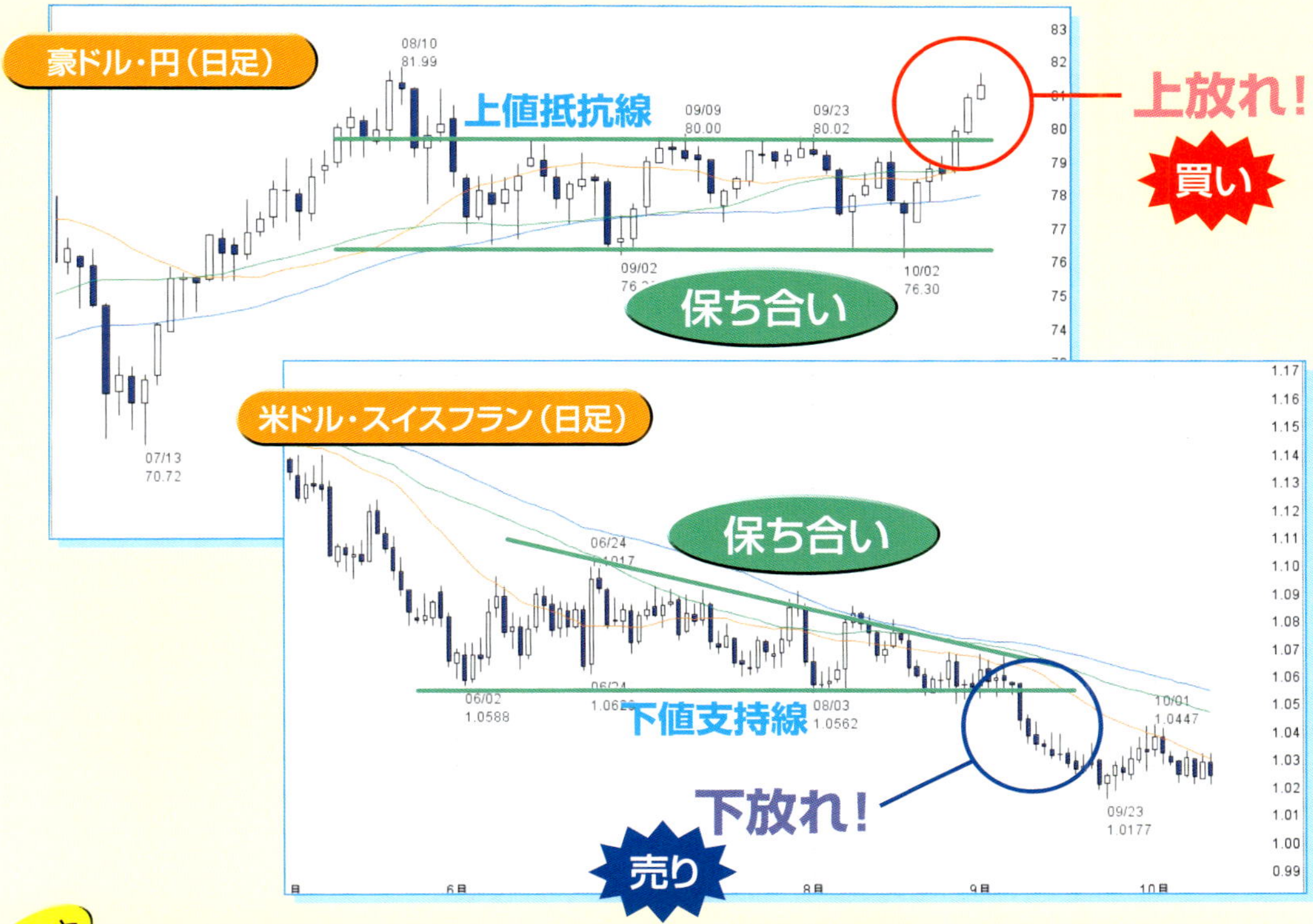
豪ドル・円(日足)
上値抵抗線
08/10
81.99
09/09
80.00
09/23
80.02
09/02
10/02
76.30
07/13
70.72
保ち合い
上放れ!
買い
米ドル・スイスフラン(日足)
保ち合い
06/24
06/02
1.0588
下値支持線
08/03
1.0562
10/01
1.0447
09/23
1.0177
下放れ!
売り

ポイント 「放れ」=「堅いトレンドが決まった」シグナル。その方向についていきましょう

短期売買のターゲットとして「放れ」はねらわれやすいため、動き出しのスピードが速くなる傾向がある

チャートには「クセ」がある

マーケットには、はっきりした理由はないが、なぜかその通りになるという経験則、ジンクスといったものがあります。これをアノマリーと言います。

説明はできないけれどくり返される経験則

為替に限らず、どんなマーケットにおいても、すべての動きに明快な理由があるわけではありません。

たとえば1年間の動きを振り返ったときなど、「なぜかわからないけど、例年こんなときは下げやすい」と不思議に思うような習性が見られるときがあるものです。このような、**合理的な説明をすることができない経験則を「アノマリー」と言います。**

それぞれのマーケットは個々に独立して動いているわけではありません。「トレードしているのは為替だから、株価は見なくてよい」というわけではありません。株式市場や商品市場、債券市場などの動向を受けて、為替の需給バランスが決まり、為替レートが変動していくのです。それぞれのマーケットは相互に影響を与え合っているのです。

たとえば株式市場では、古くからさまざまなアノマリーが存在します。「節分天井彼岸底」（2月に高値をつけて、3月に安値をつける）、「天神底」（7月の天神祭前後に株価は底をつけやすい）などがよく聞かれるアノマリーです。

そして為替市場にも、そのようなアノマリーが存在します。

満月・新月は転換点？ 5月はドルが売られる？

アノマリーを投資に活かそうと考えるのならば、**「どうして？」という疑問は捨てましょう。アノマリーに正確な答えはありません**からね。

為替市場に限りませんが、「満月や新月のころは転換点になりやすい」ということがよく言われます。満月・新月の月の満ち欠けが、人間行動に変化を起こすという学説もありますよね？相場は人が作り出すものですから、「人の行動に変化が起こる＝相場に変化が現れる」ということから言われるアノマリーではないかと思います。

長く上昇を続けたあとなどには、「新月を前後に反転した」とか、「満月で反転した」といったコメントが、通信社のニュースにも出てくるほどです。

為替市場でよく言われているもの

儲けのポイント

■理由はないけど「なぜかそうなる」のがアノマリー。理解はできなくても、知っているだけでOK

為替相場で聞かれるアノマリー

- 天底になりやすいのは1月と4月
- 1月の相場動向がその年の動向を決める
- 金曜日に米ドルを売ってはいけない
- 投資収益率は月曜日が最低
- アメリカ大統領選挙の年は米ドル高
- 新月に高値をつけ、満月に安値をつける

どれも、1つ1つ検証する類のものではありません

そのほか、動きが変化しやすいタイミング

クリスマス、感謝祭休暇

欧米で年最大のイベントであり、長期休暇に入るためのポジション調整が入りやすい

旧正月（2月前後）

アジアの春節（1年の始まりの祝日）にはアジア勢が休暇に入る

9月

株式市場が毎年ひどいと言われる。為替も足をひっぱられるので気をつけて

リパトリ

正式にはリパトリエーションといい、（資金を）本国に送還する行為のこと。リパトリが発生するのは、企業の決算時期など、海外で運用されていた資金を国に戻し、決算に計上するときなど。日本であれば3月末に向けて、欧米であれば12月末に向けて発生する。そのころになると、それまでの流れが反転しやすい特徴があるため、注意が必要

は、

- **5月は米ドルが売られやすい**
- **12月には流れが逆相関し、1月にはまた反転しやすい**
- **6～8月は相場がだれやすい（下げやすい）**

というようなものがあります。

これらは、毎年必ずそうなるというわけではありません。ただ、こうした傾向はよく見られるということを頭に入れておくだけで、トレードを控えたり、早めにポジションを閉じるなどの行動につなげられます。

トレードのヒントの1つとして覚えておきましょう。

「大台」やチャートに表れる
「節目」には敏感に！

過去にしばらく推移した価格だったり、何度もつけに行く価格水準を「節目」と言います。また、次の5円や0円台などは「大台」と表現します。

儲けのポイント

■節目、大台は勢いがついたり、動きが滞ったりする「注目ゾーン」。それぞれの通貨や時期によって異なる

節目《ふしめ》とは流れの中の壁としてとらえる

チャート分析では**「節目」**という言葉がよく出てきます。この節目は、反転するポイントや、トレンドが一段と強く勢いづくポイントになります。

節目として用いられることが多いのは、トレンドラインで結んだ線上の価格であったり、移動平均線のクロスや保ち合い・ボックスの上下放れなどです。

大台や節目を目標に動く

「大台」という言葉もチャート分析やマーケット動向でよく目にする言葉です。一般的にも「○○の大台を突破」などと使われますが、チャート分析においては、次の5円、0円台の価格を指すことが多いです。

左ページのチャートを参考に大台と節目の動きを追ってみましょう。豪ドル・円の日足チャートは、上昇へ向けて大台・節目を突破する1つの例です。

8月中盤から10月前半にかけて76～80円のゾーンでボックスとなりました。このボックスを上に抜けてきた①が80円の大台突破になりました。

ボックス上放れ&大台突破と強力な上昇シグナルが一緒になったため勢いづき、②で前回の高値という節目を突破する動きになり、その後は85円まで急伸していきました。**大台や節目を抜けるとスピードがつく動きになる象徴的な形**です。

続いて、下へ向かう解説を米ドル・円の日足チャートで見ていきましょう。7月下旬から8月初頭の時点では、95円をはさんだ小動きが続いていました（③）。98円近くまで一時的に上げたのち、④で前回安値の91円73銭の節目を下に抜けるとスピードがつき、90円の大台割れから87円まで一気に崩れていきました。

上に行く動きも、また下に行く動きも、ともに節目や大台が1つの下げどまりの目標です。**これを突破すると、一段と勢いに拍車がかかるのがこの節目、大台の特徴**と言えるでしょう。

大台・節目の突破でトレンドが固まる

この大台や節目を前後して、為替市

一筋縄ではいかない「節目」「大台」

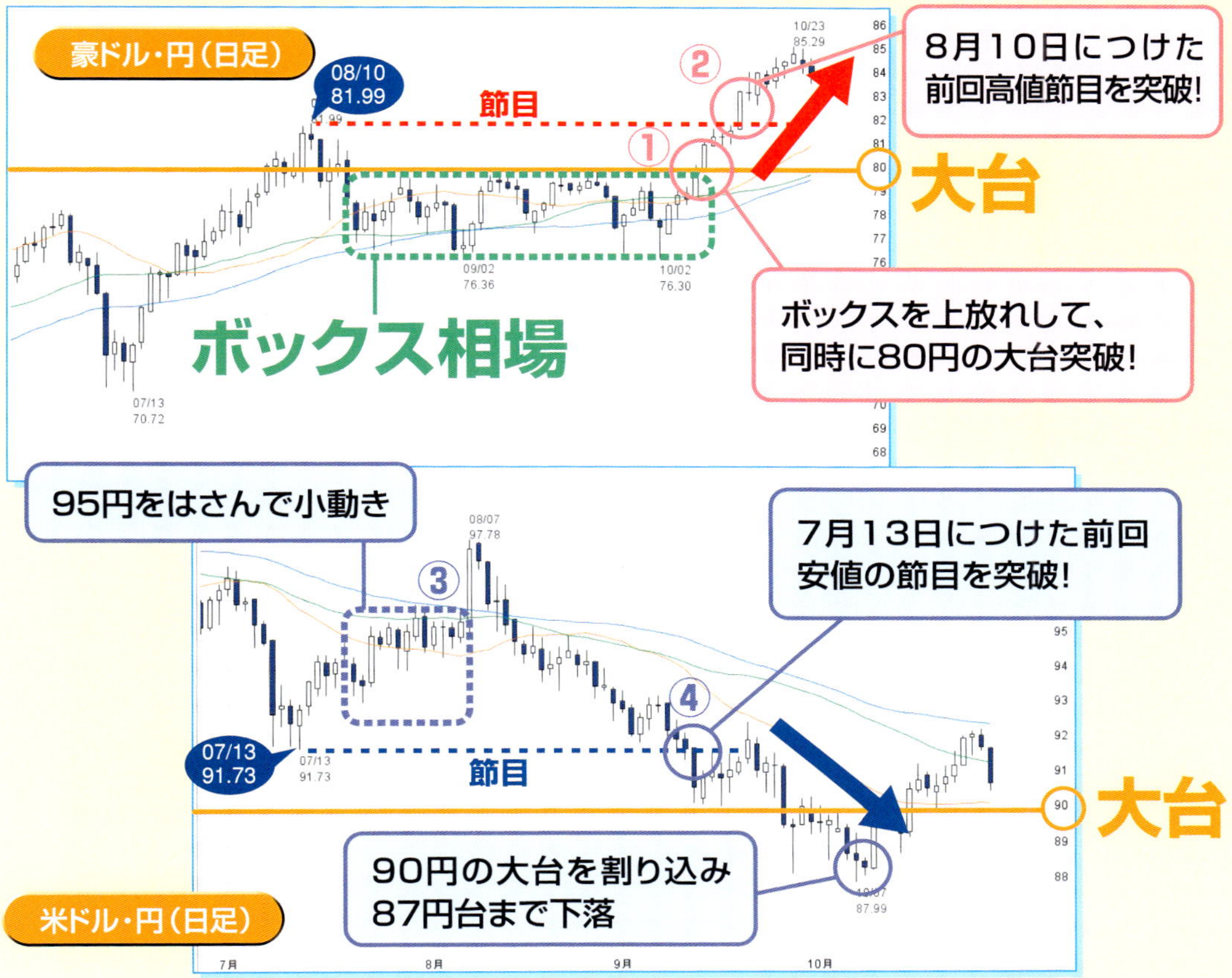
豪ドル・円(日足)
08/10
81.99
節目
②
①
10/23
85.29
8月10日につけた
前回高値節目を突破!
大台
ボックス相場
09/02
76.36
10/02
76.30
07/13
70.72
ボックスを上放れして、
同時に80円の大台突破!
95円をはさんで小動き
08/07
97.78
③
7月13日につけた前回
安値の節目を突破!
④
07/13
91.73
節目
大台
90円の大台を割り込み
87円台まで下落
10/07
87.99
米ドル・円(日足)
7月
8月
9月
10月

場ではいろいろなトレードが行われます。

- **大台・節目を突破したら利益確定が出やすい**
- **上昇している移動平均線のさらに上で推移していたローソク足が、移動平均線に向けて下落したものの、クロスせずに再び上昇し始める**
- **大台・節目を前に価格が足踏みしやすい**

大きくわけるとこの3つです。大台や節目は利益確定が出やすく、一度突破しても、利益確定の決済によって押し戻されることも多くなります。しかし、一度突破したという実績が後押しして、トレンドに勢いがついてより堅くしっかりした動きになることが多いのも現実です。

また、大台や節目は目標値としてもとらえられるので、大台・節目を前に何度もトライするがなかなか抜けないというセンシティブな動きも見えやすくなります。

この大台・節目は特に短期トレードを主とするデイトレーダーを中心に、注目度が非常に高いポイントです。大きなマネーが動きやすいところです。

PART 10

利益確定のポイントは、人の行動を考えてみよう

トレードをするうえで、「いつポジションを持てばいいか」という入口の判断は難しいですが、「どこでポジションを手仕舞えばいいか」という出口の判断も難しいものです。

儲けのポイント

■シグナルに従って始めたトレードはシグナルに従って手仕舞う

■順調に推移している相場ではトレンドラインが判断基準

利益確定ポイントをどうするか?

ポジションを建てたはいいけど、手仕舞うときはどうすればいいか?

多くの投資家のテーマですね。トレードを始めるときは、どのタイミングでポジションを建てるか、どうやって利益を得るかは一生懸命に考えますが、実際に利益を確定させたり、目論見通りに運ばず損切りをしたりという手仕舞いまでは想定していない人が大半でしょう。

手仕舞いのポイントは、そのトレンドや投資スタイルなどによってさまざまですから、一概に言えません。

しかし、トレンドラインによる買いのシグナルは、それと**セットになる形で売り(=利益確定)のシグナルが存在する、というパターンが結構あります。**入口から出口まで、1つの流れで考えることができれば、出口で悩まずにスムーズなトレードができるでしょう。

トレンドラインで考える利益確定ポイント

相場が順調に、トレンドラインに沿って上昇している場合は、**ラインに近づいたところがロング(買い)のエントリーポイントです。**上昇トレンドラインは下値支持線ですから、ここに近づくと値段は反発します。

そして、**トレンドラインとの乖離《かいり》が大きくなってきたら、利益確定ポイント**と考えます。

一本調子で上がっているように見えても、やはり上下の振幅はあります。トレンドラインを離れ過ぎた価格は、再びトレンドラインに向かって下がる動きを見せやすくなります(絶対ではありません!)。

ここが利益確定の手仕舞いをするポイントです。もちろん、乖離《かいり》をさらに広げる形で、相場が上昇する可能性もありますが、そんなときは「もっと持ち続けていれば儲かったのに……。損した」などとは思わずに「今回はこれだけ儲けたのでOK」と割り切る気持ちが肝心です。

ボックス相場になっているときは、その予想はさらに簡単です。

下値支持線のラインでロングを建てて、上値抵抗線に近づいたら手仕舞う

いつ「始めて」、いつ「手仕舞う」か？

●トレンドラインでは乖離《かいり》率で判断する

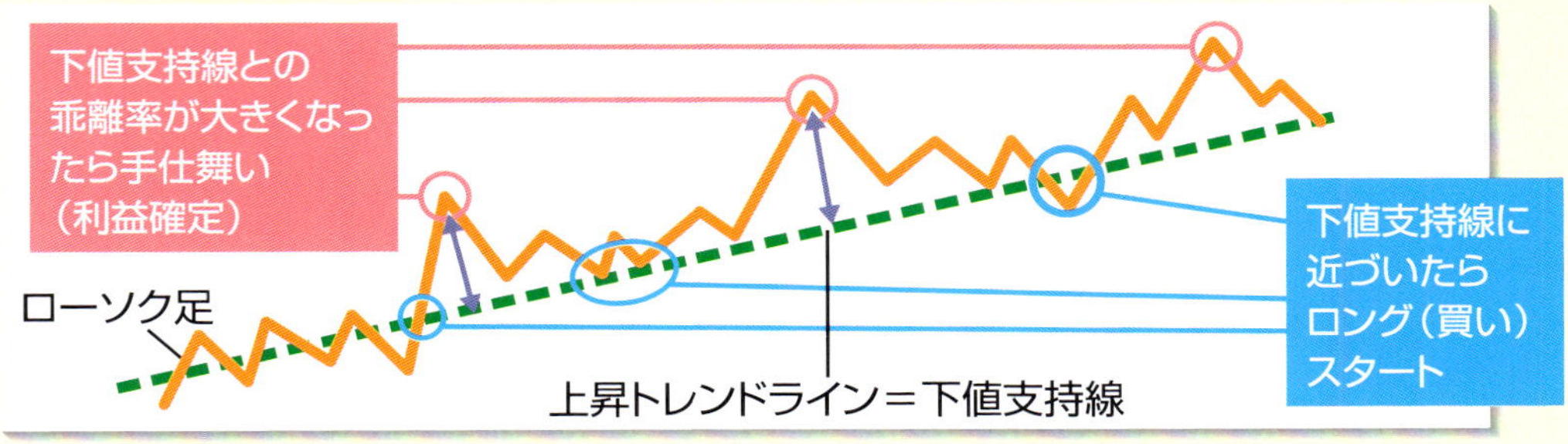
下値支持線との
乖離率が大きくなったら手仕舞い
（利益確定）
ローソク足
上昇トレンドライン＝下値支持線
下値支持線に
近づいたら
ロング（買い）
スタート

●ボックス相場は下値支持線と上値抵抗線で

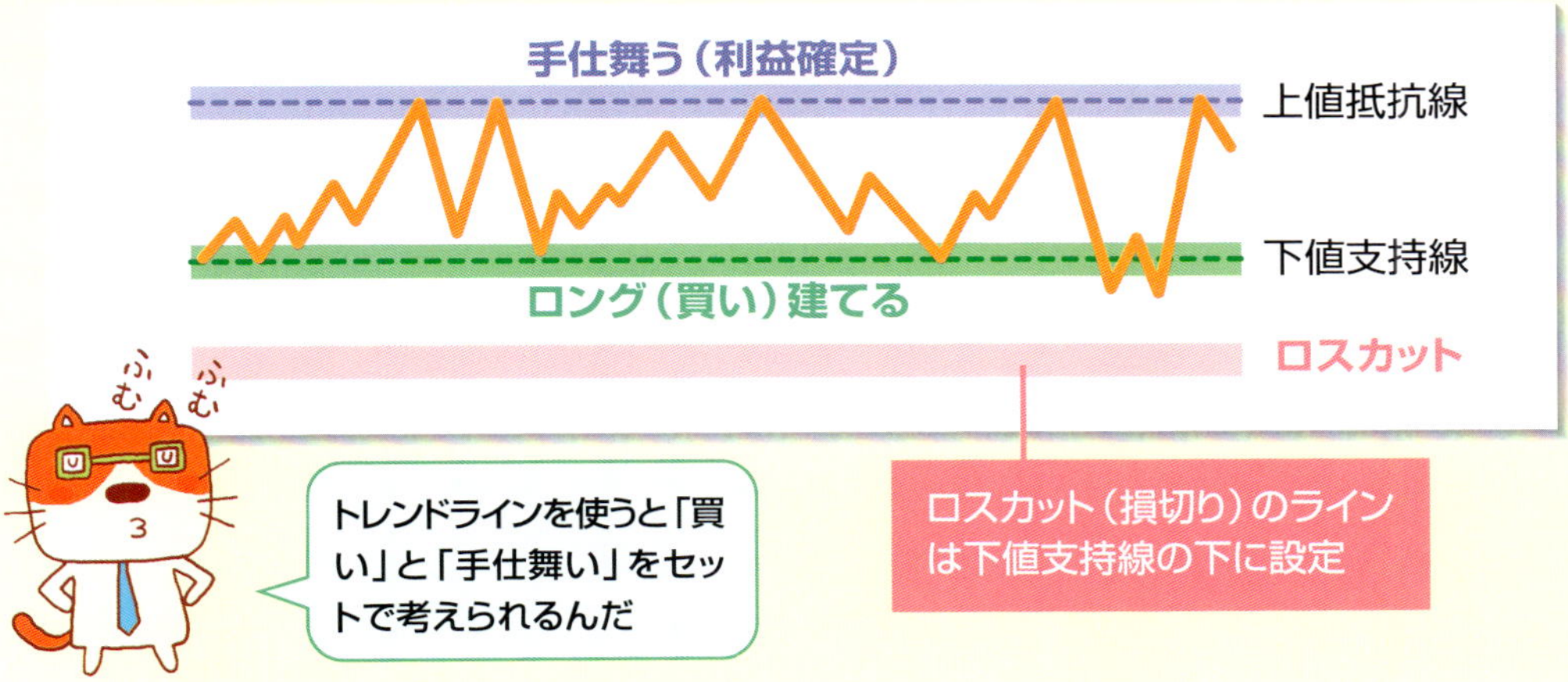
手仕舞う（利益確定）
上値抵抗線
下値支持線
ロング（買い）建てる
ロスカット
ふむ
ふむ
トレンドラインを使うと「買い」と「手仕舞い」をセットで考えられるんだ
ロスカット（損切り）のライン
は下値支持線の下に設定

という方法です。いったりきたりするのがボックス相場ですから、そのボックスのなかでの動きでこまかく利益をねらう方法です。

ちなみに、この場合のロスカットは下値支持線よりも、少し下あたりに構えます。

下値支持線に触れるくらいのことは度々ありますから、そのたびにロスカットをしていると大変です。下値支持線を少し割れるぐらいのポイントがちょうどいいでしょう。

大台や節目などの価格をターゲットにするという手法もあります。これらも、トレンドラインと同様に、多くの投資家が意識しているポイントですから、それに「乗る」のです。節目や大台を利益確定ポイントにして、売買をするわけです。

このように、マーケットに参加している多くの投資家が共通して考えることとして、「トレンドライン」や「大台」「節目」といったものがあります。それだけ影響力の大きいチャート分析ですから、是非自分のものにしておきましょう。

column

リーマンショックに学ぶ③

金（ゴールド）の独歩高

リーマンショックの余波は、投資市場全般に恐ろしい津波のように襲いかかりました。株、商品市場、外貨、債券……何もかもが「暴落」でした。

そんな中、「金（ゴールド）」だけが、ある一定水準から単独で上昇（独歩高）し始めました。波乱が起きたとき、通貨には絶対的な価値がありません。対して、「金」には、絶対的な価値があると考えられているため、波乱時は特に人気が高まります。

ここ数年は、金もETFやファンドなどに組み入れられ、幅広く運用されています。そのため、以前よりも金のマーケットに投機マネーが入ってくるようになり、一時期は暴落に巻き込まれ、ほかの金融商品と同じように急落したこともありました。

しかし暴落当初の売りが落ち着いてくると、今度は安全資産である金への買いが殺到し始めたのです。

リーマンショック以降の金の動きを通貨と比較してみましょう。

通貨が続々と底値をつけた2009年2月に、金は目先の新高値を更新し、ほかの金融商品とは、まさにまったく逆の動きをしました。そして、世界最大の産金国である南アフリカは、各国の先陣を切って上昇トレンドに転換したのです。金の上昇＝南アフリカ経済への追い風と見て、通貨の投資先としての南アランドが脚光を浴びたのですね。

投資の世界において、まったく切り離せるものは何一つありません。どれもが必ず関連しています。

特に、FXに連動しやすいマーケットの動きには敏感でいましょう。中でも金は重要です。

ちなみに基軸通貨ドルは、金とは逆相関しやすい関係（一方が上昇すると他方が下落しやすい関係）にありますよ。

応用編

1章

日本が誇る「一目均衡表」

世界中で愛用される日本製の一目均衡表《いちもくきんこうひょう》

昭和初期に生まれた一目均衡表は、日本が誇る大変有能なチャートです。世界のマーケットでも「Ichimoku」として愛されています。

世界中のプロが活用する日本の有能チャート

日本が世界に誇るチャート分析の手法には、ローソク足の酒田五法と、本章で紹介する一目均衡表があります。

海外のFX会社の配信するチャートでも、「Ichimoku」として描図ができるようになっており、世界中の市場参加者がトレンド分析のツールとして活用しています。

特に相場の売買タイミングや下値メド、上値メドなどに関しては、その大半が一目均衡表を用いたトレンド分析によるものです。

それほど**一目均衡表は、世界中の為替トレーダーやディーラーたちが活用している**のです。

バランスの変化を探り相場の転換点を見つけ出す

マーケットには必ず売り手と買い手がいます。どちらかの力が強くなり、その均衡が崩れた方にマーケットの動きは傾きます。

一目均衡表は、**その均衡バランスを「一目」で確認できる**という意味で、名付けられました。

一目均衡表は、昭和初期に新聞社の商品部部長だった故細田悟一氏によって考案されました。

相場分析には、三大骨子と言われる「時間論」「変動論」「水準論」というものがあります(その中身については、専門的になり過ぎますから説明は割愛します)。そのなかの「時間論」に照準を置いたのが一目均衡表です。

為替レートは、需給のバランスや国家間の力関係、経済力などの要因によって、日々変動していきます。

そのバランスの変化を探り、相場の転換点を見つけ出していくことが、この一目均衡表には可能なのです。

未来に向けての抵抗ゾーンから現在値の高低を測る

相場では上がったものは下がり、天井があれば底もあります。特に為替マーケットは対象が通貨である以上、ゼロという値段はありません。そのため、ほかに比べても「底」の判断が難しく、ひいては現在の値が高いか低いかの判断まで難しくなりがちです。

一目均衡表は、数あるチャートのな

儲けのポイント

■一目均衡表は世界中の為替トレーダーやディーラーが愛用する、優秀なチャート分析。現在の値段が高いか安いかを把握しやすいかでも、特に未来に向けて抵抗ゾーンが描かれているぶん、**「現在値の高低」の把握がしやすい**チャートです。

今持つ力を最大限分析し、未来の動きを予測し、現在の勢いを把握する。現在のマーケット実勢を独特の図表で、一目でわかりやすく教えてくれるチャートなのです。

為替レートは買いと売りのバランスで上下する

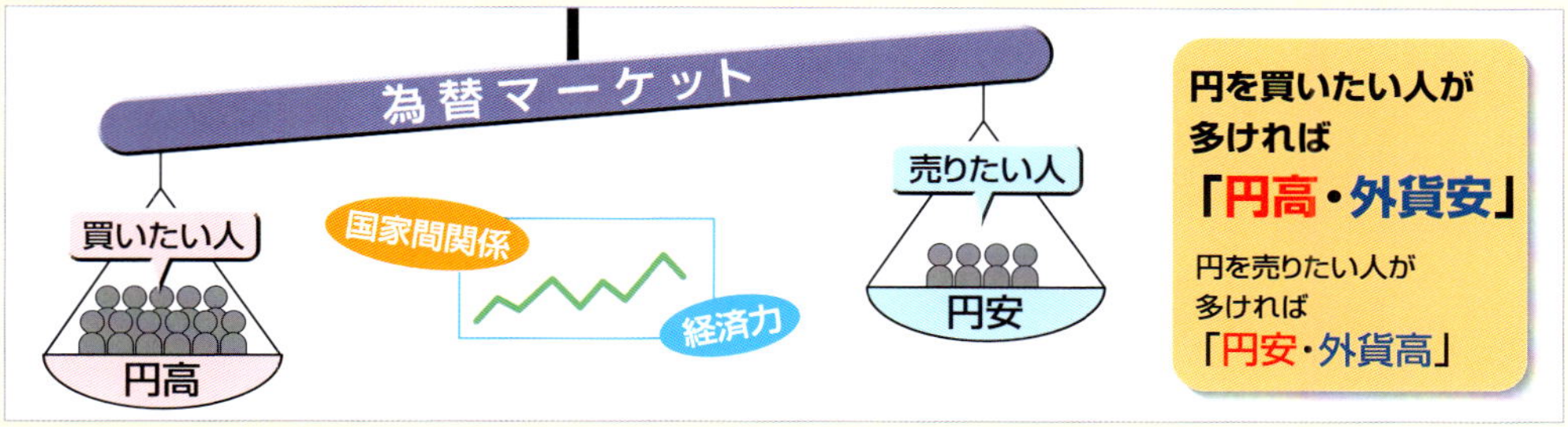
為替マーケット
買いたい人
円高
国家間関係
経済力
売りたい人
円安
円を買いたい人が
多ければ
「円高・外貨安」
円を売りたい人が
多ければ
「円安・外貨高」

一目均衡表は未来の動きを視覚化する

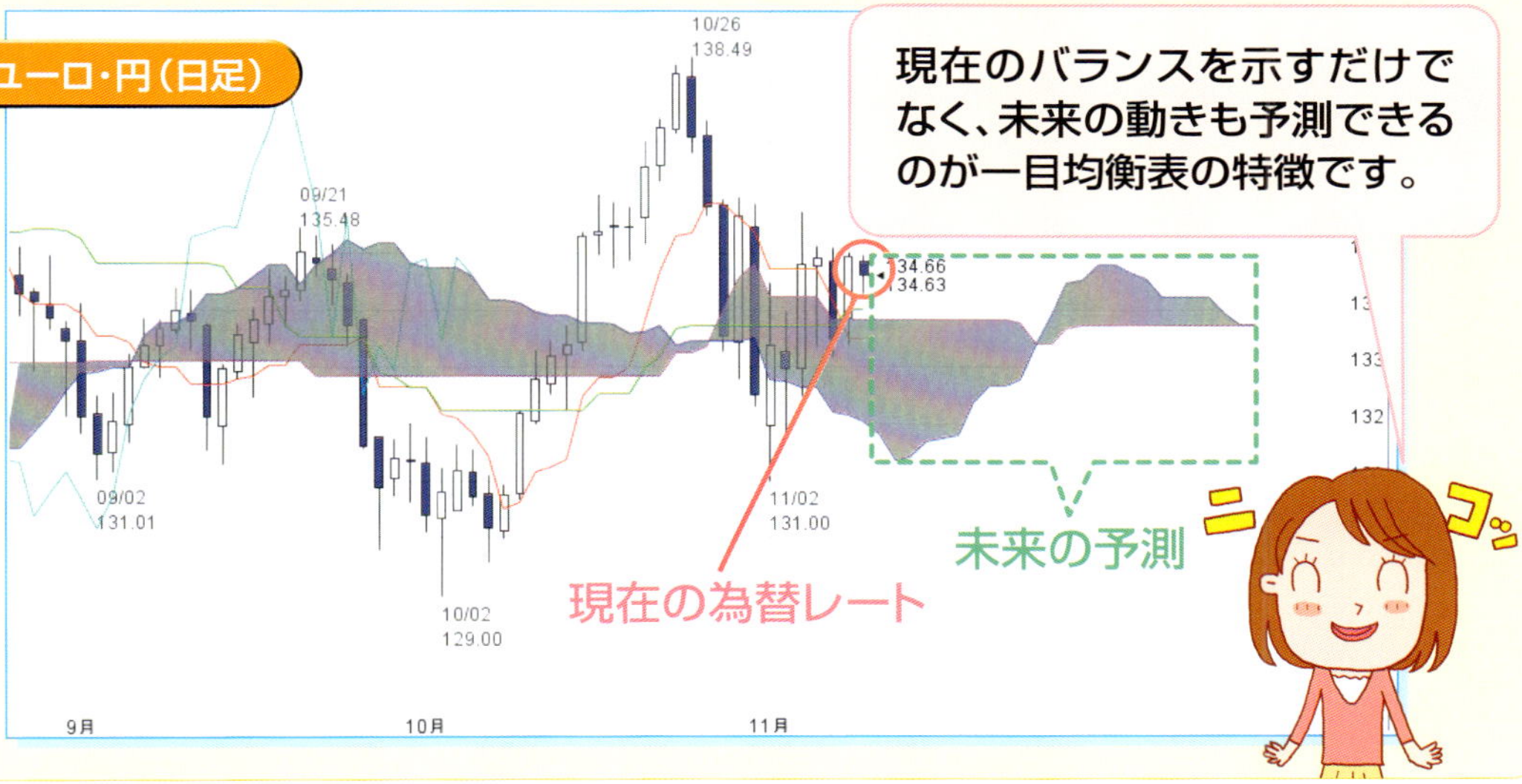
ユーロ・円（日足）
現在のバランスを示すだけでなく、未来の動きも予測できるのが一目均衡表の特徴です。
10/26
138.49
09/21
135.48
09/02
131.01
10/02
129.00
11/02
131.00
134.66
134.63
未来の予測
現在の為替レート
ニコッ
9月
10月
11月

さまざまなチャートを表示するには？（外為どっとコムの場合）

next chart
テクニカル分析

一目均衡表をはじめ、本書で説明する移動平均乖離率、RSI、MACDなどを、このメニュー画面で選択できます。外為どっとコム以外でも各FX会社のチャートサービスで同様のチャートを表示できます。

※チャートの表示方法は、取引業者によって異なります。

PART 2

トレンド判断は転換線と基準線で

一目均衡表には、5本の線が登場します。それぞれが全く異なる役割を持っています。出現する場所も違いますから、慣れてくれば混同せずに見わけられます。

基準線から現状を把握する

一目均衡表はベースとなるローソク足と**①転換線、②基準線、③先行スパン1、④先行スパン2、⑤先行スパン1、2より描かれるクモ(抵抗ゾーン)、⑥遅行線**によって形成されています。

一目均衡表において、最もベースとなるのが、「転換線」と「基準線」です。これらは、実際の為替レートに沿った位置で推移することになります。この2つの線は次の計算式によって算出されます。

①転換線：（当日を含む過去9日間の高値＋安値）÷2

②基準線：（当日を含む過去26日間の高値＋安値）÷2

基準線は、相場そのものの基準と考えられ、これをベースにまず現状を把握します。

ローソク足が基準線の上に推移し、基準線が上向きである→「強気(買い)」

ローソク足が基準線の下に推移し、基準線が下向きである→「弱気（売り)」

転換線と基準線のクロスがシグナル

この基準線に対し、トレンド転換を示すものとして使われるのが、転換線です。

44ページで、短期と長期の移動平均線のクロスが、売買シグナルになることを説明しましたが、一目均衡表でもクロスが重要なシグナルになります。

一目均衡表の場合、**転換線が基準線を下から上に突き抜けたら、「好転・買いシグナル」**です。

逆に**転換線が基準線を上から下に突き抜けたら、「逆転・売りシグナル」**となります。

この「好転・買いシグナル」のクロス以降、強気相場が継続する場合は、転換線は常に基準線の上を推移します。

逆に、「逆転・売りシグナル」のクロス以降、弱気相場が継続する場合は、転換線は常に基準線の下を推移します。

この基準線と転換線の位置関係とクロスが、一目均衡表でトレンドの転換を判断する際の大きなポイントになります。

儲けのポイント

- 転換線が基準線を下から上に抜けたら「買い」シグナル
- 転換線が基準線を上から下に抜けたら「売り」シグナル

一目均衡表の6つの要素

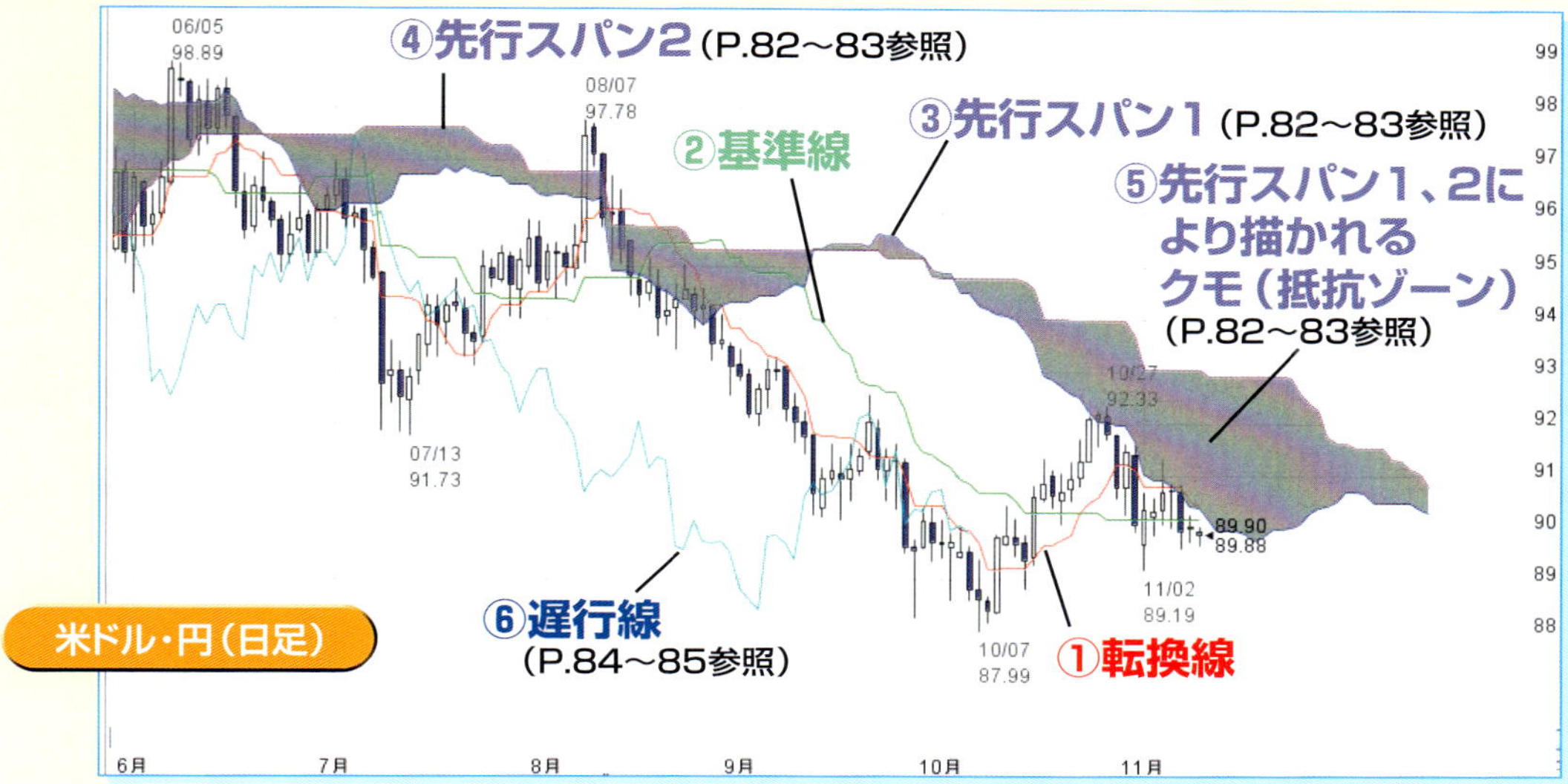
米ドル・円（日足）
④先行スパン2（P.82～83参照）
②基準線
③先行スパン1（P.82～83参照）
⑤先行スパン1、2により描かれるクモ（抵抗ゾーン）（P.82～83参照）
⑥遅行線（P.84～85参照）
①転換線
06/05
98.89
08/07
97.78
07/13
91.73
10/27
92.33
10/07
87.99
11/02
89.19
89.90
89.88
99
98
97
96
95
94
93
92
91
90
89
88
6月
7月
8月
9月
10月
11月

転換線と基準線のクロス

①転換線＝（当日を含む過去9日間の高値＋安値）÷2

②基準線＝（当日を含む過去26日間の高値＋安値）÷2

●転換線が基準線を下から上に突き抜ける

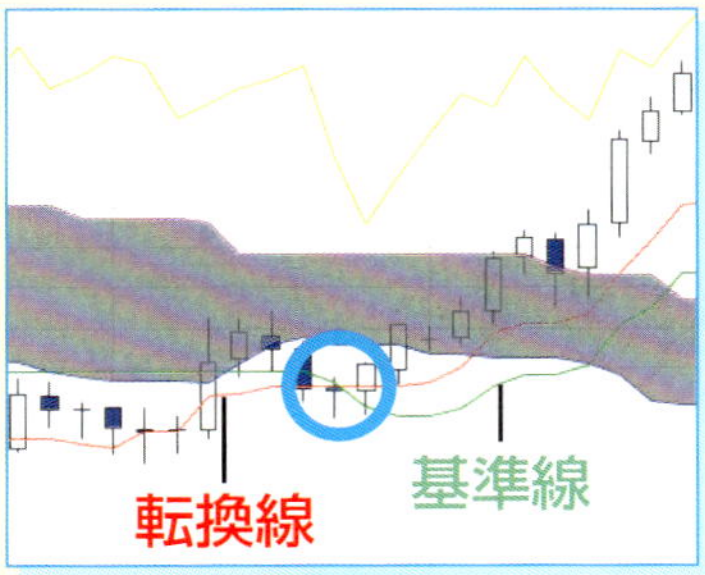
転換線
基準線

好転・買いシグナル

●転換線が基準線を上から下に突き抜ける

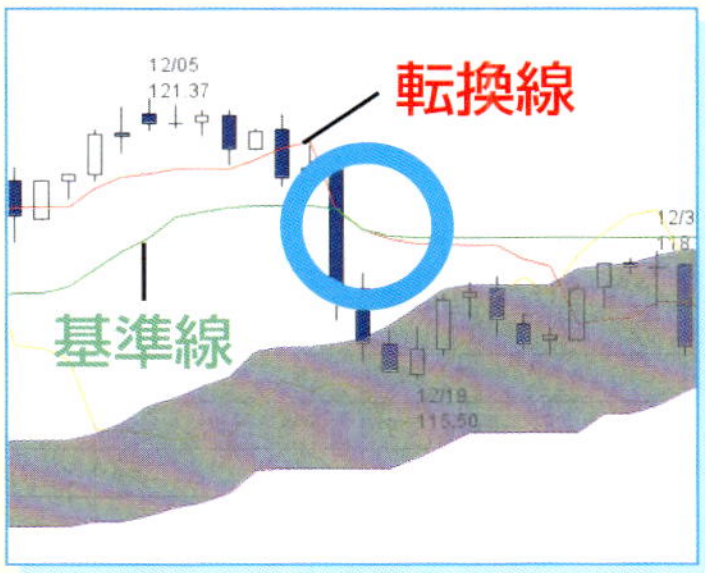
転換線
基準線

逆転・売りシグナル

「クモ」は先行スパン1&2で形成

一目均衡表に登場する5本の線のうち、特別にユニークなのが、先行スパン1、先行スパン2の2本の線です。これらは見方も少々変わっています。

先行スパン1と先行スパン2

ここまで登場した○○線という呼び方とは異なる「先行スパン」の1と2。なにやらわかりにくそうな名前ですが、この2本の線の性格がわかれば、その名前にも納得するはずです。

それぞれの線は、次の計算式で算出します。

③先行スパン1：（転換線＋基準線）÷2

④先行スパン2：（過去52日間の高値＋安値）÷2

この2つは、チャートに線を引いただけで終わりではありません。ここからが特徴的ですが、まずは、それぞれの値を26日先に記入し、次にこの2本の先行スパンの間を色で塗りつぶすなどしてわかりやすくします。

この塗りつぶした部分が「クモ」と呼ばれ、さまざまな判断の基準として用いられます。これは、一目均衡表にしかない非常に特徴的な存在です。大切なポイントですから覚えてください。

クモの使い方

クモの見方は意外と豊富です。まず基本としては、80ページで紹介した基準線と為替レート（ローソク足）の関係のように、強気や弱気を判断します。

ローソク足が**クモの上で推移していれば上昇トレンド、雲の下で推移していれば、下降トレンド**であると考えられます。

また、ローソク足がクモの上を推移している間は、クモが下値支持線として下値を支えてくれます。

逆にローソク足がクモの下で推移している間は、クモが上値抵抗線として上値を押さえ、押し戻す役目をすることも多く見られます。

そして、このクモを突破するようなときは、「トレンドの転換」を示唆することになります。このように、一目均衡表においてクモは大変重要な役目を担っているのです。

パッと一目でわかるクモは、ローソク足との位置関係も把握しやすく、上下の方向感をつかみやすいので、非常に簡単かつ実践的な手法です。早速利用してみましょう。

儲けのポイント

- ■先行スパン1と2で作られるクモは一目均衡表ならではの指標
- ■クモは下値支持線や上値抵抗線にもなる

クモとは?

③先行スパン1＝（転換線＋基準線）÷2

④先行スパン2＝（過去52日間の高値＋安値）÷2

2本の先行スパンにはさまれた部分が**クモ**と呼ばれます

支持線・抵抗線として機能するクモ

加ドル・円（日足）
04/06
82.85
05/11
85.89
05/18
80.12
04/28
78.04
先行スパン1
クモ
先行スパン2
下値支持線としてローソク足を支えている

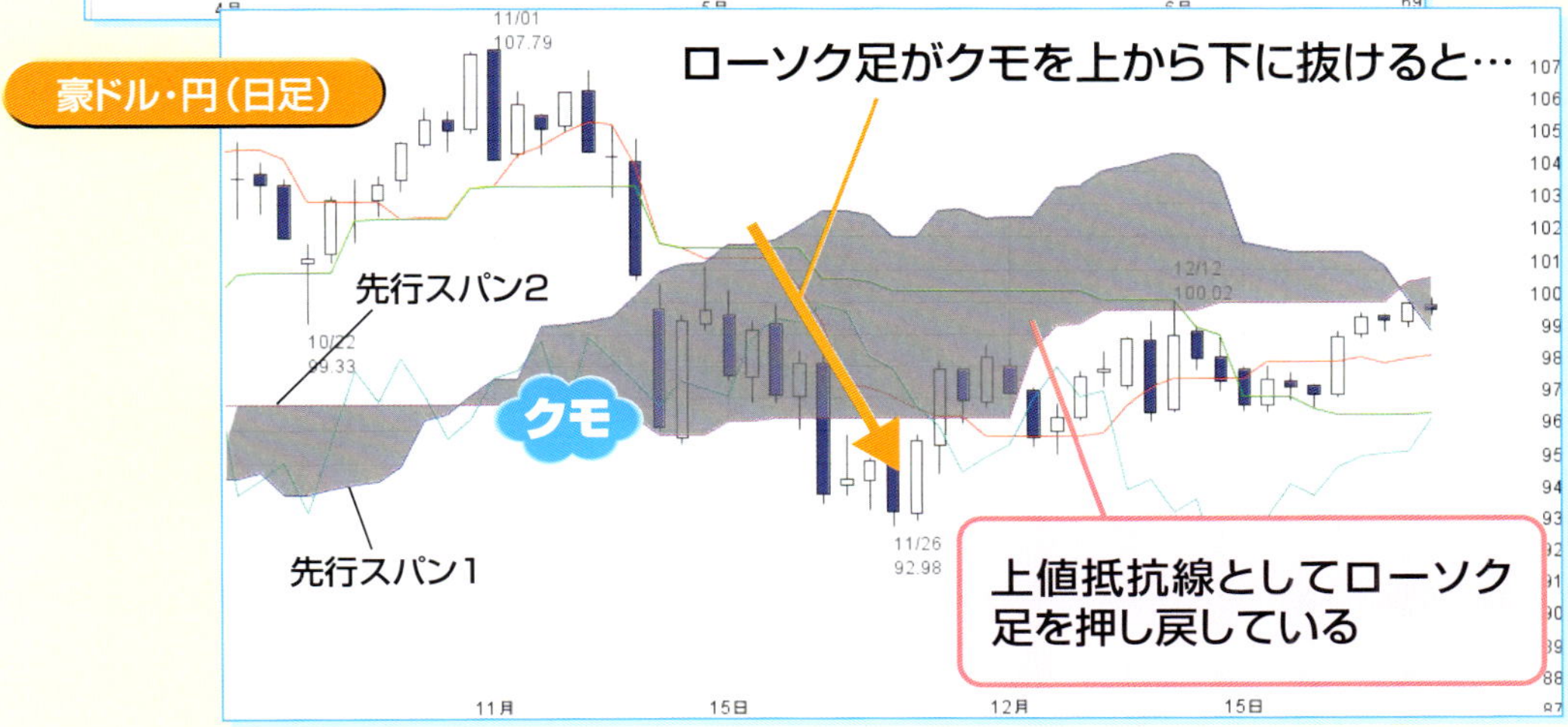
豪ドル・円（日足）
11/01
107.79
ローソク足がクモを上から下に抜けると…
先行スパン2
10/22
99.33
クモ
12/12
100.02
先行スパン1
11/26
92.98
上値抵抗線としてローソク足を押し戻している
11月
15日
12月
15日

遅行線はズバリ相場の転換を示す！

一目均衡表に登場する5本の線のうち、最後の1本が遅行線です。この線の特徴は、遅れて描画されるというところ。この遅行線が示すシグナルは、重要度・信頼度ともに高いものです。

出遅れた線が、実勢の転換を示唆する

通常、ローソク足に付随するさまざまな線は、リアルタイムの為替の動きに沿って描画されるものか、過去の動きを元に未来の水準を描画するものが大半です。

しかし、**遅行線はほかの線よりも遅れて描画される、非常にユニークな線**なのです。

一目均衡表のチャートからは、1本だけほかの線の大きく後方に表示される線を見つけられます。ほかの線は最新のローソク足と同じ位置か、あるいはさらに先まで伸びていますが、そこからかなり左に、取り残されたように進む線があります。

これが遅行線です。なぜ、そこに取り残されているのか？ それは、「そこまでしか値がないから」です。遅行線は、**当日の終値を当日を含む26日前の位置に記入することで描かれる**ラインです。遅行線は現在と26日前の水準を比較し、マーケットのトレンドと転換点を探っていく線なのです。

重要なのは、遅行線がローソク足とクロスするとき

クロスの重要性は、移動平均線や基準線と転換線など、くり返し説明してきていますが、遅行線もまた、クロスによって重要なシグナルを発します。

遅行線がローソク足を下から上に突き抜けてくると、「好転・買いシグナル」です。

遅行線がローソク足を上から下に突き抜けてくると、「逆転・売りシグナル」です。

この一目均衡表を世に出した細田氏も、遅行線の重要性を強調しています。

目先の動きでトレンド転換が見られなくても、遅行線のクロスで動きが変わることが往々にしてあります。

チャートに描画される線を見るときは、現在値ばかりに目がいきがちですが、視線を少し左に移すと、遅行線だけが変化のメッセージを発してくれていることが多いのです。

その後、実際にトレンドが変化することが多いので、遅行線の動きは、絶対に見逃さないように注意してください！

儲けのポイント

■現在と26日前の水準を比較する遅行線は、いち早くトレンドの転換を知らせてくれる重要なライン

遅行線とローソク足のクロス

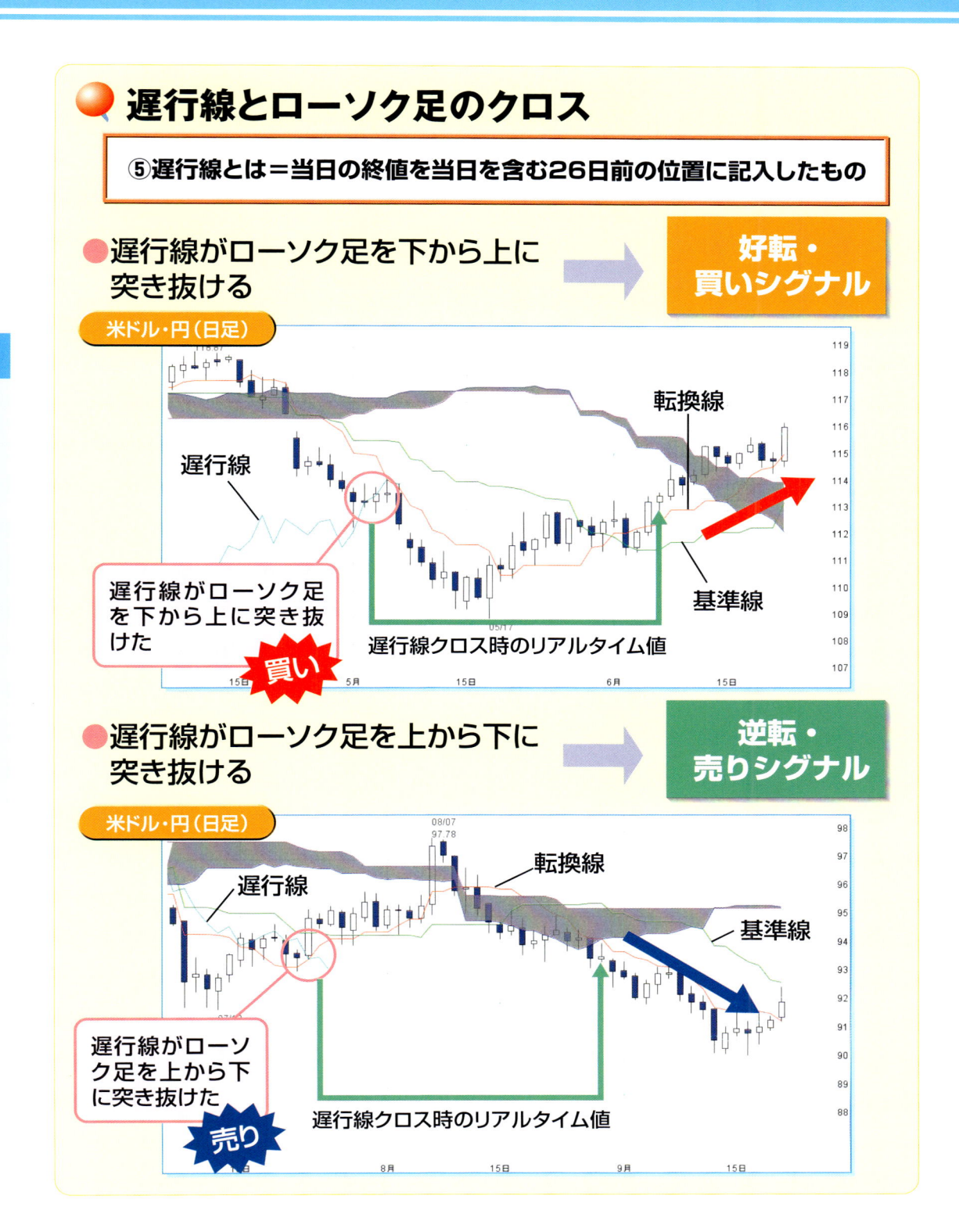

⑤遅行線とは＝当日の終値を当日を含む26日前の位置に記入したもの

● 遅行線がローソク足を下から上に突き抜ける → **好転・買いシグナル**

米ドル・円（日足）

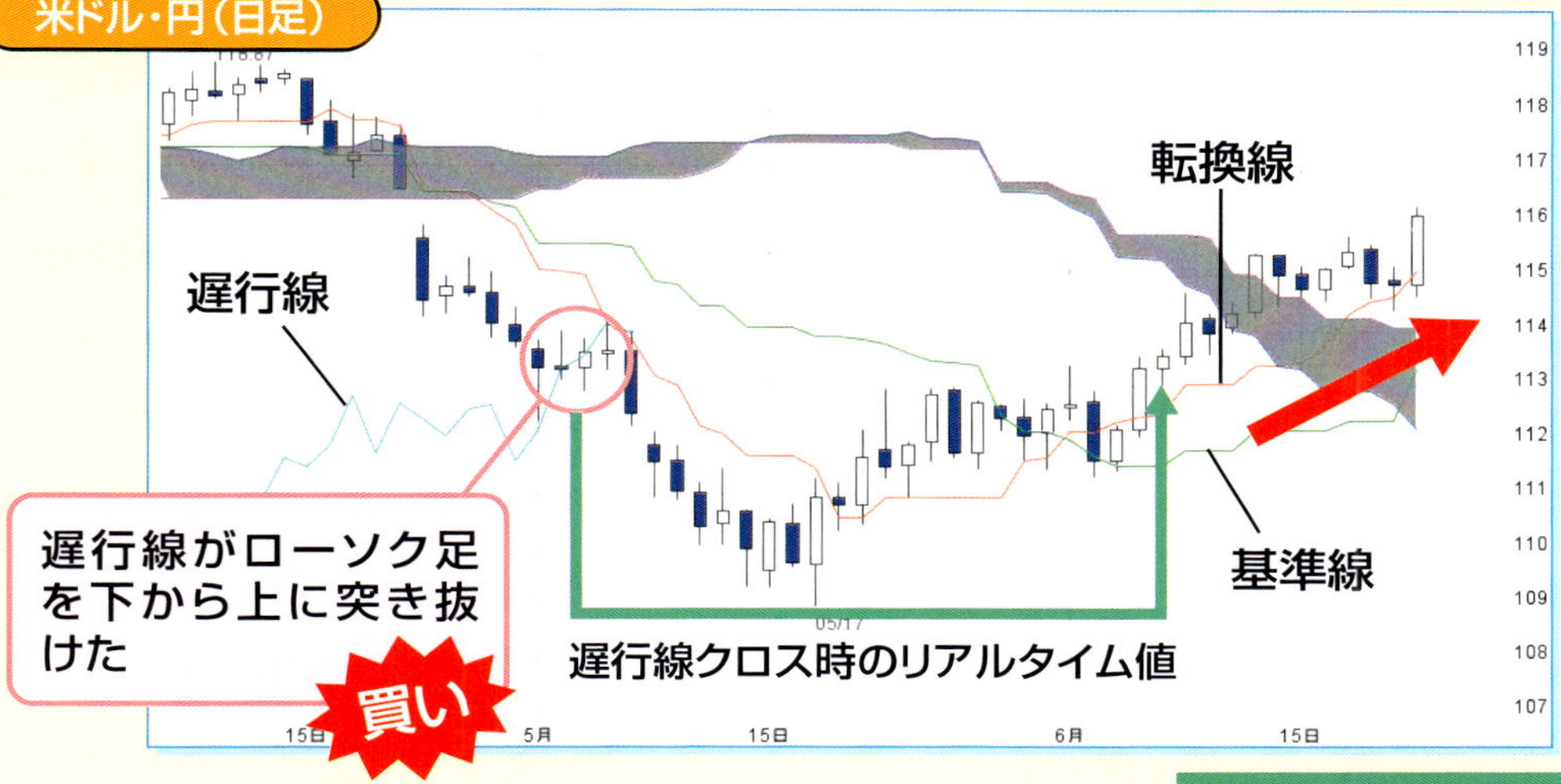
119
118
117
116
115
114
113
112
111
110
109
108
107
転換線
遅行線
基準線
遅行線がローソク足を下から上に突き抜けた
買い
05/17
遅行線クロス時のリアルタイム値
15日
5月
15日
6月
15日

● 遅行線がローソク足を上から下に突き抜ける → **逆転・売りシグナル**

米ドル・円（日足）

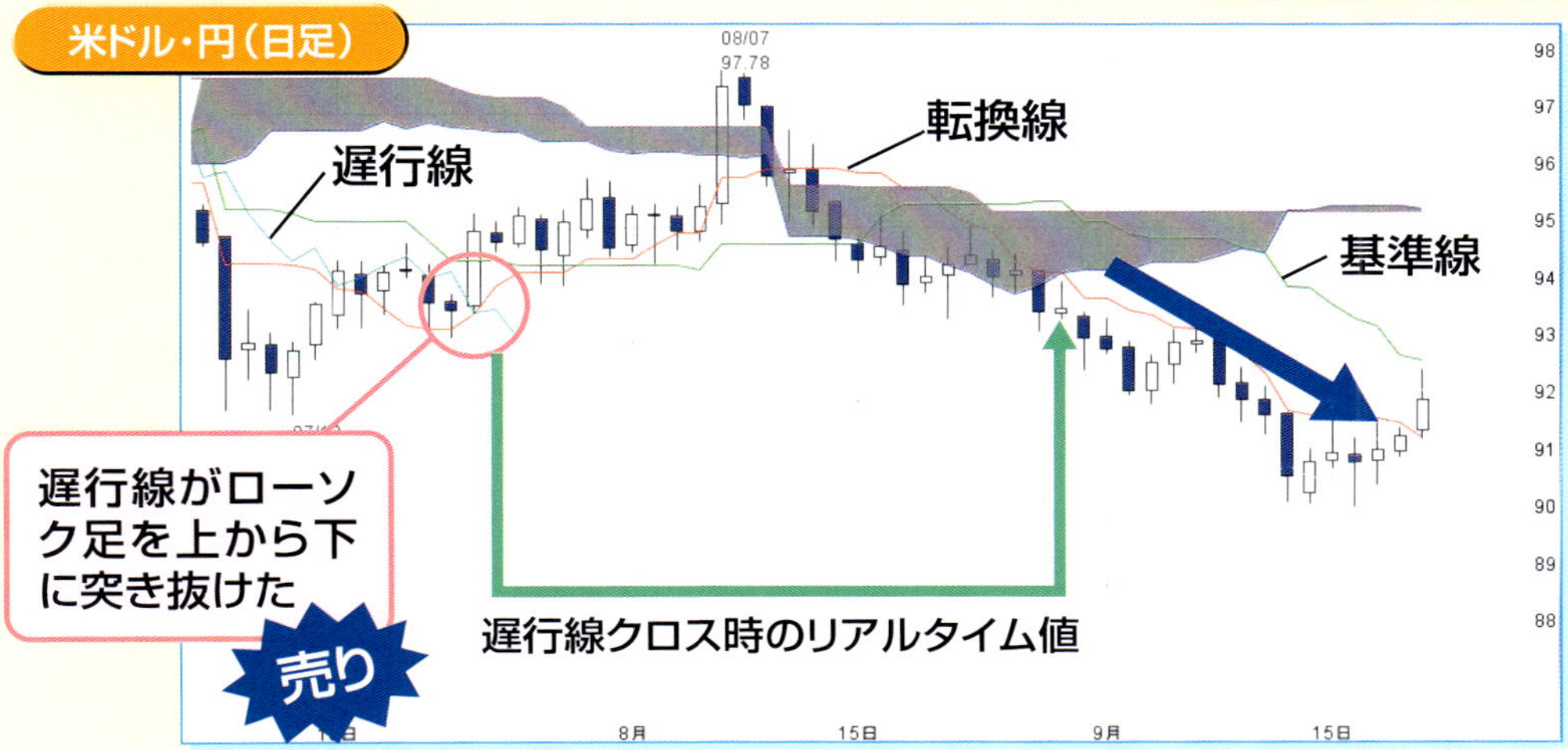
08/07
97.78
98
97
96
95
94
93
92
91
90
89
88
転換線
遅行線
基準線
遅行線がローソク足を上から下に突き抜けた
売り
遅行線クロス時のリアルタイム値
8月
15日
9月
15日

クモで上値と下値のメドを判断する

一目均衡表におけるクモの役割は、非常に幅広いものです。上値と下値の目標をクモとの関係から判断することも可能です。

クモの厚さが抵抗の強さを示す

相場の動きが緩やかだった ▶ **クモはうすくなり、抵抗力も弱い**

相場の動きが急激だった ▶ **クモは厚くなり、抵抗力も強い**

クモの大きさは過去の値動きの大きさを表す

クモを構成する先行スパンの1と2は、マーケットの過去から現在までの動きを計算したものだと説明しました（82ページ）。そのため、クモの大きさは小さくなったり大きくなったりと、さまざまに変化します。

たとえば、相場の動きがそれほど激しいものではなく、緩やかな変動が続いたあとに描かれるクモは、うすく存在感があまりありません。

クモは上値を押さえたり、下値を支持したりという抵抗ゾーンにもなりますが、うすいクモの場合は、その抵抗力も弱く、クモに入っても抜けるのが容易になると考えられます。

逆に、値動きが大きく激しい相場を終えたあとのクモは、厚く存在感の大きなものになります。当然、抵抗ゾーンとしてのパワーも大きく、クモに入ってそこを抜けるのは相当に困難です。それだけにクモを突破すれば、大きなトレンド転換を示すことにもなります。

クモが厚ければ厚いほど、そのクモを上下に突破したときには、大きなトレンドの転換になります。これは覚えておきましょう！

クモ抜け＝トレンド形成の確認

上にも下にも「クモを抜けた」と言えるのは、ローソク足がクモから「完全に抜けた状態」を指します。ローソ

儲けのポイント

- クモは抵抗ゾーンでもあるため、その厚さは抵抗力を表す
- 抵抗ゾーンであるクモを抜けることはトレンド転換のしるし！

厚いクモ、うすいクモ

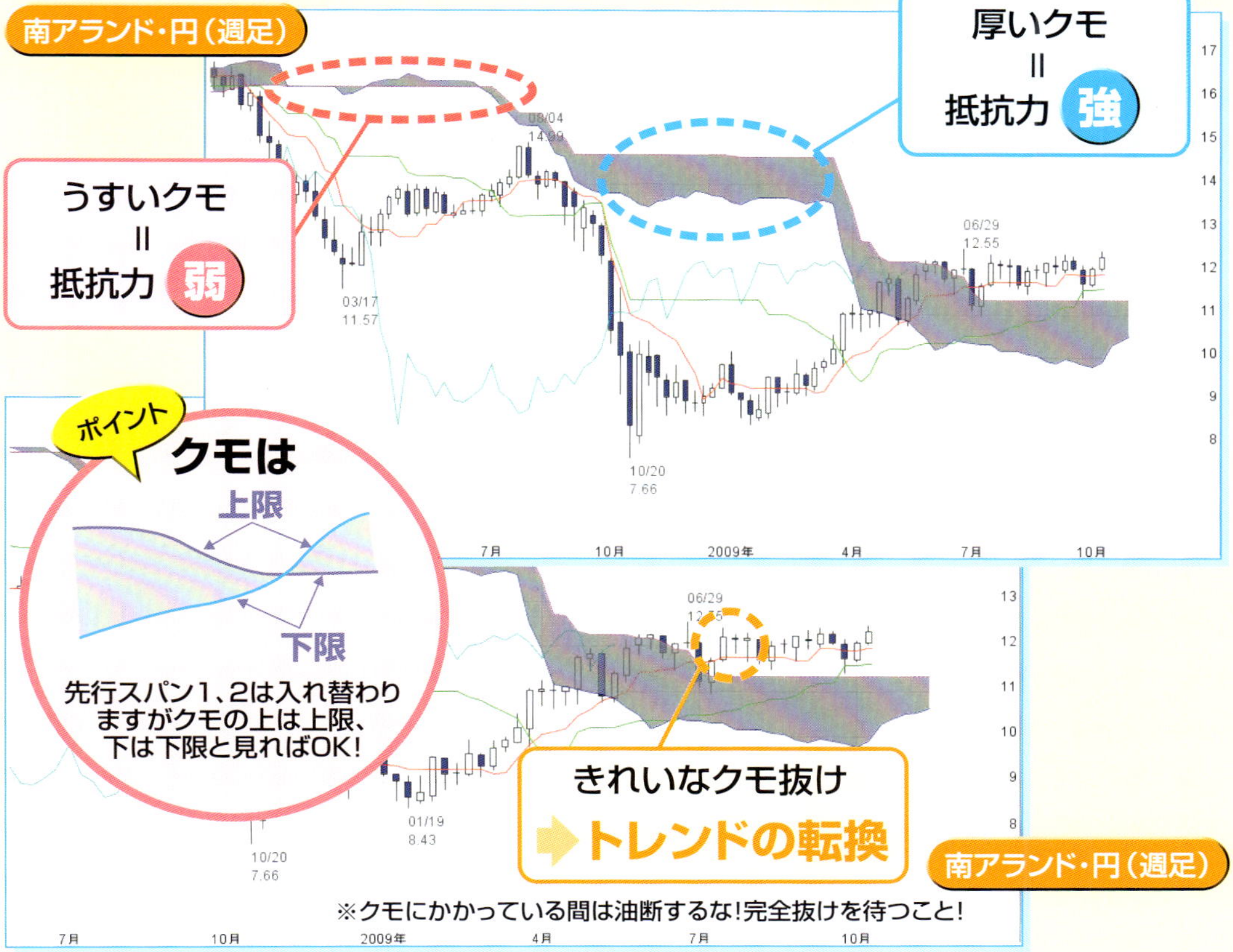
南アランド・円（週足）
厚いクモ
＝
抵抗力 強
うすいクモ
＝
抵抗力 弱
08/04
14.99
03/17
11.57
10/20
7.66
06/29
12.55
7月
10月
2009年
4月
7月
10月
ポイント
クモは
上限
下限
先行スパン1、2は入れ替わりますがクモの上は上限、下は下限と見ればOK!
きれいなクモ抜け
トレンドの転換
01/19
8.43
10/20
7.66
南アランド・円（週足）
※クモにかかっている間は油断するな!完全抜けを待つこと!

クモ足の一部がクモから顔を出しただけでは「抜けた」ことにはなりません。こんなときは、再びクモのなかに押し戻されてしまうことがよくあるからです。それだけに、**クモをきれいに抜けたことを確認するのは、非常に重要なこと**です。

またクモは未来を描きます。例えば上の南アランド・円のチャートを見てください。

ローソク足が途切れても、クモはまだ右に描画されています。これは、少し近い未来の抵抗ゾーンを先に示してくれているのです。

たとえば今、ローソク足は完全にクモを抜けました。これからは上昇トレンドですが、そのときに下げることもあるでしょう。その下値のメドは、クモの上限あたりになるのです。**先に下値のメドをつかめる**のは、すごく便利ですよね。

また、先行スパンの1と2は、往々にしてその位置関係が上下にひっくり返りますが、その根拠や示す定義などは固まっていないので、深く考えなくてもよいでしょう。

月足、週足でトレンド確認 日足とクモで短期売買

一目均衡表は実は簡単明瞭。「相場の実勢をつかむための分析に時間をかけてはいけない」という考え方に基づいて開発されたチャートでもあるため、わかりやすく描図されているのです。

儲けのポイント

- ■一目均衡表でのトレンド転換判断は週足チャートで
- ■クモの上限と下限をメドに、短期売買で利益をねらえる

トレンド転換は週足で判断、月足で最終確認する

一目均衡表で非常に重宝するのが、週足でのトレンド転換シグナルです。トレンドの転換を判断するには週足がちょうどよいのです。

週足は日々の細かなトレードのなかでも、比較的大きな動きをつかめます。トレンド転換は1～2年の間に発生しますから、これを確認してトレードの判断をつけるのには、**週足のタイムスパンが早過ぎもせず、遅過ぎもせず、ちょうどよい**のです。

日足で日々の動きをチェックしながら週足でトレンド転換を確認してポジションの戦略を立てます。そして月足で、そのトレンド転換を最終確認（再確認）する、という順番ですね。

クモの中で右往左往する通貨で短期トレード！

日足チャートとクモのコンビは、短期トレードに活用できます。上でも下でもクモを抜けるには大きなパワーが必要だと説明しましたが、その**パワーがないためにクモのなかで右往左往する通貨もあります。**

たとえば左ページ下の英ポンド・円の日足チャートですが、7月8日にクモに入ってしまってから、ヒゲが上下に飛び出すものの、なかなかクモから抜け出せなくなっています。こんなときは、この動き方をねらって短期のトレードができるのです。

この場合は、クモの下限で買って、クモの上限で売るというトレードです。クモの上限、下限が買い値や売り値のメドになるわけです。

もちろんクモを上か下に抜けたら、トレンド転換が示唆されますから、週足の動きを確認して、そのトレンドに乗った売買を行うのが鉄則ですが、クモのなかで右往左往している間は短期トレードのチャンスです。

また、**遅行線の動きによって、クモのなかで右往左往しているときでもクモのどちらに抜けそうかを予想できる**ようになります。

左ページの下チャートの水色の四角で囲んだ部分では、遅行線はローソク足の下で推移しています。これが上に抜けたときは、トレンド転換が近いと見ます。

週足チャートで一目均衡表を活用する

スイスフラン・円（週足）
07/09
101.81
11/05
100.68
06/30
105.03
01/21
95.08
08/13
92.11
12/08
74.91
105
102
99
96
93
90
87
84
81
78
75
ポイント
1～2年の間のトレンドの転換を見るには週足のチャートが適している
4月
7月
10月
2008年
4月
7月
10月
2009年

クモの中のローソク足で短期トレード

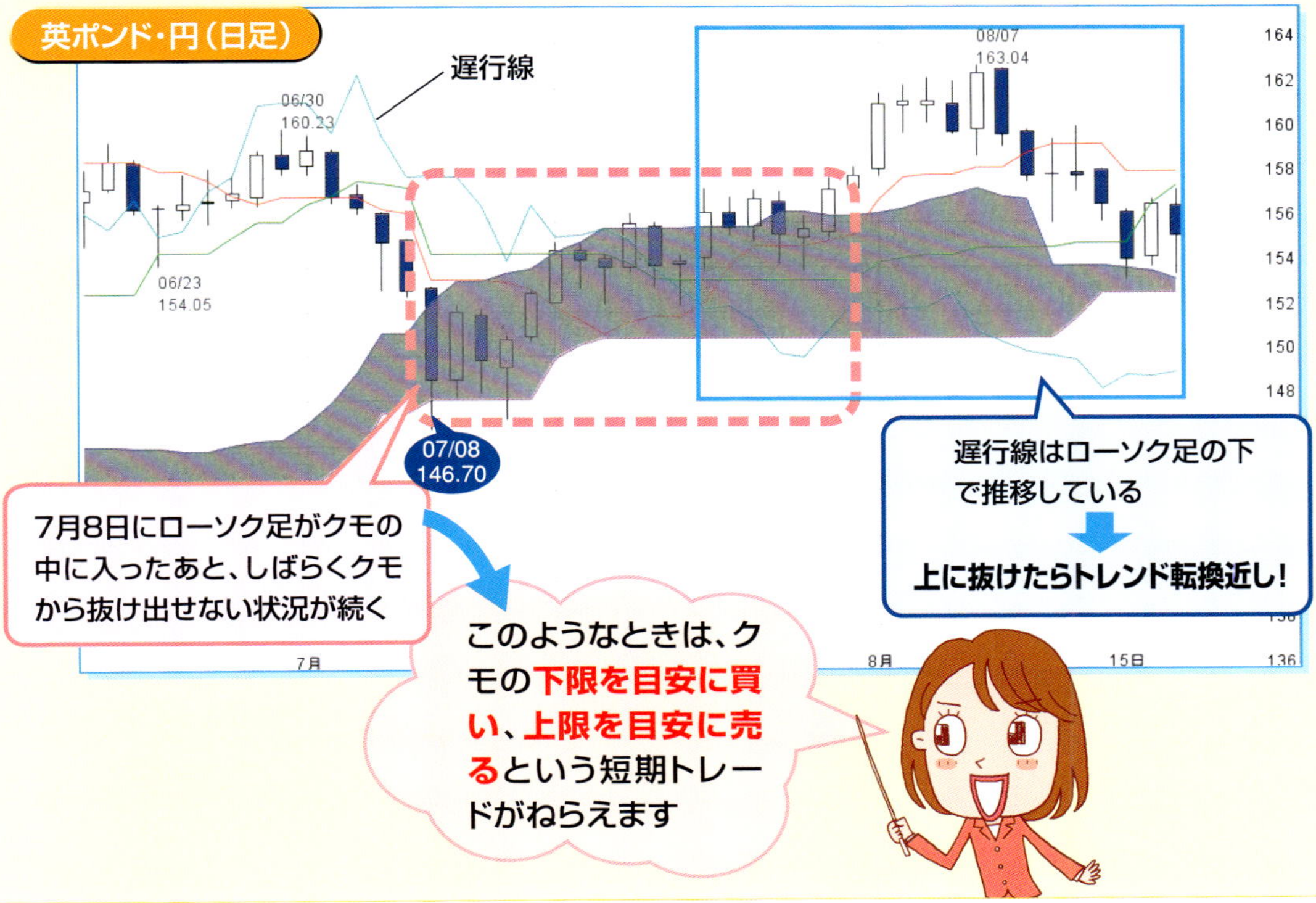
英ポンド・円（日足）
遅行線
06/30
160.23
08/07
163.04
06/23
154.05
07/08
146.70
164
162
160
158
156
154
152
150
148
136
7月8日にローソク足がクモの中に入ったあと、しばらくクモから抜け出せない状況が続く
遅行線はローソク足の下で推移している
上に抜けたらトレンド転換近し！
7月
8月
15日
このようなときは、クモの下限を目安に買い、上限を目安に売るという短期トレードがねらえます

一目均衡表 活用のポイント

一目均衡表は、相場の動きを的確にとらえることができる、確実性が高いチャートです。あまり難しいことは考えずに、まずはシンプルに使いこなすことを目指しましょう！

確実性がポンと背中を押してくれる

私は、一目均衡表は毎日欠かさずチェックしています。堅いトレンドの中でも調整や反騰を、しっかり示してくれ、節目の位置もわかりやすく見せてくれます。とても頼りにしているチャート分析です。どのチャートよりも複雑そうに見えますが、使ってみるとてもわかりやすい！ そう感じてもらえるチャートだと思います。

ほかのチャート分析と比較すれば、**トレンド転換のシグナルを発するのは少し遅いかもしれません。**ほかのチャート分析で受け取ったトレンド転換のサインを一目均衡表で最終的に確認する、という使い方になるかもしれません。しかし**転換後に発せられるシグナルは強力です。**

ポジションを持つかどうか迷ったときや、相場の節目が見えないときなど、クモと遅行線が、わかりやすく手がかりを伝えてくれます。

また、調整しそうなときや反転しそうなときも、判断の材料として非常に有効に使えます。

1つの流れのなかで迷ったときや立ちどまったときに、ポンと背中を押してくれます。

今だけを見ずに、未来と過去を見る

チャートを見てるときは、いつも一番右の動きを見ますよね？ それが最新の動きですから当然ですが、一目均衡表の場合は、**最新のローソク足の先に未来のクモが描かれています。**最新の動向だけではなく、未来の動きまで示されているというわけです。これは非常にありがたい情報です。

そして、忘れてはいけないのが遅行線です。

26日遅れで発せられるシグナルなので、見落とすことが多くなりますが非常に大切なメッセージを届けてくれます。遅行線がローソク足に対して上にいるのか？ 下にいるのか？ それがまず相場の実勢を示します。

加えて、ローソク足を上に突破したのか？ 下に突破したのか？ これで直近の未来の動きに変化が出てくるのが見えます。一目均衡表で未来と過去と上手につき合っていきましょう。

儲けのポイント

■一目均衡表ではトレンド転換の最終確認をする

■遅行線のチェックは忘れずに。ローソク足との位置関係が重要！

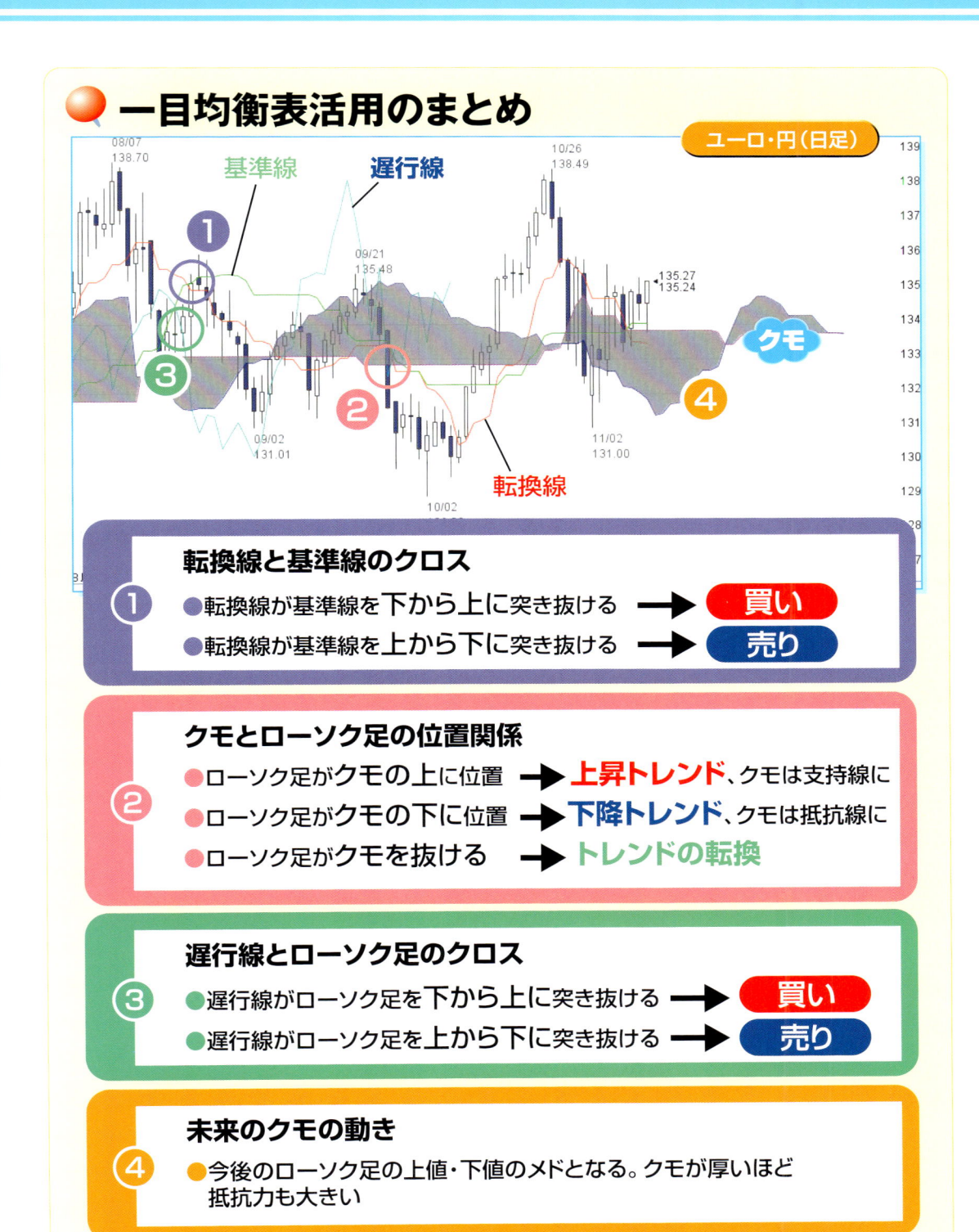

一目均衡表活用のまとめ

① 転換線と基準線のクロス

- 転換線が基準線を下から上に突き抜ける → 買い
- 転換線が基準線を上から下に突き抜ける → 売り

② クモとローソク足の位置関係

- ローソク足がクモの上に位置 → 上昇トレンド、クモは支持線に
- ローソク足がクモの下に位置 → 下降トレンド、クモは抵抗線に
- ローソク足がクモを抜ける → トレンドの転換

③ 遅行線とローソク足のクロス

- 遅行線がローソク足を下から上に突き抜ける → 買い
- 遅行線がローソク足を上から下に突き抜ける → 売り

④ 未来のクモの動き

- 今後のローソク足の上値・下値のメドとなる。クモが厚いほど抵抗力も大きい

column

株にあってFXにないもの①
「出来高」

初めての投資がFXという人は、為替チャートしか見たことがないかもしれません。私は株価チャートでチャート分析を勉強し始めたので、為替チャートを最初に見たとき、「あらあら」と困ってしまったことがありました。

それは、為替チャートには「出来高」がない、ということです。

出来高とは、マーケットで株の売買が成立した数のことです。つまり出来高を見ると、その株に対して人々がどれだけ注目し、どれだけの取引をしたかが一目瞭然なのです。

出来高が多い日は「注目が高かったな」、出来高が少ない日は「注目されていないようだし、値動きが少ないだろうか」と予想できるのです。価格帯別の出来高も表示されるため、「500円だと出来高が少ないが、510円になると一気に出来高が膨らむな」ということがわかります。

このように、株式投資において出来高は、投資家の動向を知るうえでは欠かせない情報なのです。

ところが、こうした情報は為替チャートにはありません。マーケットがグローバルで世界中の人が取引していて、投資目的だけではなく貿易などの実需要もあり、その売買数は膨大になってしまうからです。それに、株と違って通貨は何千種類もあるわけでもありません。ですから出来高によってふるいにかける必要がない、とも言えます。

株価チャートの分析では、私は出来高をかなり重視して見ていたために、為替チャートで行き詰まりを感じる最初のきっかけとなりました。

最近はくりっく365や大証FXなどの取引所で出来高を公表していますが、世界のごく一部の日本の取引所参加者だけなので、世界の動きはつかめません。

4本値がベースになって表されるチャートは、株でも商品でも為替でも何でも一緒です。ただ、それぞれ注目ポイントは異なります。

応用編

2章

投資のスタンダード買いのタイミングを探そう

月足チャートの底値連続陽線は強い上昇シグナル

月足のチャートは長期のトレンドを確認するために必要不可欠。月足で上昇トレンドを確認できるシグナルを見つけたら、それは、長期で強力な上昇トレンドがスタートしたことを意味します。

儲けのポイント

■長期の強力なトレンドをつかむには月足チャートをチェック！

■底値圏での連続陽線は買い！

月足チャートの特性を思い出して

日々のトレードをしていると、ついつい忘れがちなのが、月足チャートの存在です。月足ですから、1ヵ月たたないと新しいローソク足は出現しません。なので、ついつい見逃しがちになります。

しかし、トレンドをがっちりとつかむためには、しっかりウォッチしておきたい重要なチャートです。

月足チャートに現れるシグナルは、どれも長期で力強いものばかりです。そこで確認できるトレンドは、期間も長く、持つエネルギーも強力なのです。

日々の動きではなく、長期の方向性をしっかり踏まえることは、勝つ投資家になるため不可欠な要素です。

底値圏、安値圏での連続陽線は超重要

左ページの豪ドル・円の月足チャートを見てみてください。２０００年〜２００１年にかけてダブル底をつけて、そこから長く上昇トレンドへ転換していきました。

２００１年9月につけた2回目の底値直後からのローソク足に注目してください。陽線が6本連続しています。**底値圏での陽線が連続して出現することは、上昇トレンドへの転換シグナル**です。事実、その後は力強く上昇を続けています。

同様な動きが、２００９年2月からの6ヵ月連続陽線です。まさに8年ぶりに出現したローソク足のシグナルです。２００８年〜２００９年にかけてつけた底値は、史上最安値を更新したまさに大底でした。その後に出現したこの連続陽線のシグナルは要注目です。

南アランド・円の月足チャートも見てみましょう。

底値水準であった２００２年9月から、8ヵ月連続陽線となりました。また、２００９年2月からは5ヵ月連続で陽線となりました。２００９年2月も、底値水準からのV字型の切り返しですから、この連続陽線にも注目です。

このように、**底値圏、安値圏からの連続陽線は非常に強力なシグナル**になります。しっかり見つけて、底値からいち早く上昇トレンドをつかみましょう。

上昇トレンドへの転換を示す連続陽線

出典：infoseekマネー

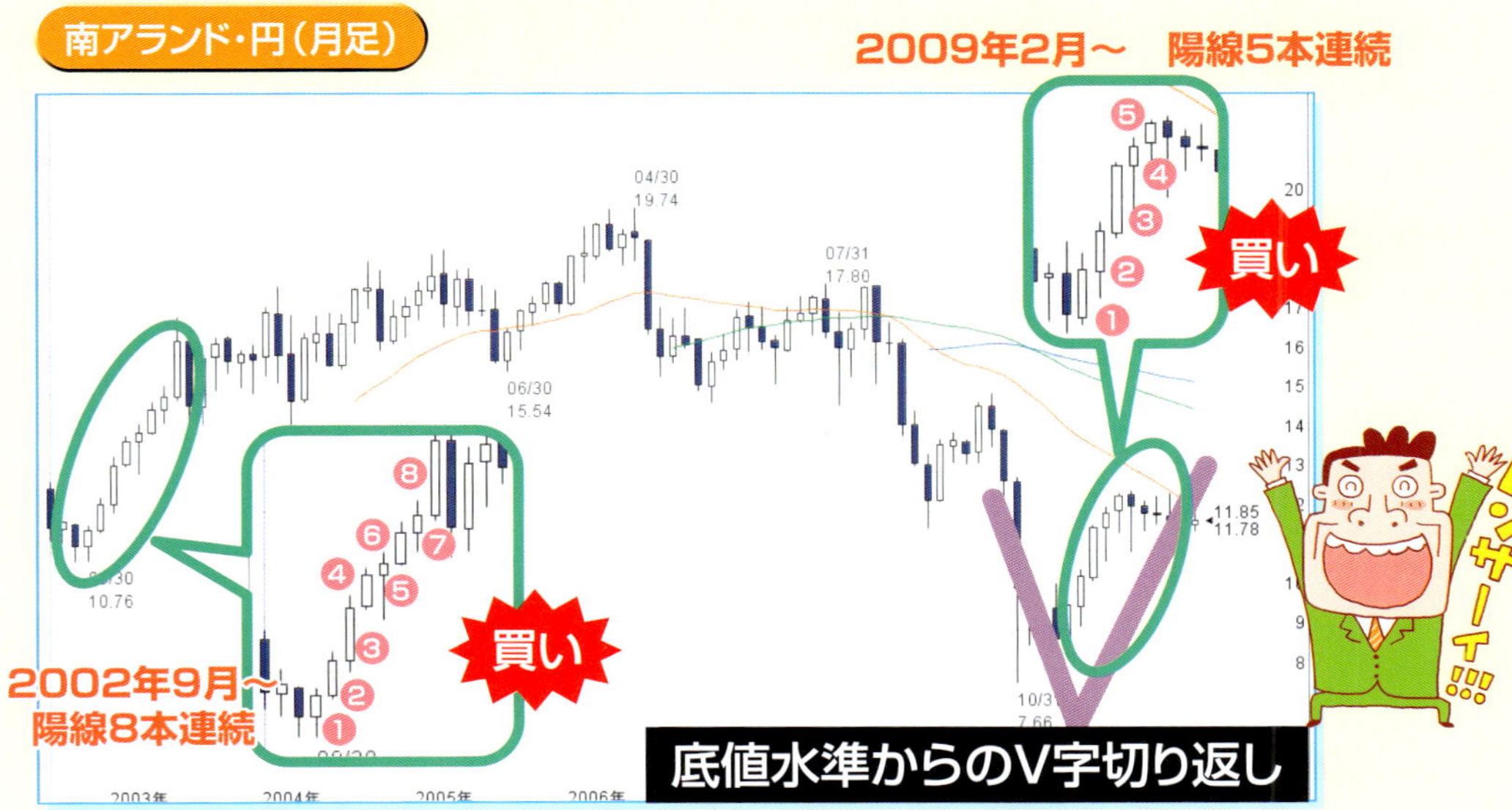

ローソク足の買いシグナル実践編

ここでは、ローソク足の章（12～33ページ）で解説したシグナルを実際のチャートから引っ張り出して、その効果を解説していきます。これを参考に実践に役立ててください。

安値圏、底値圏の大陽線は強力買いシグナル！

安値圏や底値圏での大陽線の出現は、とてもシンプルでわかりやすい買いシグナルです。

左ページはユーロ・米ドルの週足チャートです。２００６年４月に入ったころ、ユーロはしばらく安値圏で低迷していました。

しかし、4月の3週目に強い大陽線が立ち、そこを始点に大陽線が4本連続して出現しています。これが強力な買いシグナルです。

大陽線が出現する前の動きに注目してみましょう。陰線と陽線が拮抗して、保ち合いになっているのがわかると思います。そこに大陽線が出現して、上放れを実現させました。

事実、そこから上昇していますので強力なシグナルだったのがわかりますね。安値圏での大陽線出現は、このように強力シグナルになるのです。

加えて、この直前のもみ合いはボックスになっていました。この大陽線が、**ボックス相場ののちの上放れという、もう1つの上昇シグナル**まで示してくれたので二重に強いシグナルになったわけです。

安値圏、底値圏での下ヒゲも強気シグナル

今度は下ヒゲの効力を探ってみましょう。２００３年当時の英ポンド・米ドルの週足チャートです。安値水準で2回にわたって長い下ヒゲの陽線が出現しました。その後は2回目の下ヒゲあたりがスタートとなって大上昇相場になっています。

投資の鉄則は「安いところで買い、高いところで売る」ですね。そうであれば、なるべく安値圏、底値圏から追いかけたいものです。誰もがそう考えますから、**安値・底値の水準には新しいチャンスがたくさん潜んでいる**のです。大切なのは、それを見つけられる「眼力」があるかどうかです。

多くの市場参加者が、そういった目でチャートの変化を待ち望んでいます。だからこそ、変化が表れると、すかさず大きなパワーが押し寄せて、新たな強いトレンドが形成されていくのです。そこを見つけることこそ、チャート分析の醍醐味です。

儲けのポイント

- 保《も》ち合いからの上放れで大陽線出現は強力な買いシグナル
- 安値圏・底値圏には新しいチャンスがたくさん潜んでいる

底値圏での連続大陽線に買い！

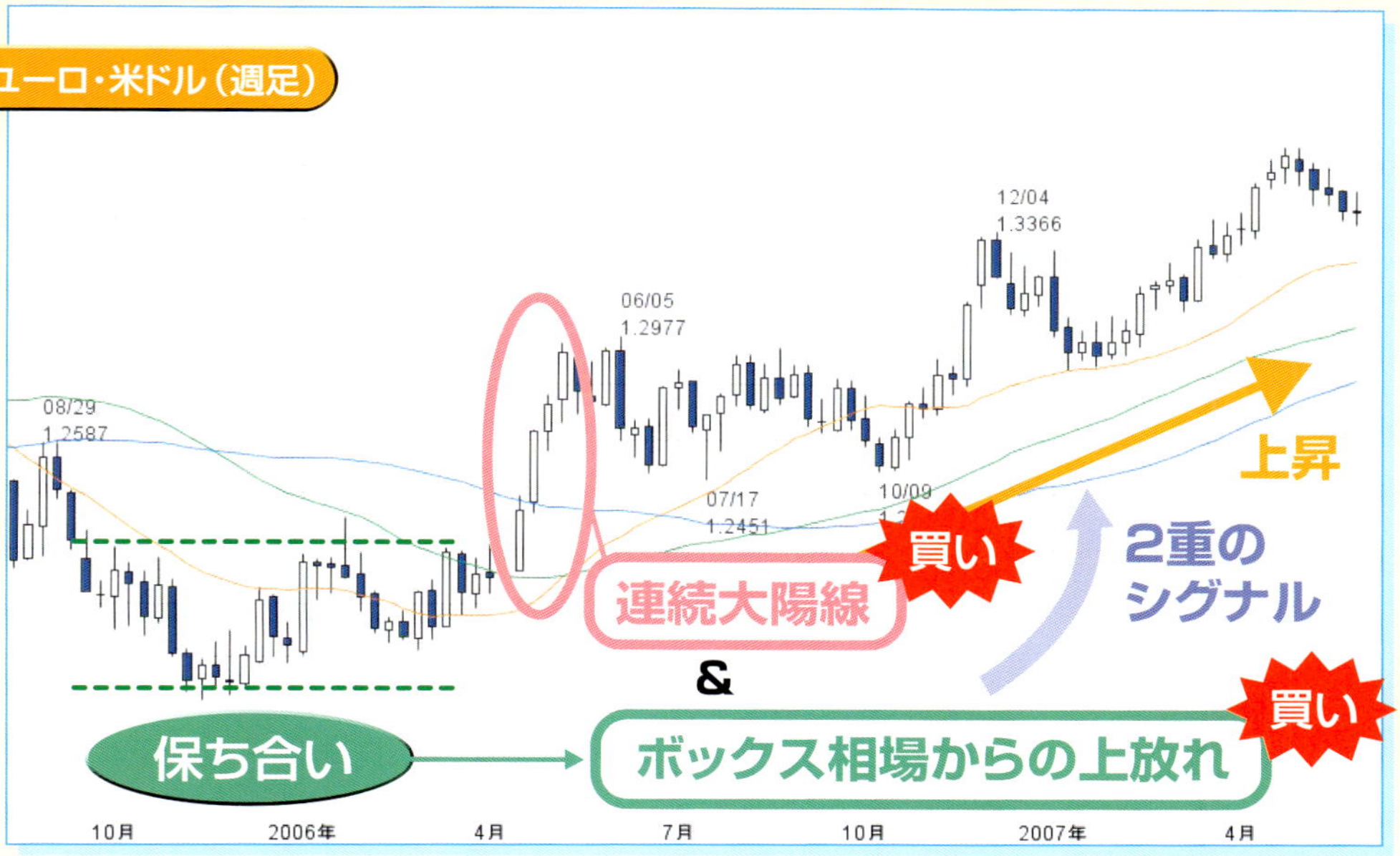

安値圏での下ヒゲ陽線

一目均衡表で探る、安値買いと買い増し

1つの通貨をひたすら追いかけ続けるというトレードをする人も多いと思います。一目均衡表を使って、安値からの買いや買い増しのタイミングをねらう方法を解説しましょう。

これぞという通貨ペアをひたすら追いかけていく

まず、左ページの南アランド・円チャートの❶のポイントを見てください。

ここは、かなり下値がかたまって、上下どちらかに動き出そうかというタイミングです。これは**ローソク足が転換線の上に抜けて**きたことからもわかります。前後の動きを見ると、この変化がしばらくぶりなのがわかります。

これはトレンド転換のシグナル、すなわち買いのシグナルです。

続いて❷のポイントです。ここでは2つの変化を見せています。

まずは遅行線に注目します。❷のポイントから26週さかのぼった、2008年10月の遅行線を見ましょう（❷）。**遅行線がローソク足を上にゴールデンクロス**しました。加えて、2009年3月末の**転換線も基準線にゴールデンクロス**しています。

2つのゴールデンクロスが一緒に出現したわけですから非常に強い「買いシグナル」です。ここは買い増しのポイントです。

買い増しとは、すでに保有しているポジションに含み益が出ているとき、買い値より高い所で追加の買いを入れ、ポジションを増すことです。上昇トレンドの途中で行います。

そして❸のポイントです。

上昇トレンドを強固なものにするには欠かせない、抵抗ラインのクモをやっと突破し、完全に抜けきったタイミングです。これも「買いシグナル」。さらに買い増すチャンスです。

抵抗ラインを上手に下値の目安にしていく

安値圏から3つの買いシグナルが出現していたことが確認できたと思います。慎重派の人は、これらの出現をしっかり見てから、出動しても十分だと思います。

そして❸のポイント以降は、**クモが下値の抵抗ゾーン**になってくれます。押し目を探るときに、この下値のゾーンに近づいて放れたら、買いや買い増しをするのも一考です。

自分が絶対的に得意な通貨ペアや、注目している通貨ペアを追っていると、こうした買いシグナルをいち早くキャッチできるようになります。

儲けのポイント

■特定の通貨をウォッチし続けるなら、一目均衡表の複数のシグナルで、いち早くトレンドの転換をキャッチする！

一目均衡表で南アランドを追いかける

南アランド・円（週足）

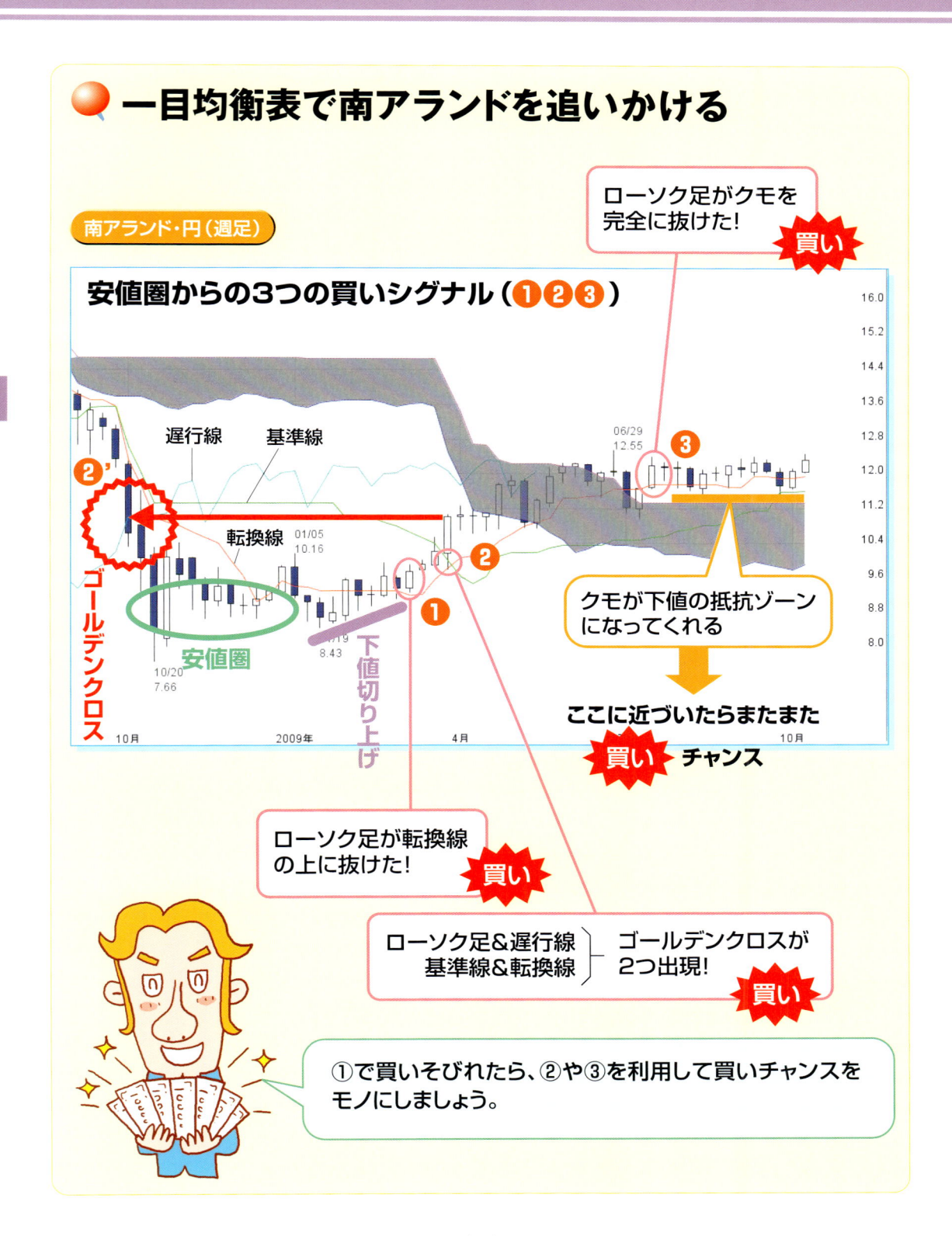

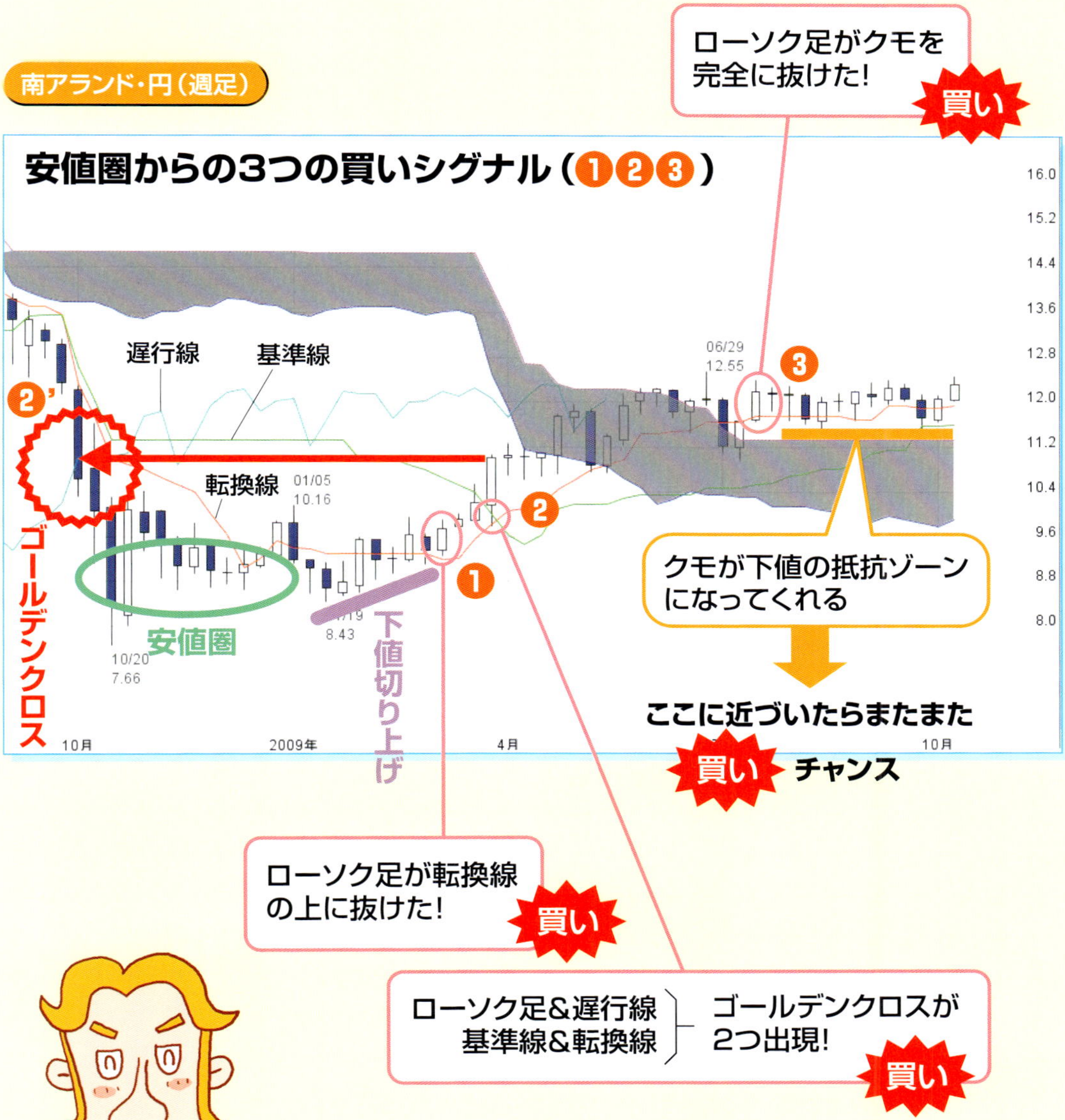
安値圏からの3つの買いシグナル（❶❷❸）
16.0
15.2
14.4
13.6
12.8
12.0
11.2
10.4
9.6
8.8
8.0
遅行線
基準線
転換線
❷'
ゴールデンクロス
安値圏
10/20
7.66
01/05
10.16
8.43
下値切り上げ
❶
❷
❸
06/29
12.55
10月
2009年
4月
10月
ローソク足がクモを完全に抜けた!
買い
クモが下値の抵抗ゾーンになってくれる
ここに近づいたらまたまた
買い
チャンス
ローソク足が転換線の上に抜けた!
買い
ローソク足&遅行線
基準線&転換線
ゴールデンクロスが2つ出現!
買い

①で買いそびれたら、②や③を利用して買いチャンスをモノにしましょう。

PART 4

ローソク足&移動平均 定番コンビの買いシグナル

チャートの中で見つかる買いシグナルのポイントをいろいろな通貨ペアから抜粋してみました。これに似た形が見つかったら乗ってみましょう。

儲けのポイント

- ■上昇過程のどこにあるかでそれぞれの買いシグナルの意味も異なる
- ■底値買い、追撃買い、押し目買いを使いわけること

安値と追撃買いのポイントを探る

ローソク足と移動平均線のペアで、これまでに説明した買いシグナルをさらに有効に使うタイミングを検証してみましょう。

左ページのニュージーランドドル・円のチャートを見てください。

❶は、大陰線を何度もつけて下げてきた一番の**安値水準で、陽線つつみ足の形です。**ここは反転のシグナルの可能性あり。底値買いのチャンスと考えられます。

❷は、シンプルに**25日移動平均線を上回って**きました。底打ち確認後のトレンド転換は強力と見て、追撃買いのチャンスです。

❸は、上昇トレンドが続くなかでの**大陽線の出現**です。これは引き続き非常に強い地合いを示すシグナルとして有効。追撃買いのチャンスです。

❹は、上昇三角型の保ち合いになっていました。保《も》ち合いがようやく煮詰まってきて、先端のところで上放れしてきました。こうした上放れには素直に従いましょう。

加えて、**保ち合いを放れたローソク足は再び25日移動平均線を上回ってきています。**2つのシグナルが出現していますから、追撃買いのチャンスです。

実際、その後のチャートの動きを見ても、非常に力強いものになっています。これらのシグナルは、非常に強いメッセージであったことがよくわかります。

トレンドラインから見る買いシグナル

続いて、トレンドラインをメインにチャートを見ていきましょう。102ページの米ドル・スイスフランのチャートを使います。

❺は、右肩下がりの**ボックスが上に放れてきた**ことを確認できた陽線で、買い出動のシグナルです。

❻は上昇過程での**大陽線**。引き続き非常に強い地合いを示すシグナルとして有効です。ここは追撃買いのチャンスです。

❼は、目先高値をつけてから、いったん下落する過程で**「窓明け（前回の終値よりも大きく下降して始値をつけること）」**の形になりました。この

移動平均線の買いシグナルを有効に使う

ニュージーランドドル・円（日足）

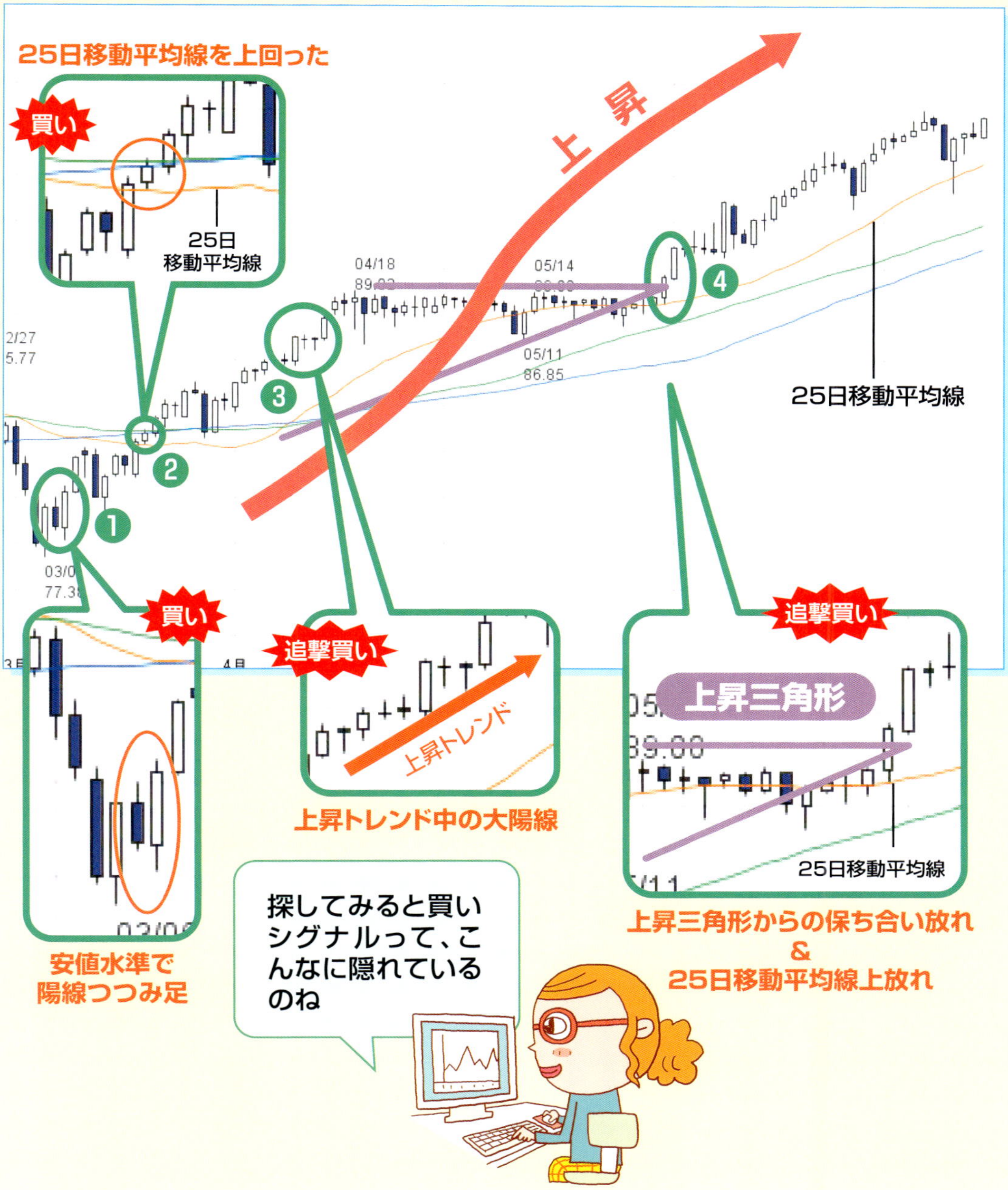
25日移動平均線を上回った
買い
25日
移動平均線
上昇
04/18
05/14
2/27
5.77
05/11
86.85
25日移動平均線
03/0
77.38
買い
追撃買い
上昇トレンド
追撃買い
上昇三角形
25日移動平均線
安値水準で
陽線つつみ足
上昇トレンド中の大陽線
上昇三角形からの保ち合い放れ
&
25日移動平均線上放れ
探してみると買い
シグナルって、こ
んなに隠れている
のね

「窓」は相場の習性として埋めに行く動きがありますから、下降が一段落したら「窓埋め（窓明け部分の価格帯にまで一時的に上昇すること）」をねらいましょう。

窓埋めトレードでは、埋めたあとにいったん勢いが衰えることがありますから、埋めたら利益をガッチリ確定しておくことも有効です。

⑧は、**下値支持線**がしっかりしていますから、安心して買っていくことができます。このトレンドラインを割るまでは強気で見ていけそうです。

移動平均乖離《かいり》率で買いシグナルを探る

103ページの米ドル・スイスフランの日足チャートを見て下さい。注目はオレンジの21日移動平均線と、下部の**移動平均乖離率**です。

⑨は、移動平均線の上に位置している**ローソク足が、平均線から大きく乖離したポイント**です。移動平均乖離率からも、それを読み取れます。ここはショート（売り）ポジションを建てるか、買いポジションの利益確定売りポイントです。

トレンドラインの買いシグナルを有効に使う

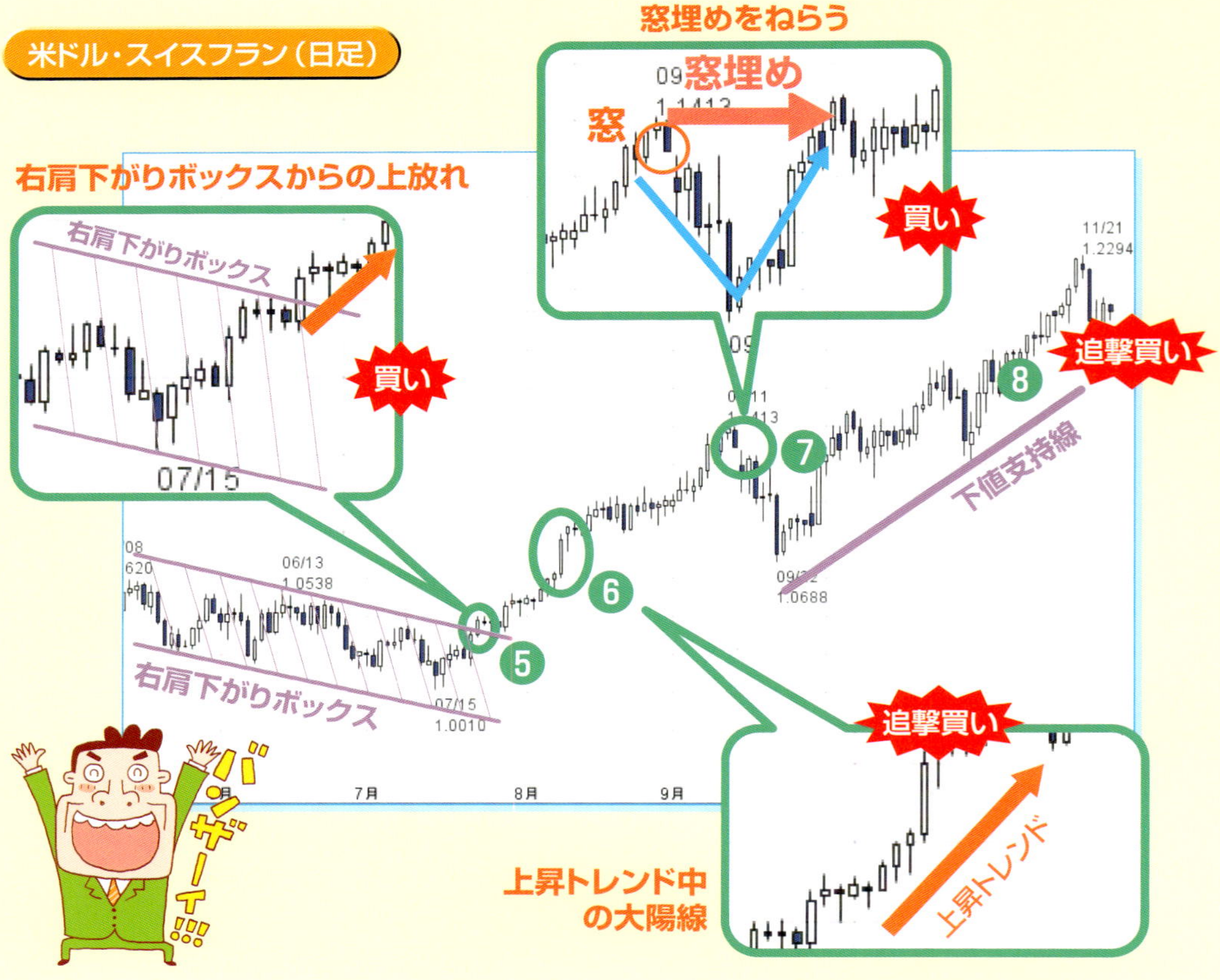
米ドル・スイスフラン（日足）
窓埋めをねらう
窓埋め
窓
買い
右肩下がりボックスからの上放れ
右肩下がりボックス
買い
07/15
追撃買い
下値支持線
06/13
1.0538
右肩下がりボックス
07/15
1.0010
09/12
1.0688
11/21
1.2294
7月
8月
9月
追撃買い
上昇トレンド中の大陽線
上昇トレンド
バンザーイ!!!

その後、下げに転じ、ローソク足は移動平均線の下に割り込みました。

⑩は、下げてきたところで、また乖離が大きくなり始めています。移動平均乖離率は**大きく売られ過ぎに振れています。**ここは買い出動のタイミングです。ここまでの下降局面で保有してきたショートポジションは決済して、利益を確定しましょう。

その後反転し、再びローソク足は移動平均線を上に突破しました。

⑪は、⑨と同じく乖離が大きくなっています。ここも**買われ過ぎ**です。

このように移動平均線の上か下かに、乖離率を加えると、より簡単にシグナルを確認することができます。

底や天井で売買できなくても（実際にそんなことはほぼ無理ですが）、このシグナルに従ってトレードするだけで十分に利幅が出ます。

たとえば⑨→⑩で７５０ポイントの下降。⑩→⑪で５００ポイントの上昇です。まさに相場格言の**「頭と尻尾はくれてやれ」**の精神で十分勝負できるのです。シグナルを確認して動き出すことで、リスクを抑えながら手堅く利益を得ることができるでしょう。

移動平均乖離率の「行き過ぎ」に注目

米ドル・スイスフラン（日足）

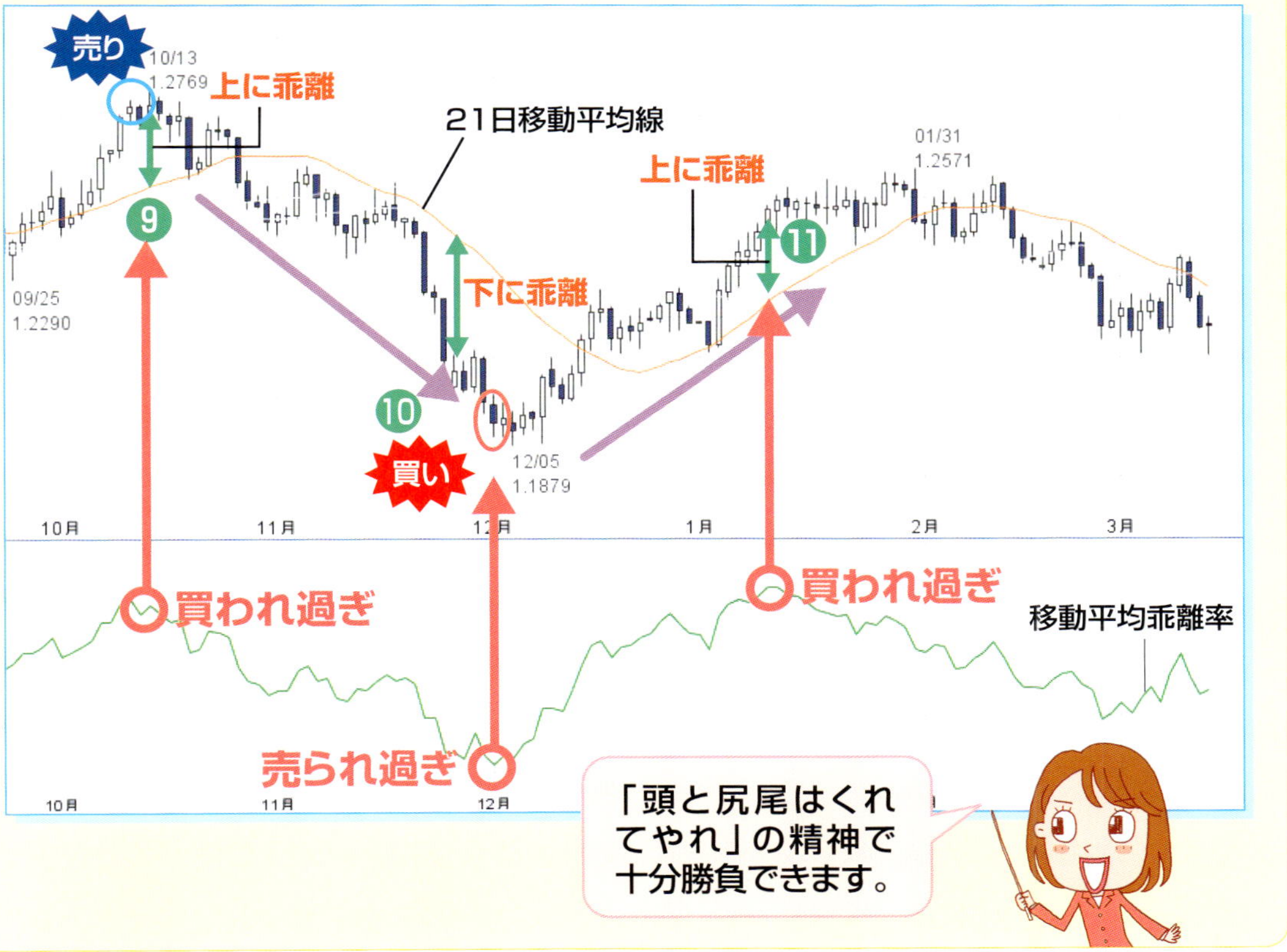
売り
10/13
1.2769
上に乖離
21日移動平均線
01/31
1.2571
上に乖離
9
下に乖離
11
09/25
1.2290
10
買い
12/05
1.1879
10月
11月
12月
1月
2月
3月
買われ過ぎ
買われ過ぎ
移動平均乖離率
売られ過ぎ
10月
11月
12月
「頭と尻尾はくれてやれ」の精神で十分勝負できます。

底値圏での陽線つつみ足は強力な買いシグナル

陽線つつみ足は、買いシグナルですが、その中でも特に強力なのは底値圏、安値圏での出現。ダマシが極めて少なく、素直についていきたいシグナルです。

儲けのポイント

■底値圏・安値圏での陽線つつみ足は出現率は低いが精度は非常に高い、強力なトレンド転換のシグナル。素直についていこう

週足、月足で見つけたいつつみ足

つつみ足は、シンプルでありながら精度の高いシグナルです。初心者には非常に親しみやすいものです。

そんなつつみ足ですが、実は安値圏や底値圏での出現回数が結構少ないのです。しかし出現回数が少ないぶん、**実際に登場したときの精度は非常に高い**のが特徴です。底値や安値でなければ、つつみ足は結構頻繁に出現しますが、そこでのつつみ足には、それほどの精度はありません。逆にダマシの可能性も高いため、注意が必要ですから、素直に100%従うことは避けたいところです。

そのぶん、安値圏や底値圏でつつみ足の出現を見つけたときには、信頼して全力で乗ってしまいましょう。

実践チャート 精度の高さを確認

ユーロ・米ドルの月足チャートを見てください。

2009年2月の陰線を、翌3月の陽線がすっぽりとつつみこむ陽線つつみ足の形になりました。そのシグナルを境に、安値でのもみ合いが上に放れ、上昇トレンドにしっかりと転換していったことが、その後のチャートでよくわかると思います。

実際に為替レートも順調に上昇しています。

また、ニュージーランドドル・円の週足チャートを見てください。**2005年1月の第2週に70円前後で推移している陰線を、翌週の陽線がすっぽり包み込む形**となりました。そこからは順調な右肩上がりの上昇トレンドになり、1年間で17円の上昇を見せ、ついには87円の最高値をつけました。

1年間で17円の上昇。率にしたら24%の上昇です。昨今では騰落率も高いので24%程度の値動きは結構ありますが、当時は昨今よりも穏やかなトレンドが数年続いていた時期です、そんななか、1年間で24%の上昇ですから、相当な上昇だったのです。

このように、**月足、週足での底値、安値で出現する陽線つつみ足**は強力な買いシグナルになると考えられますから、見つけたときは逃さずに乗っていきましょう！

底値・安値では陽線つつみ足を探す!

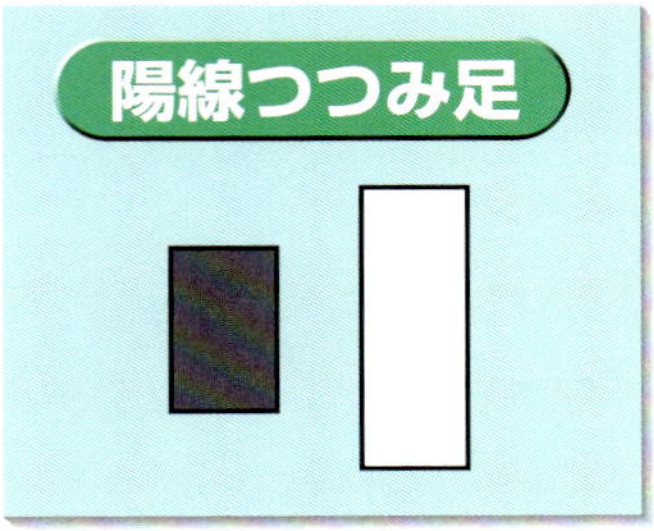
陽線つつみ足

底値圏・安値圏での出現は
信頼性 大 の
「買いシグナル」

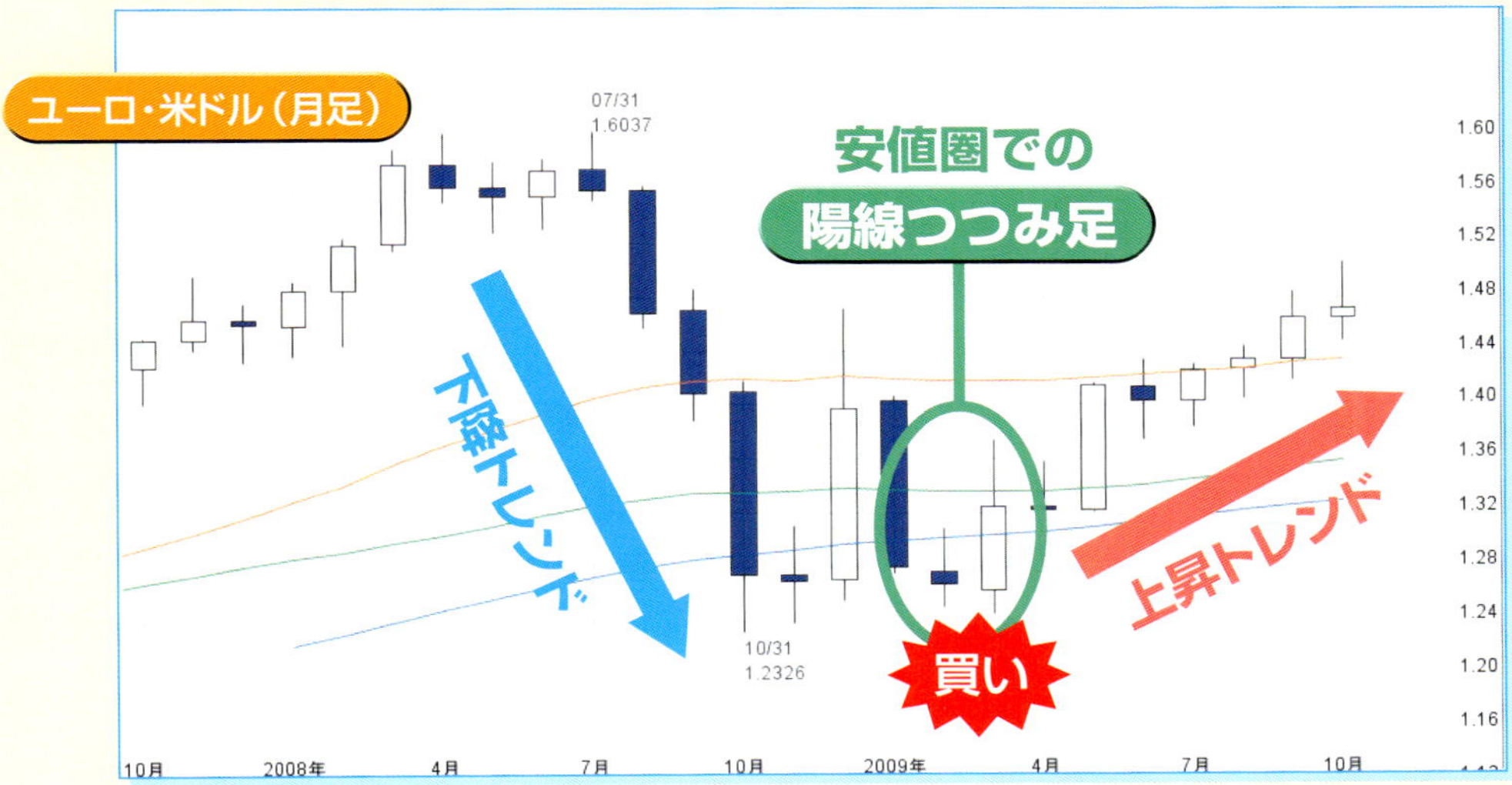
ユーロ・米ドル（月足）
07/31
1.6037
安値圏での
陽線つつみ足
下降トレンド
上昇トレンド
10/31
1.2326
買い
1.60
1.56
1.52
1.48
1.44
1.40
1.36
1.32
1.28
1.24
1.20
1.16
10月
2008年
4月
7月
10月
2009年
4月
7月
10月

ニュージーランドドル・円（週足）
安値圏での
陽線つつみ足
1年で24%の上昇でした!
イエイ
04/11
78.31
06/20
78.29
07/04
買い
上昇トレンド
90
88
86
84
82
80
78
76
74
72
70
68
66
2005年
4月
7月
10月

二点底は大底打ちを示す可能性大！

底打ちを確認するシグナルはいろいろありますが、ローソク足だけで確認できるシンプルで比較的精度の高いシグナルが、二点底です。

二点底の大底打ちは相場の習性

二点底はダブルボトム、二重底などとも言います。**同じ最安値を2度つけて反転するその形は、大底を打ったことを示す可能性大**です。

左ページの豪ドル・円の日足チャートを見てください。

２００８年９月のリーマンショック以降豪ドルは急落し、10月24日には一時54円96銭となり、２００８年10月につけていた55円40銭を更新し、史上最安値となりました。一時は戻したものの、２００９年２月２日に再び同水準に当たる55円52銭まで下げて、これで二点底（W底）形成となります。

二点底を確認してからは順調に値を切り上げ、わずか5ヵ月で47％上昇する、まさに破竹の勢いでの上昇になっています。

二点底は底入れ後の反騰を予見させる

二点底は、同じ水準で二度も安値をつけたのにもかかわらず、そこから反発してきたという動きを表します。これは投資家の買い意欲が強烈に控えていることの裏づけとも考えられます。

１回目につけた２００８年10月の安値から、一度反発して高値をつけたのが68円の水準。二点底をつけて、さらに、この戻り高値の68円を抜いてくると、いよいよ反騰スタートのシグナル点灯と考えられます。

また、このような節目突破時には、上昇エネルギーが非常に高くなります。

二点底をつけて上昇後、戻り高値を抜くと、いよいよ強い動きであることが確認できます。

この節目突破後には、「揺り戻し」という形で値を戻す（下げる）こともあります。上昇後に調整が入るのは相場の常です。そういった動きがあることは想定してトレードしていくことが大切です。

二点底で底打ち確認の場面では、突破の動きについていき、上昇に鈍さが出たら利益確定する。そこで調整するようであれば、揺り戻しの突破ラインまで下がるのを待って、そこで押し目買いを入れるといったやり方もありますよ。

儲けのポイント

- 底打ちシグナルの中でもシンプルかつ高精度なのが二点底
- トレンド転換の判断は「戻り高値の突破」

二点底とは？

ポイント　戻り高値

下落していたローソク足が、上昇に転じたのちにつけた高値のことです

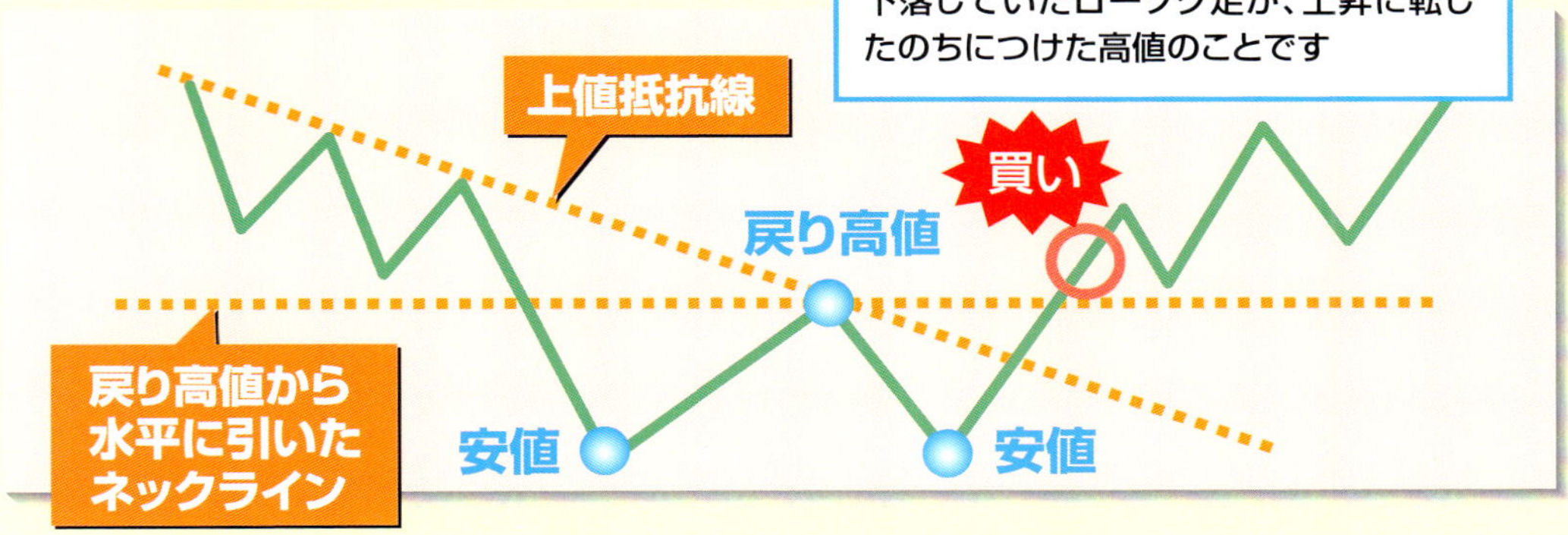
上値抵抗線
買い
戻り高値
戻り高値から
水平に引いた
ネックライン
安値
安値

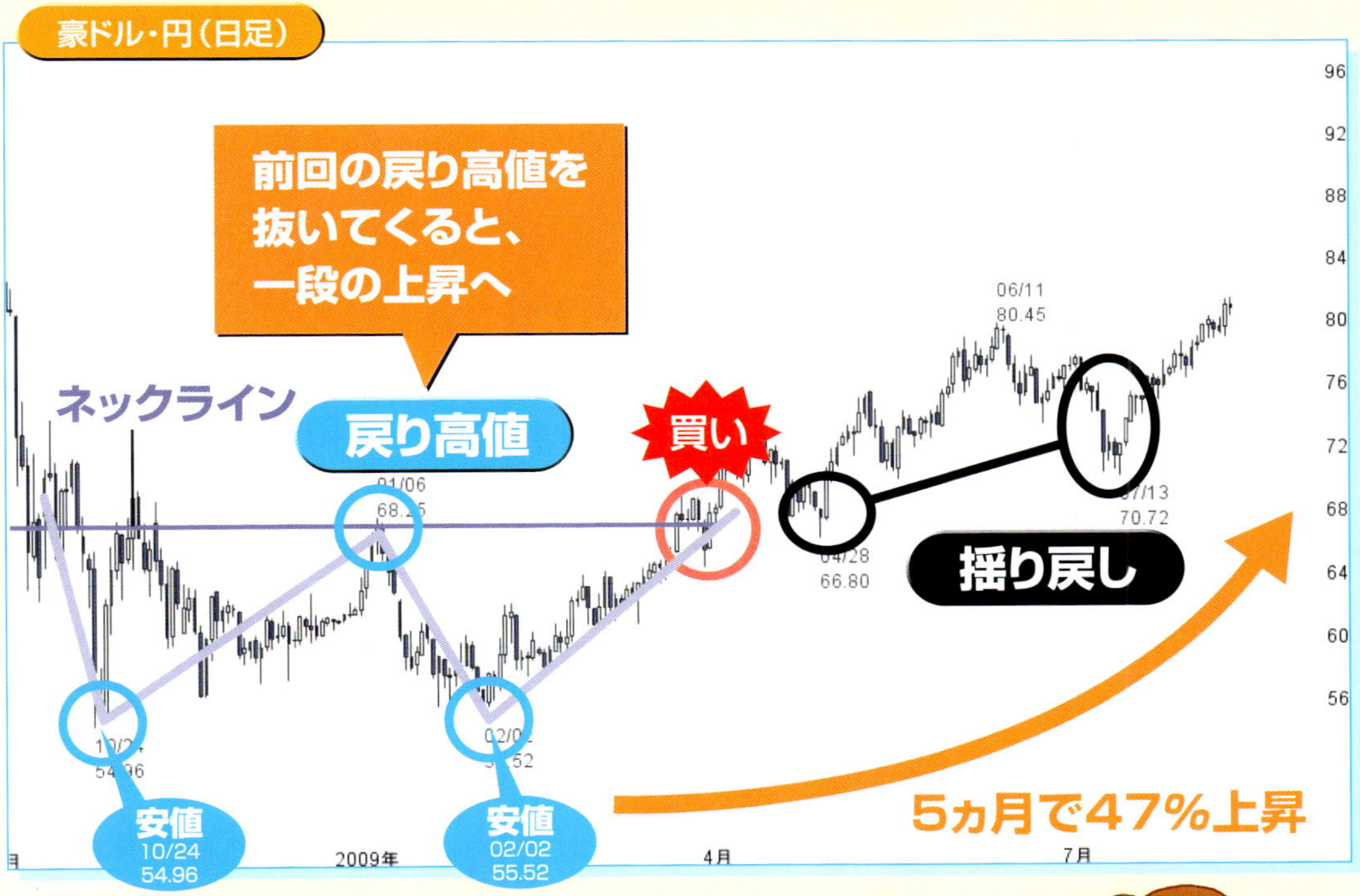
豪ドル・円（日足）
前回の戻り高値を
抜いてくると、
一段の上昇へ
ネックライン
戻り高値
買い
06/11
80.45
07/13
70.72
04/28
66.80
揺り戻し
安値
10/24
54.96
安値
02/02
55.52
5ヵ月で47%上昇
2009年
4月
7月
96
92
88
84
80
76
72
68
64
60
56

ポイント　ネックライン

三尊天井や二点底などで引かれる補助線です。突破したら買い、割り込んだら売りの目安にします

揺り戻しは押し目買いのチャンスでもあります

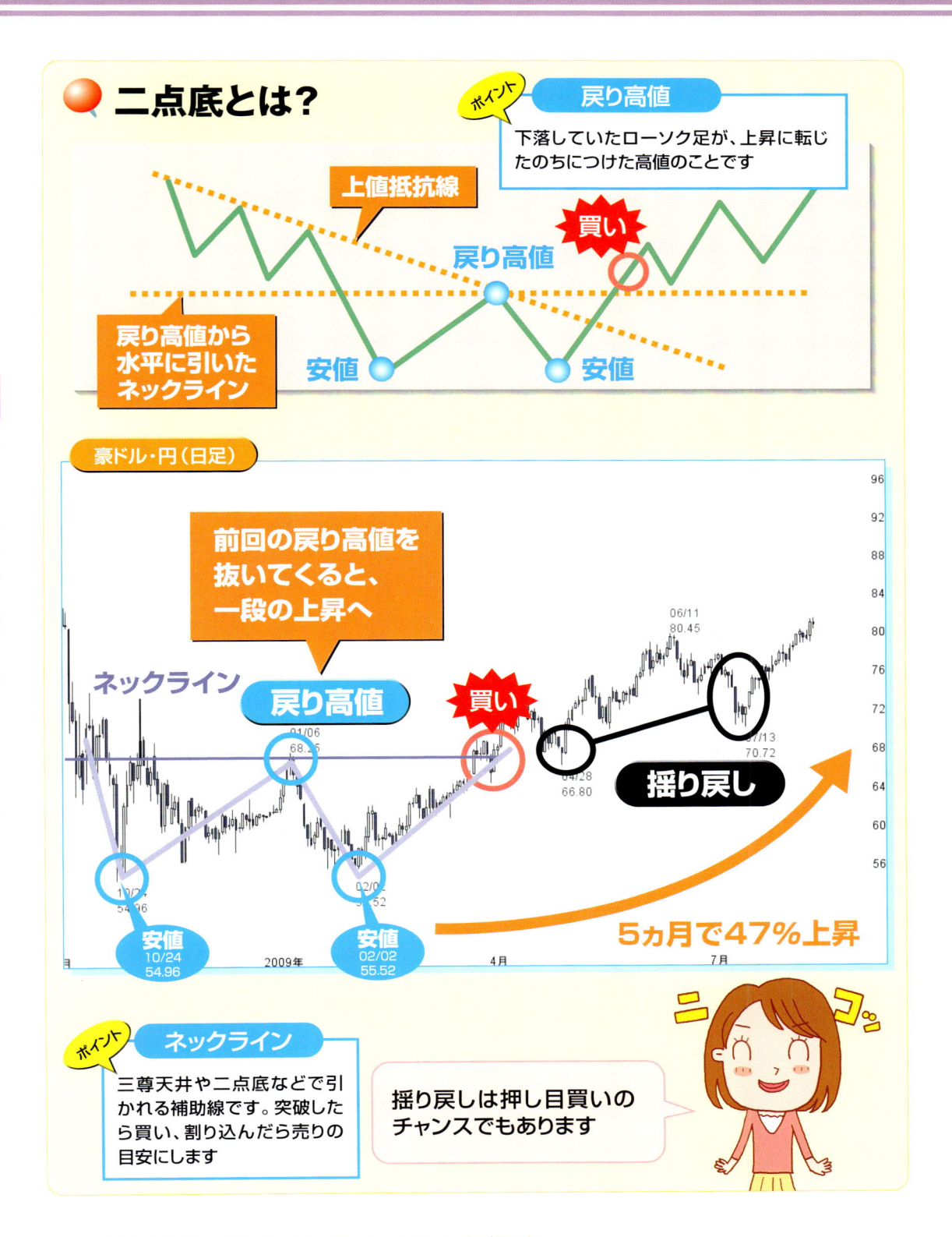

株にあってFXにないもの②
「値幅制限」

column

株式投資にあってFX投資にないもは「出来高」のほかにもう1つあります。これはチャートには直接関係のないものですが、この違いは結果的にチャートの形にも反映されます。

日本で取引される株においては、1日に○○円以上「上昇」または「下落してはいけない」というルールがあります。それが「値幅制限」と呼ばれるものです。たとえば、現在の株価が100円台であったとしましょう。その場合は、上下で50円動いたら、それ以上の株価の変動はありません。上限に達した場合を「ストップ高」、下限に達した場合を「ストップ安」と言います。

為替マーケットには、こういった値幅制限はありません。米ドル・円の為替相場が100円からスタートしても、大げさな話、1日で150円や180円にまで上昇してもよいのです（現実にはあり得ませんが）。

しかし、株の値幅制限にしても、これは日本の株式市場での話であり、アメリカなどでは設定されていません。いくらでも上下に振幅することが可能です。

2008年9月、リーマン・ブラザーズが破たんしたことで、世界中のマーケットが暴落しました。日本株は次々にストップ安になりましたが、値幅制限のない各国の株式取引所で出されたのが「サーキットブレイカー」と呼ばれるものでした。急激な株価変動に対して一定期間取引を停止させるという非常措置です。

たとえばFXで外貨を保有しているときなど、その国の株式市場で「サーキットブレイカーが発動した！」なんてニュースがあったら注意してください。通貨も大変動となる可能性大です。

値幅制限はあったらあったで、連日ストップ安を見続けるのもつらいですし、為替相場のようにない場合は、1日でトコトン損をするのも恐いものです。もちろん、それぞれが逆のパターンもありますが……。

歴史的な暴落よりも歴史的な暴騰に立ち会いたいものですね。

応用編

3章

下げ相場でも儲ける！売りのシグナルを探そう

天井圏の陰線つつみ足はトレンド大転換のシグナル

天井圏、高値圏で陰線つつみ足が出現すれば、それはトレンドが大転換する強力なシグナルになります。期間の長いチャートの方が出現率が低くなるため、その分精度は高くなります。

出現率と精度は反比例する

つつみ足は、底値圏や安値圏で出たときは上昇トレンドへの強力な転換シグナルになりますが、高値圏、天井圏で出ると、その意味は逆になります。天井圏先に出た陽線をすっぽり包み込む陰線が続いて出現した場合、この**陰線つつみ足は、強力な売りシグナル**になる可能性が高いのです。

特に、日足より週足、週足よりも月足と、**出現率が低くなるのに反比例して、その精度は高くなります。**

左ページの英ポンド・円の月足チャートを見てください。2007年後半に、月足できれいな陰線つつみ足が出現しています。

そして、年末年始にかけてどんどん下げ足を早め、一度戻りを見せたところで2008年のリーマンショックが起こり急落しました。

注目は「この暴落は、リーマンショックがスタートラインではない」ということです。その約1年前に、チャートは確実に下落へのシグナルを示していたのですから。

大きなトレンド内の小さな波をキャッチ

週足でも見てみましょう。もちろん、週足でも天井圏での出現は強力ですが、**戻り高値（下落後の反発上昇でつけた高値）でも威力を発揮します。**

左ページ下図はユーロ・米ドルの週足チャートですが、リーマンショックからの急落が落ち着き、戻り高値をつけたところで、週足の陰線つつみ足が出現しています。その前の週は非常に長い上ヒゲのローソク足が出現していますので、高値警戒感が台頭したところでした。そのため、ドンピシャリのタイミングで、戻り高値での売りシグナルとなったのです。

トレンドとしては、そのあとの戻りで二点底をつくり、その後、上昇トレンドに転換していきました。これは戻り高値からのショート（売り）ポジションを建てる、スイングトレードなどでは格好のタイミングになるような動きです。大きなトレンド内の小さな波をキャッチするうえで、**週足の陰線つつみ足は売りシグナルとして大いに役立ちます。**

儲けのポイント

■高値圏・天井圏での陰線つつみ足は強力な売りシグナル

■日足→週足→月足と低くなる出現率に反比例して精度は高まる

天井圏では陰線つつみ足を要チェック!

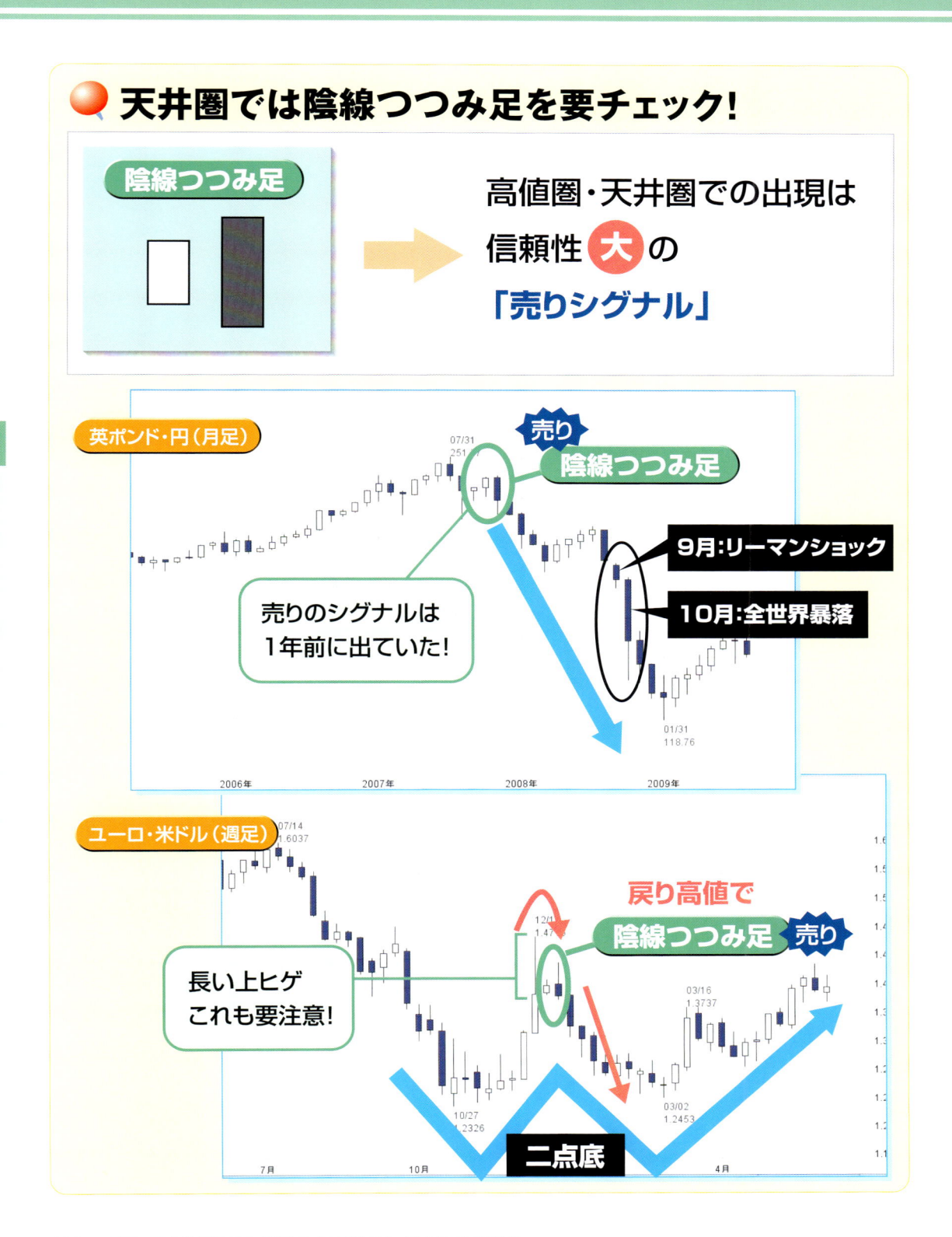

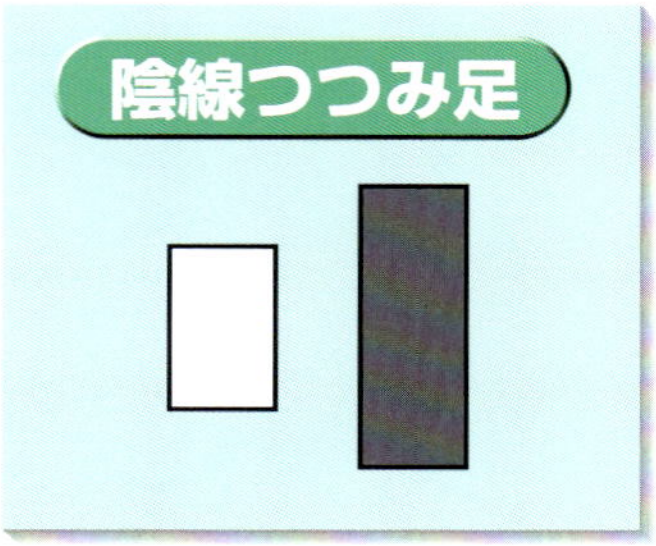
陰線つつみ足

高値圏・天井圏での出現は
信頼性大の
「売りシグナル」

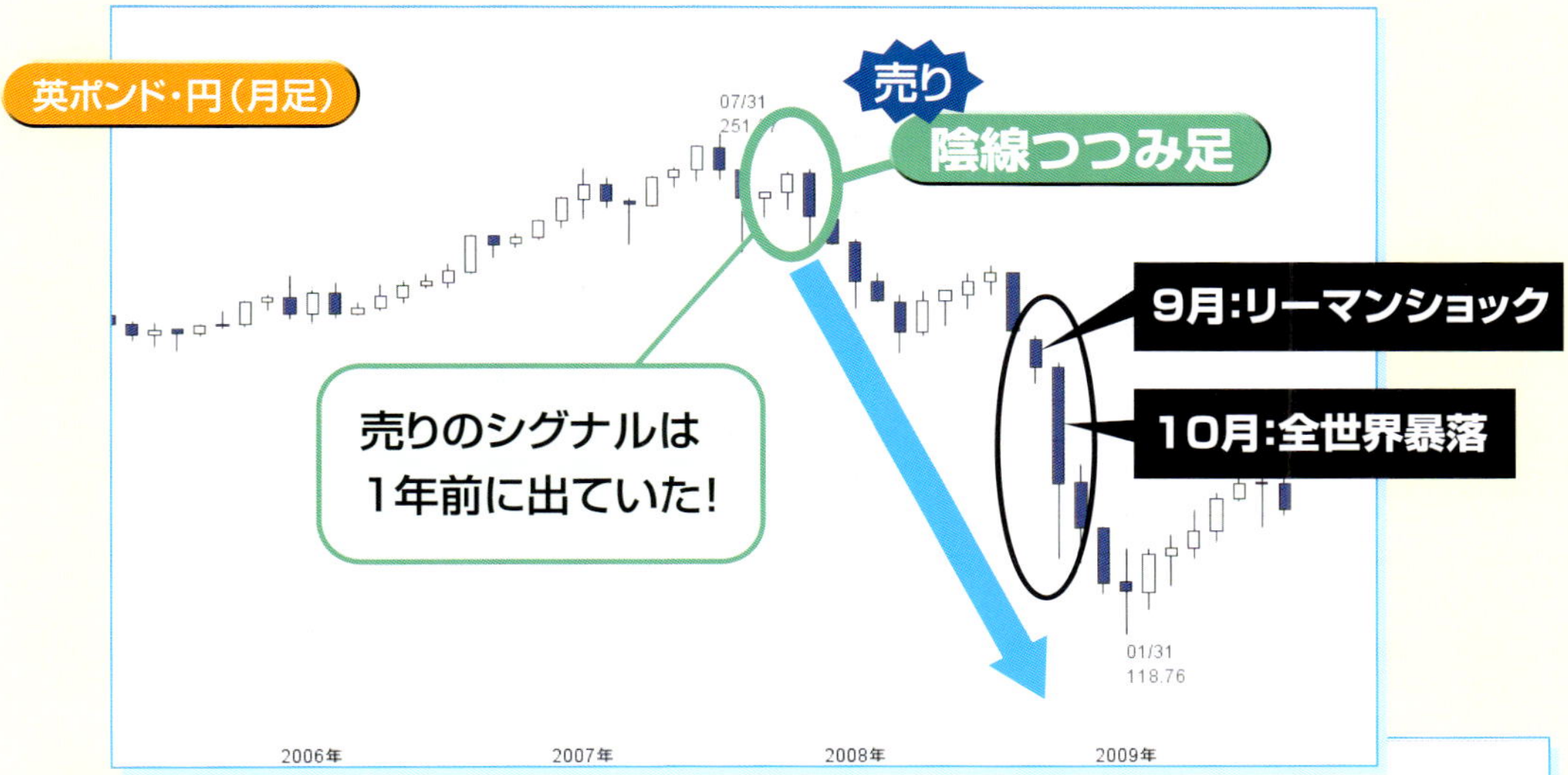
英ポンド・円（月足）
07/31
売り
陰線つつみ足
9月:リーマンショック
10月:全世界暴落
売りのシグナルは
1年前に出ていた!
01/31
118.76
2006年
2007年
2008年
2009年

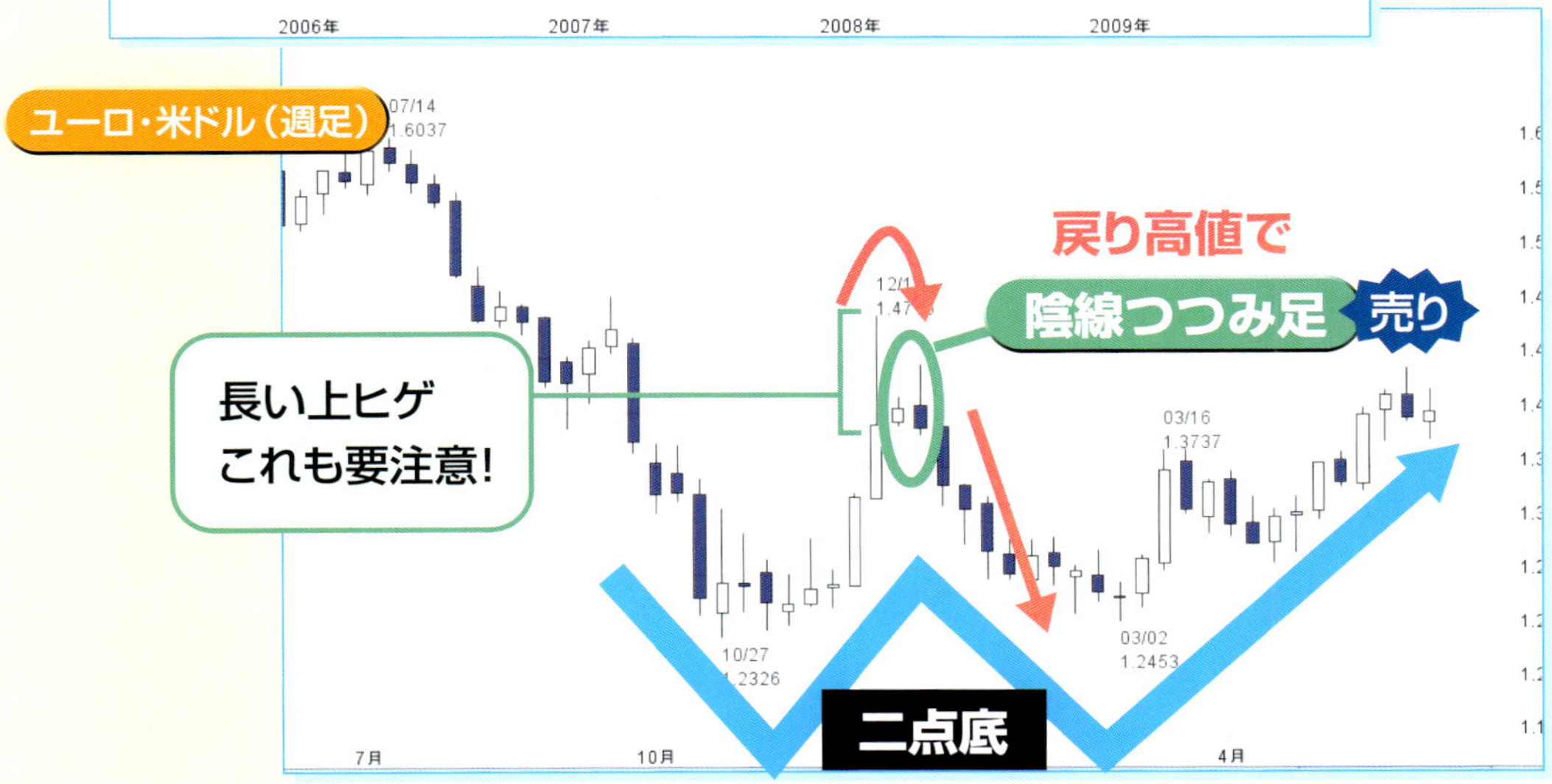
ユーロ・米ドル（週足）
07/14
1.6037
戻り高値で
陰線つつみ足
売り
長い上ヒゲ
これも要注意!
03/16
1.3737
10/27
1.2326
03/02
1.2453
二点底
7月
10月
4月

高値圏、天井圏での上ヒゲと大陰線の出現

上昇したあとの長い上ヒゲや大陰線の出現は売りシグナルになります。上ヒゲのローソク足は、陽線よりも陰線の方が、より売り圧力が高いため精度も高まります。

急上昇や大陽線続出後の上ヒゲと大陰線に乗る！

上昇してきたところで、突然上ヒゲの長い陰線や大陰線が出現したら、それは売りシグナルです。

そのなかでも特に注目したいのが、**急上昇で大陽線を続出する形で上昇してきたところでの上ヒゲ陰線や大陰線の出現です。**この場合、より一段と売りシグナルの精度が高くなります。

買いシグナルのところでも説明しましたが、上昇過程での大陽線の出現は、非常に強いトレンドであることを示しますから、当然買いが集中し、マーケットでの取引が過熱しています。

そんなところで突然、上ヒゲの陰線や大陰線が立つということは、過熱感が一巡して利益確定の売りなどが出始めた結果ということが多いのです。

マーケットでは、上がり過ぎたものは売られるのが常。特に大陽線が続いたようなときは、「いったん下げるのでは？」と市場参加者たちも考え始めます。そんなタイミングでチャートに変化が現れれば、**皆が総出でそのシグナルに乗ってきます。**

「精度が高まる」というのは、こうした背景があるからです。

オーソドックスでも、信頼性の高いシグナル

左ページのユーロ・米ドルのチャートを見ていきましょう。大陽線が続出する急上昇のあとで、上ヒゲ陰線と大陰線が出ました。その後、上昇前の水準あたりにまで値を戻しています。

左ページのチャートは111ページで紹介したユーロ・米ドル週足の陰線つつみ足の部分を日足で表示したものです。陰線つつみ足が出現したところでは、日足はどうなっていたかな？と見てみると、週足よりもタイムリーにシグナルを発していることが、このチャートのようにあります。ですから、必ずさまざまなタイムスパンのチャートをチェックしてください。いち早くチャンスをつかめます。

1つのシグナルで不安であれば、**2つ目を探す。同じ主旨を示すほかのチャート分析を探す、**こうしたことも判断の助けになります。実践の際はこうした組み合わせ方が有効です。

儲けのポイント

■高値圏・天井圏での上ヒゲ・大陰線は下降トレンドへの転換シグナル。迷ったら同じチャートの同じ箇所を週足と日足で重ねてみる

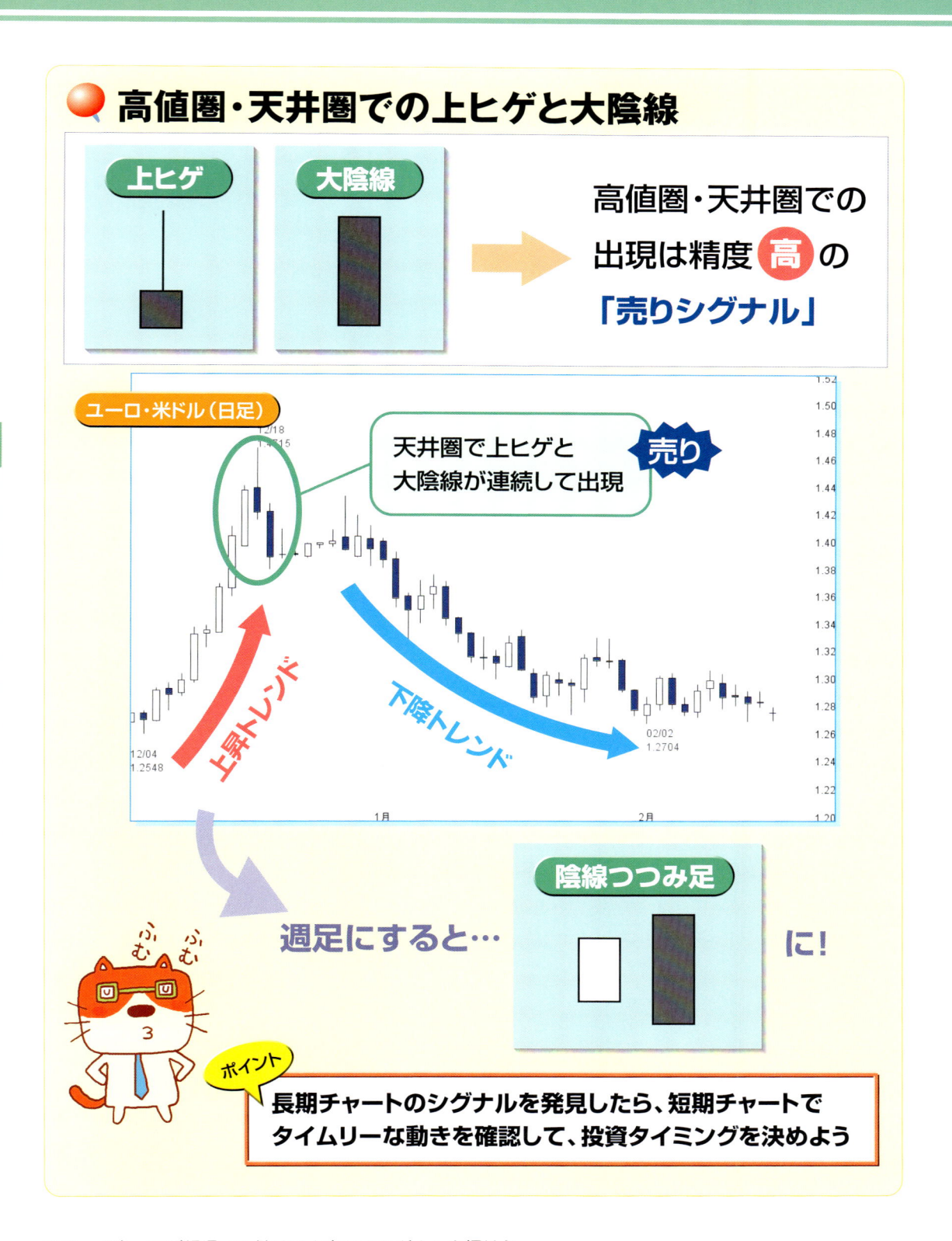

高値圏・天井圏での上ヒゲと大陰線

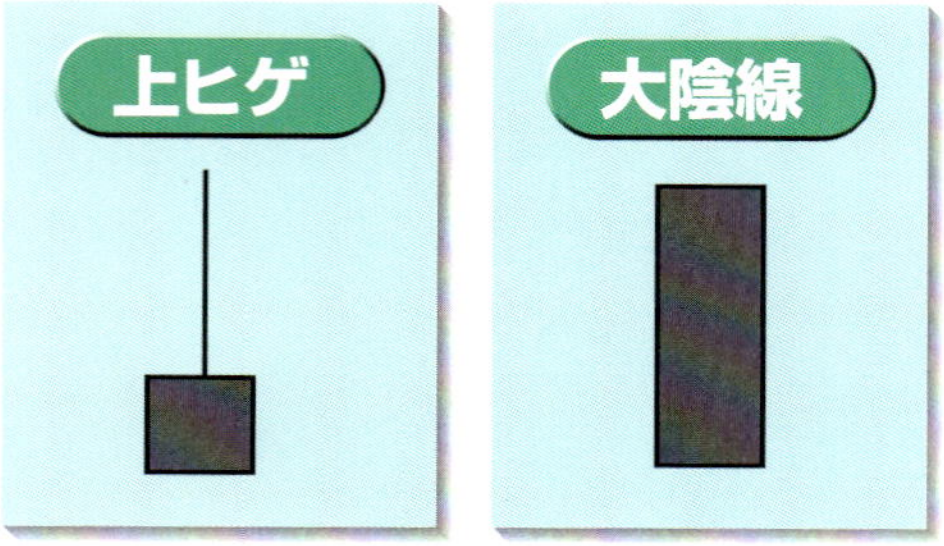
上ヒゲ
大陰線

高値圏・天井圏での
出現は精度高の
「売りシグナル」

ユーロ・米ドル（日足）
12/18
1.4715
天井圏で上ヒゲと
大陰線が連続して出現
売り
上昇トレンド
下降トレンド
12/04
1.2548
02/02
1.2704
1月
2月
1.52
1.50
1.48
1.46
1.44
1.42
1.40
1.38
1.36
1.34
1.32
1.30
1.28
1.26
1.24
1.22
1.20

週足にすると…

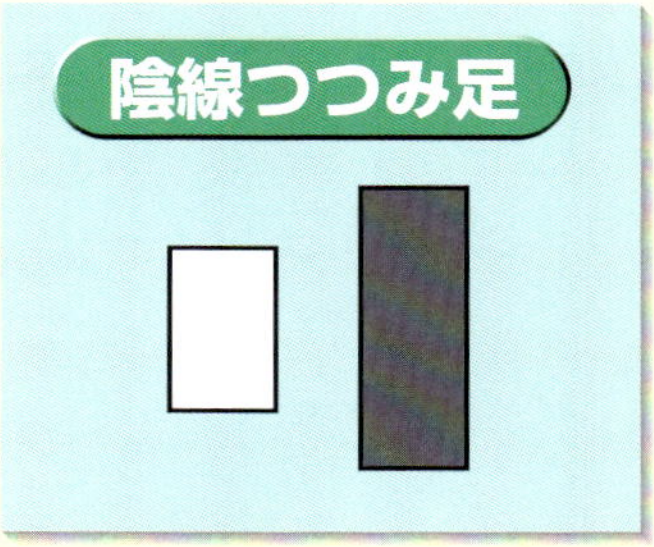
陰線つつみ足

に！

ふむ
ふむ

ポイント

長期チャートのシグナルを発見したら、短期チャートでタイムリーな動きを確認して、投資タイミングを決めよう

クロスと遅行線が発するシグナルを見逃さない

一目均衡表のなかでも遅行線の動きは非常に重要です。クロスやクモに目が行きがちですが、遅行線こそトレンドの変化をいち早く教えてくれる指標なのです。

日々の動きと一緒に遅行線の動きを追いかける

一目均衡表はクモやクロスなど、パッと一目でシグナルをキャッチできる万能チャートです。

クモやクロスをチェックして、そして一番右の最新のローソク足をチェックするだけで、相当な情報を得られますが、それだけでは一目均衡表が発信する貴重な情報を見落としてしまいます。その貴重な情報とは、1つだけ取り残されたように、**線が途中でとまっているように見える遅行線**です。

遅行線とクロスのダブルで下げを予知する

遅行線は終値ベースで、26日遅れで描画される線です。26日遅れた線が、日々のローソク足とどういう位置関係にあるのかが、シグナルをキャッチするポイントです。

左ページの豪ドル・円の日足チャートを見てください。

①の時点で**転換線が基準線をデッドクロス**しました。一目均衡表での売りシグナルの出現です。

しかし、まだ売りスタートするには材料不足の様相です。数日後、**ローソク足が基準線の下に**割り込んできました。2つ目の売りシグナルです②。

そのとき、遅行線に目を向けると、日々の**ローソク足の下にデッドクロス**してきました。これで3つの売りシグナルの出現です③。

小さなトレンドの変化をキャッチできる

日足の一目均衡表を使うと、このような小さなトレンドの変化を細かくキャッチすることができます。数個のシグナル出現を待ってからでも、ショート（売り）ポジションで十分な利益（短期で数円幅）をねらうことができます。

余談ですが、下げたところでは下ヒゲのローソク足が続出していますから、これも転換点。ショートなら買い戻しのタイミングです。ちなみに私はこのチャートのこの分析で、実際にトレードして利益を出しましたよ。下げるスピードは速いですから、チャンスを見つけたら迅速に！

儲けのポイント

■日足の一目均衡表では基準線＆転換線、遅行線＆ローソク足のクロスをチェック。小さなトレンドの変化を細かくキャッチできる

ダブルのクロスでトレンドの変化をつかむ

転換線と基準線のデッドクロス

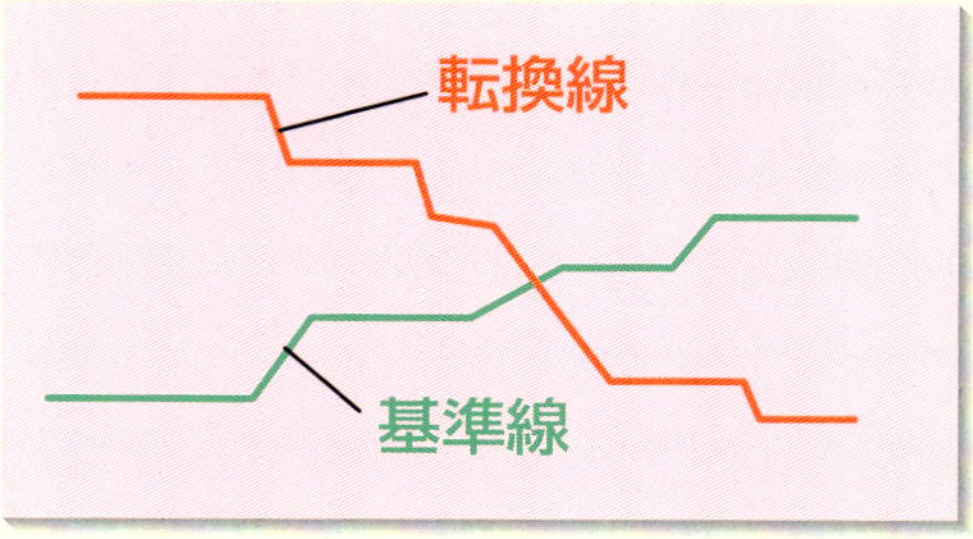
転換線
基準線

遅行線と日々のローソク足のデッドクロス

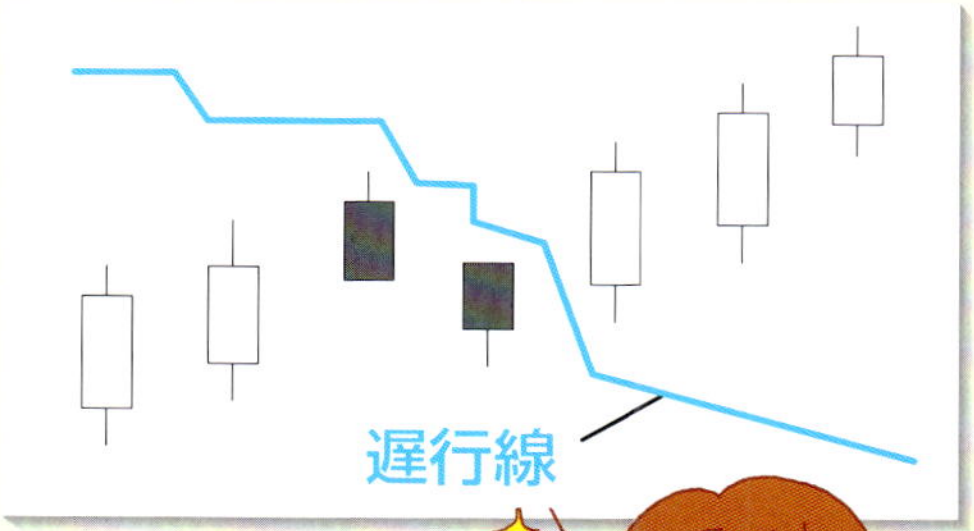
遅行線

この2つのクロスは、下げを予想するうえで非常に重要なシグナルです。位置関係から目を離さないように！

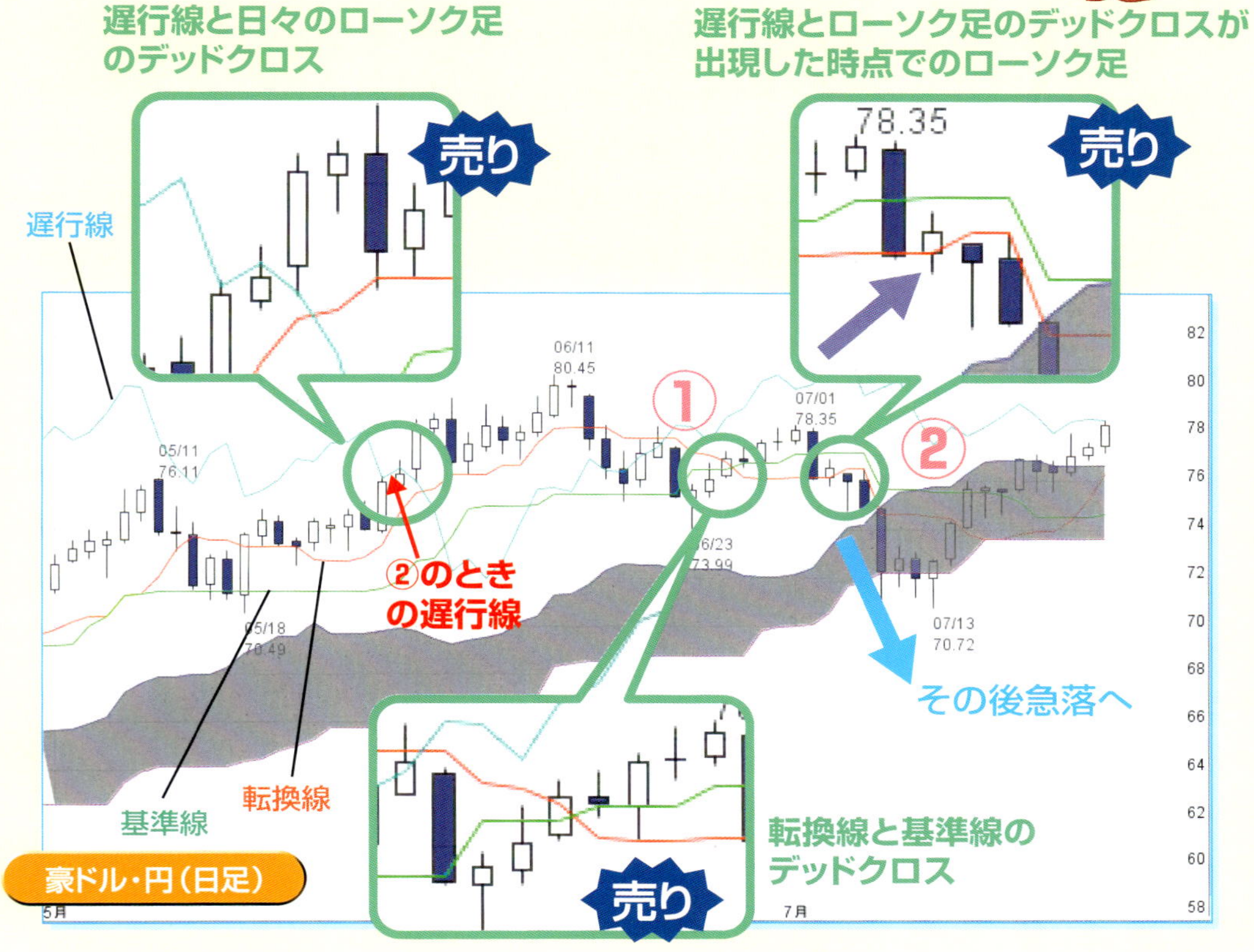
遅行線と日々のローソク足のデッドクロス
遅行線とローソク足のデッドクロスが出現した時点でのローソク足
売り
78.35
売り
遅行線
06/11
80.45
①
07/01
78.35
②
05/11
76.11
06/23
73.99
②のときの遅行線
05/18
70.49
07/13
70.72
その後急落へ
基準線
転換線
転換線と基準線のデッドクロス
売り
豪ドル・円（日足）
5月
7月
82
80
78
76
74
72
70
68
66
64
62
60
58

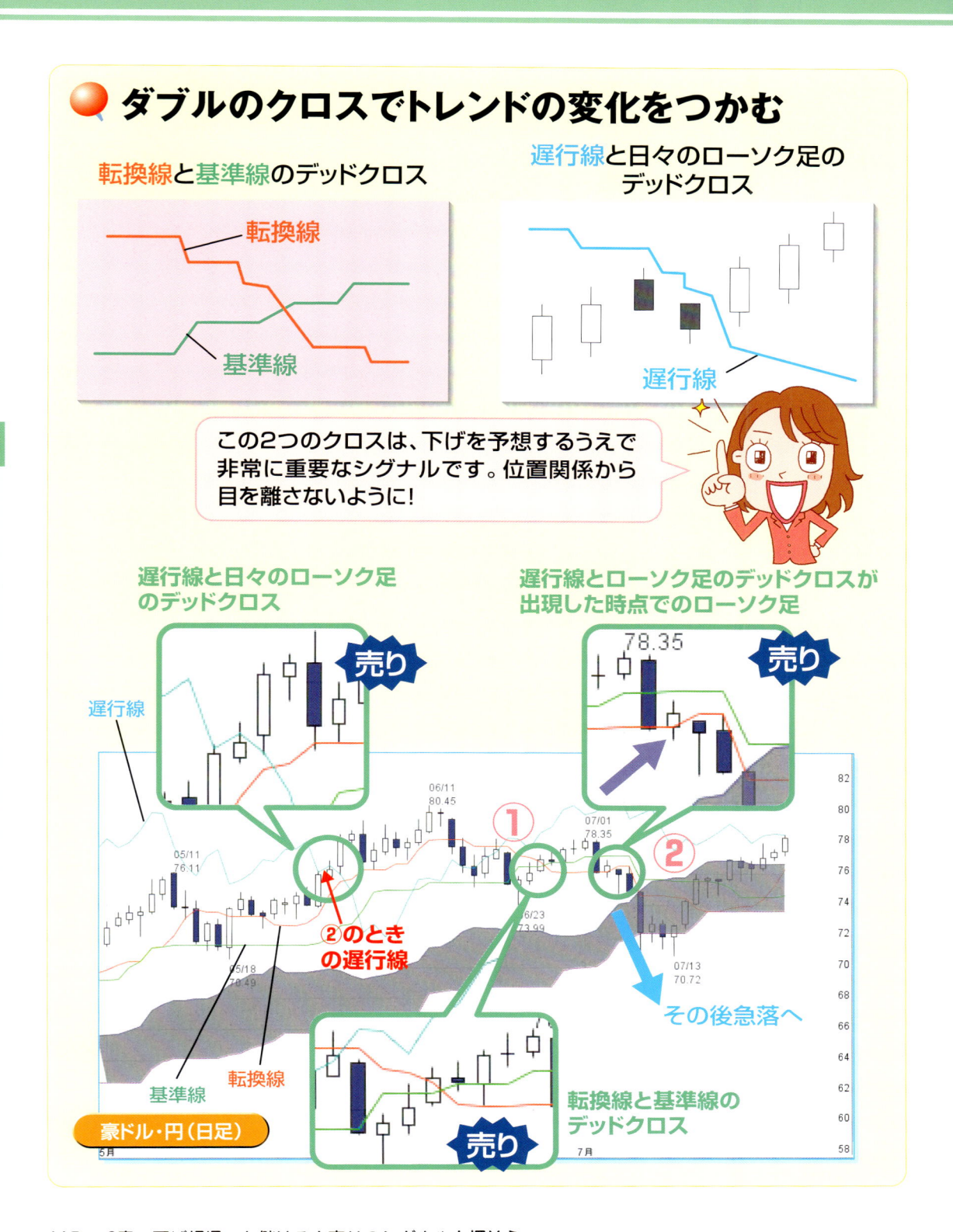

PART 4

トレンドラインを応用して、トレンド転換を探り出す

トレンドラインは、シンプルでありながら非常に有効的な使い方ができる分析法です。さらに複数のトレンドラインを引くことで、より正確にトレンドの転換を予測できます。

トレンドラインの引き方

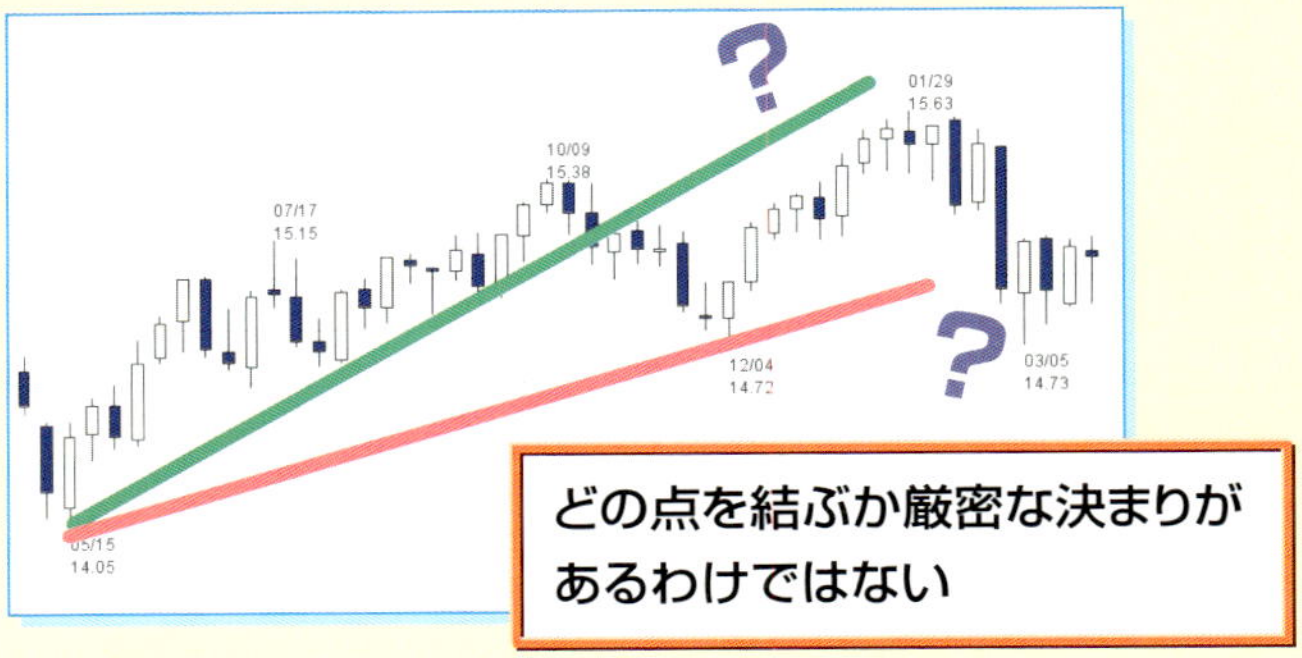

不安なときは3本引いてみる

左ページのチャートでは、★地点から下落が始まっています。上値を切り下げる形で下げ続けています。

この場面では「どれくらい続くのか?」「どこまで下げるのか?」を考えながら、ショート（売り）ポジションを入れていきます。

こんなときは、ローソク足にトレンドラインを引いて手がかりにします。実はこの**トレンドラインの引き方で、どの点とどの点を結ぶか、ということに関しては厳密な決まりはありません。**

上値抵抗線の場合は、戻り高値同士を結ぶというのが原則ですが、1本1本異なる動き方をしている複数のローソク足をきれいな直線で確実に結ぶことなどできません。

トレンドラインの引き方は、個人の裁量にまかされている、という部分が確かにあるのです。

だから、初心者であればあるほど、自分の引いた線が正しいのか不安になるかもしれません。そんなときに、助かるのが**「ファン理論」**という手法です。ファン理論とは、**「3本目のトレンドライン引き、この3本を突破したらトレンド転換とする」**という、とても手堅いトレンド転換シグナルです。

3本すべてブレイクなら、明確な転換!

早速、★地点からの動きを見ていきましょう。

儲けのポイント

■トレンドラインの引き方に迷ったら、3本のトレンドラインを用いる「ファン理論」を活用し、手堅くシグナルをゲットする

ファン理論で手堅くシグナルを探す

英ポンド・円（日足）

ポイント
トレンドラインを目安に
ショート（売り）からロング（買い）
への移行ポイントを探る
220
210
200
190
180
170
160
150
140
130
120
09/24
01/07
141.55
141.72
01/23
118.76
04/06
151.49
138.97
ブレイクアップ
上昇三角形
A
B
C
10月
2009年
4月
ブレイクアップが完全な
トレンド転換シグナルになる
やったわん！

❶のところで戻り高値がありましたから、ここで1本目の上値抵抗線Ⓐを引きます。高値を切り下げる形で、強力な上値抵抗線が引けます。

Ⓐの線をブレイクアップしてきたら一度様子を見ます。すると❷の地点で戻り高値をつけ下げてきました。ここを結んでⒷのラインを引きショート（売り）ポジションを建てます。

さらに❸の地点で❷と同じ水準の戻り高値を再びつけたので、ここでⒸのラインを引きます。

これでトレンドラインは3本になりました。**3本目の線をブレイクアップしたら、いよいよトレンド転換です。**ショート（売り）からロング（買い）へ移行してよいシグナルです。

Ⓒをブレイクアップしてからの動きをみると、安値圏で**上昇三角型の保《も》ち合い**になっているのがハッキリわかります。

これを上放れしてきた水準が、まさに2回の戻り高値の141円を突破したところですから、買いシグナルに変わり、トレンドが明確に変わったことを告げています。

三尊天井は反転シグナル

天井圏や高値圏で出現する反転シグナルのうち、最もダマシが少ないと言われるのが、ヘッドアンドショルダー（三尊天井）です。買い威力の失速がよく示されています。

高値圏での反転下落を示す山と谷

外為ニュースなどでは、よく**「ヘッドアンドショルダー」**と言われますが、国内のニュースでは**「三尊天井《さんぞんてんじょう》」**と言われます。山が3つ並んだ形の中央を本尊に回りの2つを仏様にたとえて「三尊」というわけです。

この**3つの山が高値圏で出ると、強力な反転シグナル**になります。

上昇トレンドが①で高値をつけて反転し、②の谷を作ります。その後、再び反転して①よりも上昇し、③で2つ目の山（本尊）が形成されます。このあとの戻りは②よりも高い水準で谷を作り、これが④になります。そして、3つ目の山となる⑤まで上昇します。

しかしこの上昇パワーは小さく、③の高値を上回れずに失速します。

その後の高値が**「ネックライン（②と④の谷を結んだライン）」を上回れなければ、**そこが売りシグナルです。

3つの山で天井を確認するのは？

高値圏では、売買が拮抗します。「まだまだ上がる」と見る上昇圧力と、「天井打ちだ」と判断する下落圧力がぶつかり合い、山や谷が作られます。

ここで、三尊天井が非常に有効なのは、1つ2つと天井（山）が形成されても、ここでトレンド転換と判断してしまわない点です。

こんな場合でも、さらに戻り高値で2つ目の山を抜いて上げることがよくあります。だから③を高値と確認するのは⑤の山を見てから判断しましょう。

三尊天井では、**3つ目の山が2つ目の山を抜けないかどうかに注目**します。そして、2つ目の山を越えられずに谷を作り、そこから再び反転したとしても、「ネックライン」を超えられないなら上昇パワーよりも下降パワーが上回っていると判断します。

ネックラインは、それ以前の谷でつけてきた安値の水準です。トレンドラインで言えば、下値支持線にあたります。

反転上昇でも、そのラインを超えられないということは、もはや上昇圧力よりも下降圧力の方が強くなったということで、そこでトレンドが転換したと判断するわけです。

儲けのポイント

■三尊天井でダマシの少ないトレンド転換シグナルを受け取る。売りシグナルの判断は「ネックライン」で！

ヘッドアンドショルダーとは?

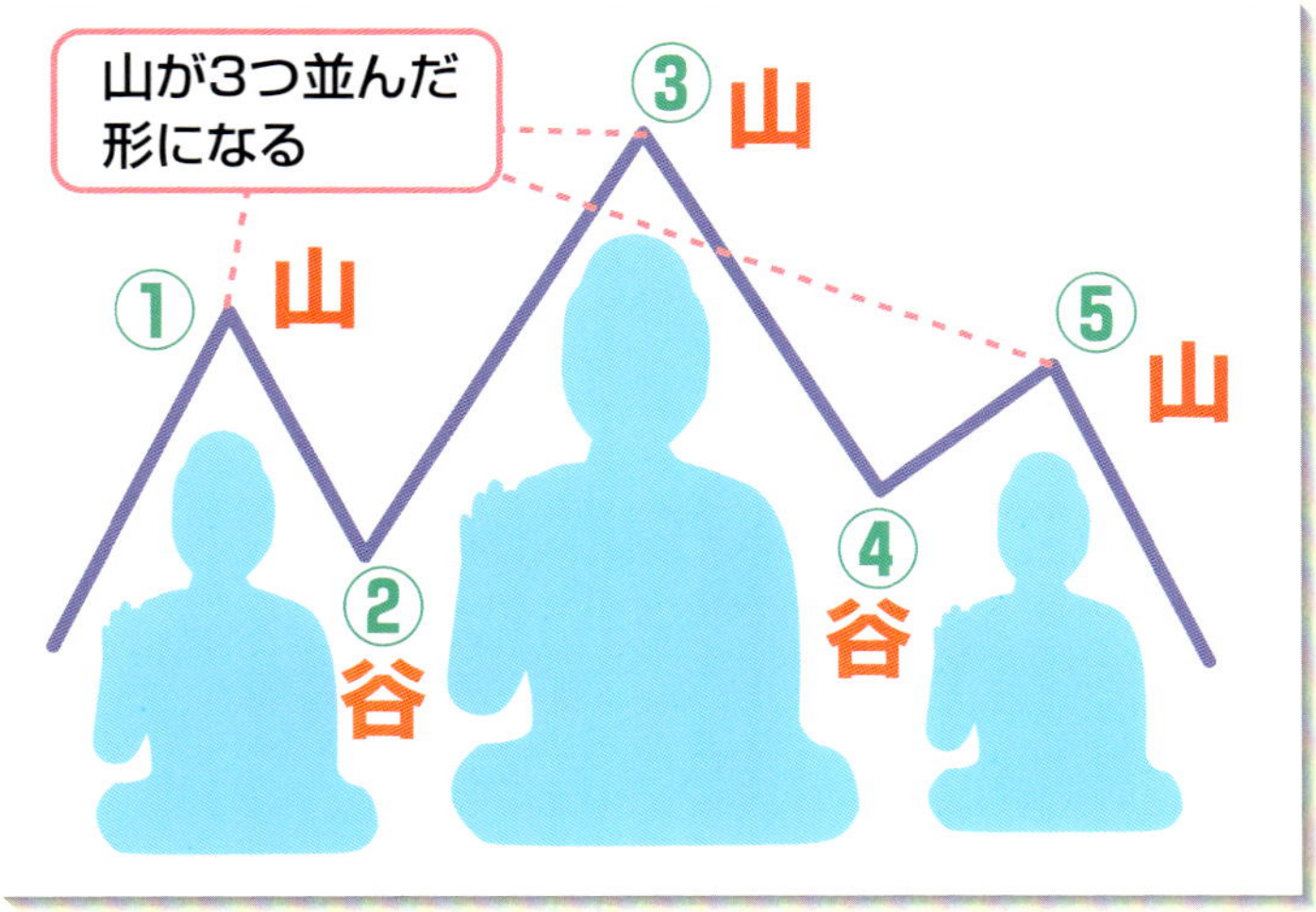
山が3つ並んだ形になる
①山
②谷
③山
④谷
⑤山

本尊と両脇の仏様になぞらえて、「三尊天井」と呼ばれることもあります

高値圏での出現は反転シグナル

加ドル・円（週足）

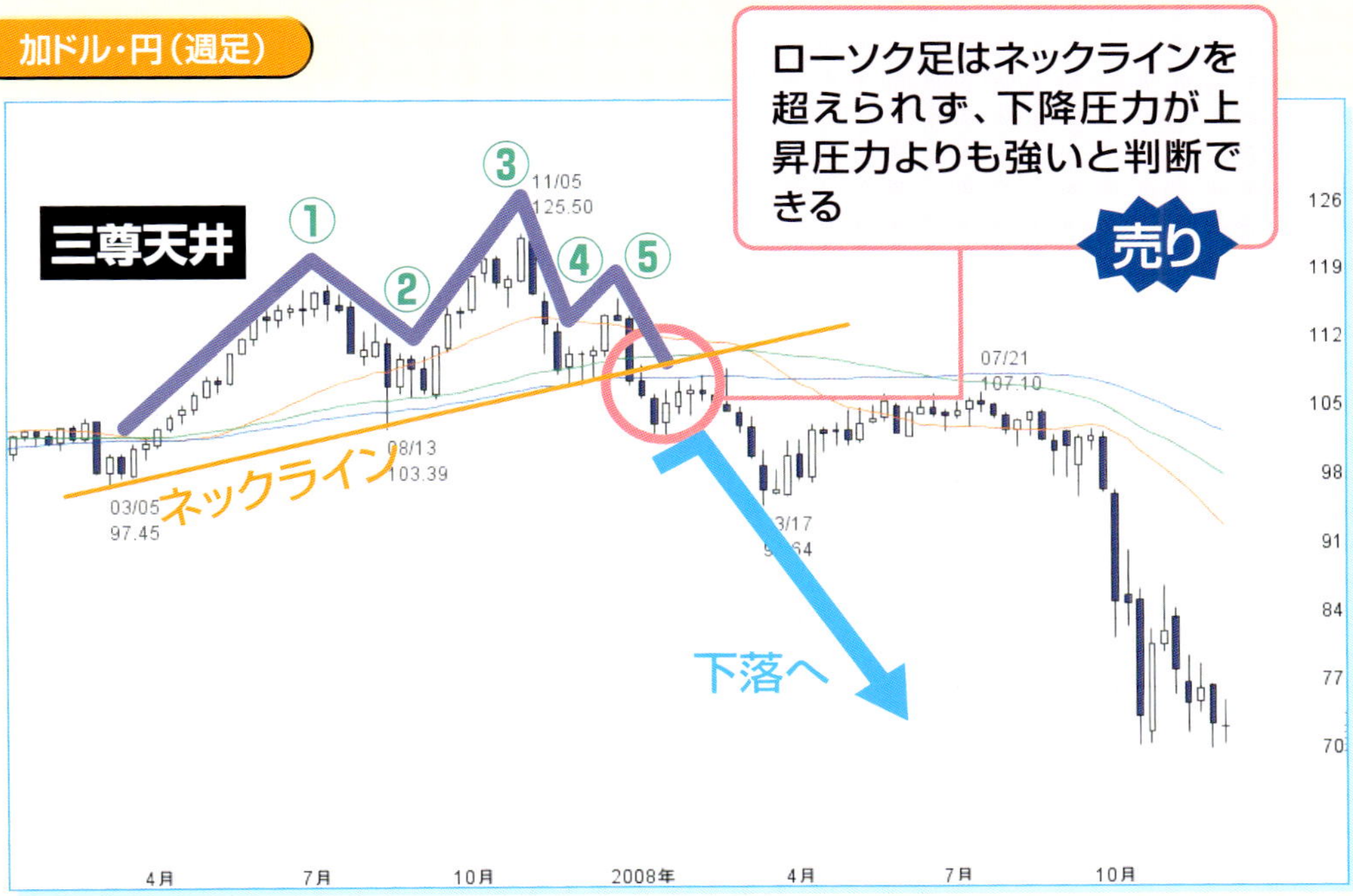
ローソク足はネックラインを超えられず、下降圧力が上昇圧力よりも強いと判断できる
売り
三尊天井
①
②
③
④
⑤
11/05
125.50
08/13
103.39
03/05
97.45
ネックライン
07/21
107.10
下落へ
126
119
112
105
98
91
84
77
70
4月
7月
10月
2008年
4月
7月
10月

保《も》ち合い下放れには素直についていく

保ち合いと言っても、短期のものから長期のものまで、さまざまあります。しかし、いずれも「放れにつく」のが鉄則です。

下降フラッグ型で追撃売り

左ページ上の米ドル・円の日足チャートを見てください。**下降トレンドのなかの、保ち合い**になっています。下降トレンドの途中では、一時的に自律調整の動きが生じて、こうした保ち合いになりやすいものです。

最初の下げで乗り遅れた人も、**改めてショート（売り）ポジションを建てられる**チャンスです。

また、手仕舞いしそこねたロング（買い）ポジションを持っている人も、このタイミングで**清算**しましょう。

ショート（売り）ポジションをしかけるタイミングは、**下降フラッグ型の下放れ**のところです。

下値支持線と上値抵抗線が並行して切り上がる下降フラッグ型は、非常に下放れしやすい保ち合いの形です。

ソーサートップと下降三角形

天井圏や高値圏で出やすいのがソーサートップという形です。ソーサートップとは、ソーサー＝お皿の形に似ていることからこう呼ばれています。お皿なだけに、なだらかな動きになりますから、チャートを広い視野で見ていないと見逃すポイントです。

しかし、このチャートを見てもわかるように、**ソーサートップの下放れ**には大陰線が出ています。それまでの緩やかな流れから、突如ギアがチェンジしたような動きです。非常に強力な売りシグナルとして見ていきましょう。

下降三角型も、追撃売りをしかけるタイミングをねらうのには絶好の形です。すでに下がってきていても、これからの動きが見えないとき、三角型はだんだんと先端が細くなり、動きが小さくなってきます。

こんなときは上か下かの判断が難しくなります。しかしどちらかに一度抜けると、勢いがつきやすいのもこの形です。

この加ドル・円は週足チャートでの三角型ですから、非常に長いスパンをかけた形です。それだけにこの下放れ以降の崩れは大きいものであることがわかります。ショート（売り）ポジションを建てるポイントは、下値支持線をブレイクダウンした瞬間です。

儲けのポイント

- ■保ち合いからの下放れは勢いがつきやすいので要注意
- ■売りポジションを建てるときは、タイミングを逃さないように！

保ち合い下放れの例

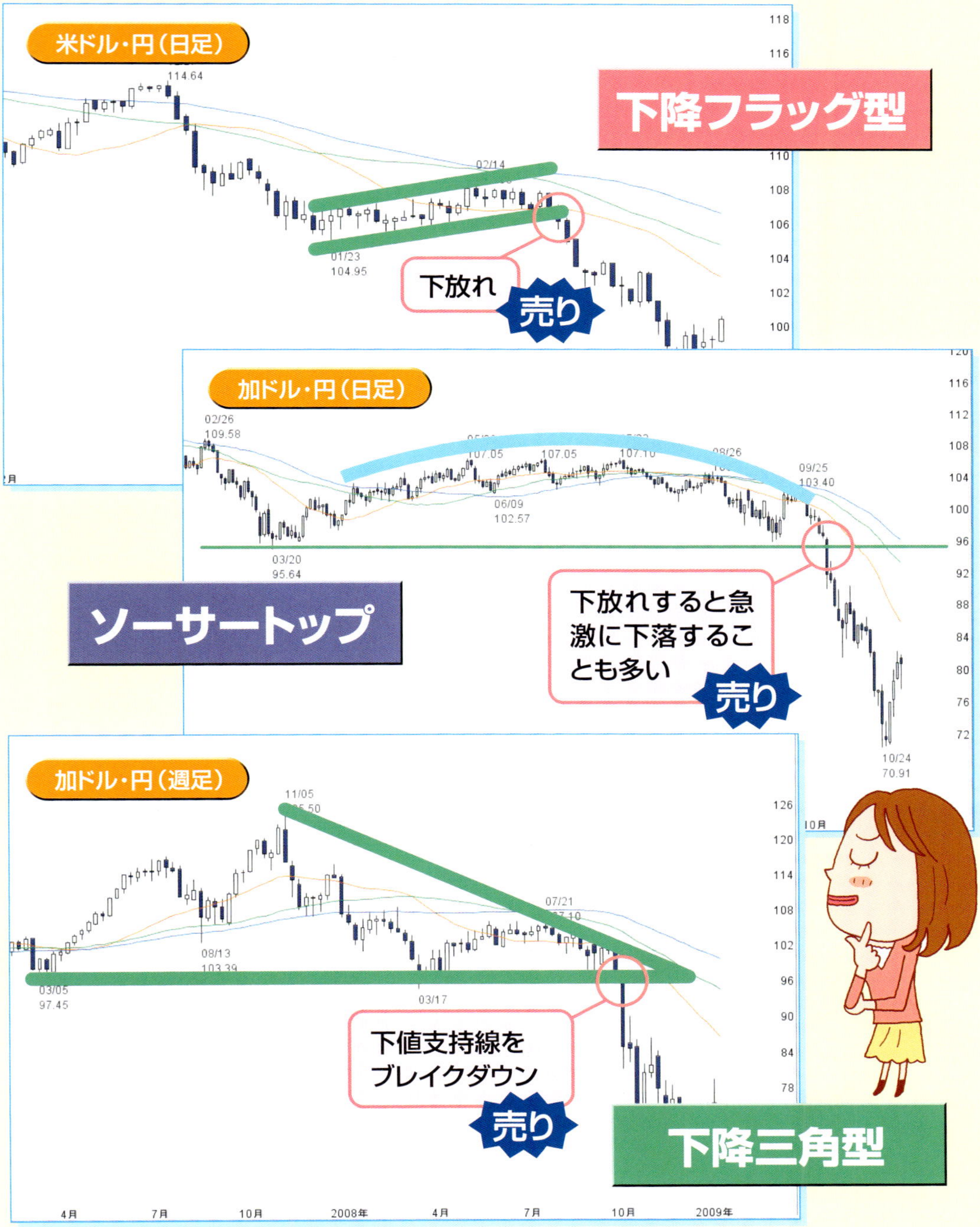
米ドル・円（日足）
下降フラッグ型
114.64
02/14
01/23
104.95
下放れ
売り
118
116
110
108
106
104
102
100
加ドル・円（日足）
02/26
109.58
107.05
107.05
107.10
08/26
09/25
103.40
06/09
102.57
03/20
95.64
10/24
70.91
116
112
108
104
100
96
92
88
84
80
76
72
10月
ソーサートップ
下放れすると急激に下落することも多い
売り
加ドル・円（週足）
11/05
07/21
08/13
103.39
03/05
97.45
03/17
126
120
114
108
102
96
90
84
78
下値支持線をブレイクダウン
売り
下降三角型
4月
7月
10月
2008年
4月
7月
10月
2009年

column

議事録の重要性

FXトレードの際には各国の経済動向にも注意を払うわけですが、連日どこかの国がなんらかの経済指標を発表しています。「全部チェックして動くのは、ちょっと無理だから、せめて中央銀行（中銀）の金融政策だけは押さえておこう！」と考えている投資家の方が多いと思いますが、ここで1つアドバイスを。

各国中銀が金融政策を集中的に話し合う会合のことを「金融政策決定会合」といい、そこでの結果は「政策金利は、現行の1.25%で据え置きに決定」というように発表されます。この結果だけを重要視している人が多いのですが、実は後日出てくる“議事録”がとても大事なのです。

たとえばイングランド中央銀行（BOE）が0.5%の利上げを決定したとします。利上げ幅は当日のうちに発表になりますが、発表が終わった瞬間から、市場参加者の目は、「次はどうなるんだ？」「今後の傾向は？」という未来に目が向きます。

BOEは総裁と8人の委員で構成されています。後日の議事録で「全員一致で利上げを決定」とあれば、BOEメンバー全員が利上げに対して積極的な態度で臨んだ。利上げは今後も継続かもしれないという予測が立ち、ポンド買いへの意欲につながることがあります。

一方、「7対2で利上げを決定」とあったらどうでしょう？　利上げに反対する2名の慎重派が存在したということは、「次回も利上げをしようとしたら慎重派の抵抗が高まるかもしれない。次は据え置きか？」という予測になることもあります。

議事録は金利据え置きが続くときなどに、据え置きのなかでどういう方向性で中銀は金融政策のかじ取りをしようとしているのか？　という視点に注目が集まりますから、内容の1つ1つがマーケットに大きく影響していきます。

応用編

4章

投資スタイル別オススメチャート

デイトレード中心のトレーダーにオススメのチャート

1日のうちにポジションを決済してしまうデイトレードやスキャルピング（デイトレードよりも短時間で細かく利益をねらう）トレードで、参考にしてほしいチャートを紹介します。

儲けのポイント

- ■勝ち組のデイトレーダーは実はシンプルなトレンドフォロー中心
- ■短期決戦では「皆はどう考えるか」を考慮して取引する

分足、時間足がメインのデイトレード

デイトレードで利益を上げている大半の人は、本書でこれまで取り上げているシンプルなチャート分析を主に活用していると思います。

後述するような逆張り系の分析を駆使している人は、余り儲かっていないイメージがあります。なぜなら、動きを細かく見れば見るほど、ダマシも増えてしまいます。運悪くダマシに引っかかり続けると、あっという間に損失が拡大してしまうからです。

シンプルなトレンドフォロー中心のチャートで、流れについていく方がきっと勝率は高くなるでしょう。この場合は、分足や時間足でリアルな動きを追っていくことになるので、まずは**ローソク足のシグナル**をチェックしましょう。

そしてトレーディングの判断は移動平均線がベースになります。**移動平均線**はクロスの出現を待つと出遅れてしまうので、移動平均線とローソク足の位置関係から売買タイミングをねらっていくとよいでしょう。

また、トレンドラインも有効です。下値支持線をベースに買い上がり、上値抵抗線をベースに買い下がり、放れたところで反転します。デイトレーダーの多くは**「節目」**を強く意識してトレードしていますから、その動きに一緒になって乗っていくのが大事です。

短期決戦なので、特に「皆はどう出てくるか？」を考えて、その動きについていくフットワークの軽さが必要です。

MACDと一目均衡表

これは後述になりますが、オシレーター指標として人気の**MACD**《マックディー》は、トレンドフォローとしても使い勝手がよいチャートです。移動平均やトレンドラインでは方向が見えないとき、値動きが小さい相場のときは、よい手がかりになるでしょう。

デイトレードの場合、**一目均衡表は****クモ**を見ましょう。クモが上下の抵抗ゾーンとしての役割を果たします。それ以外の遅行線や転換線、基準線のクロスは、エントリーが出遅れて値幅が小さくなりがちですから、クモを使って上下の動きを判断します。

デイトレードにオススメのチャート

ポイント

ローソク足のシグナル、移動平均線との位置関係をチェック

デイトレードの基本

- 1日のうちにポジションを決済してしまう
- 分足・時間足でリアルタイムの値動きをチェック
- トレンドフォロー中心のチャート分析をする

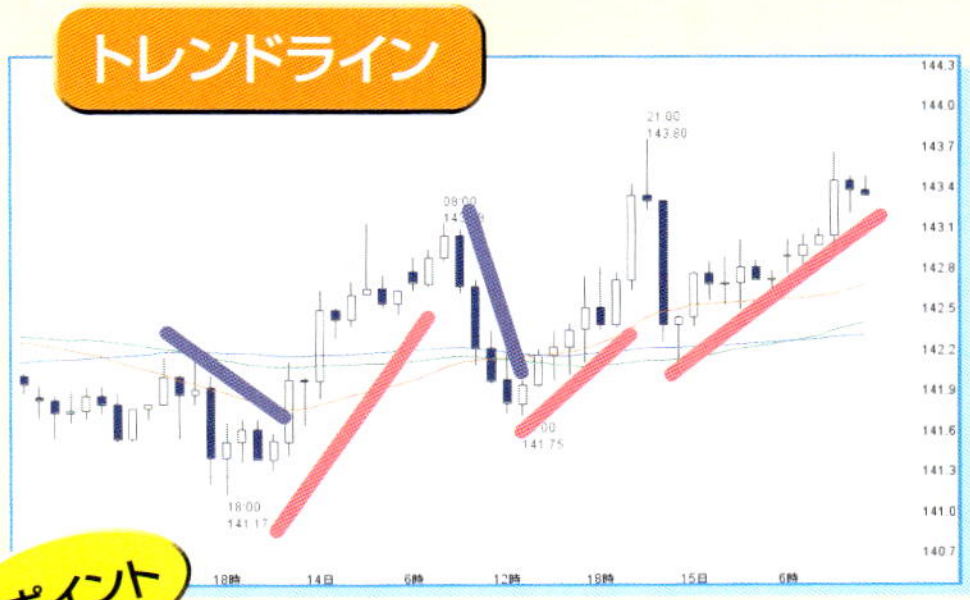

ポイント

下値支持線・上値抵抗線をベースに、トレンドの節目を意識する

ポイント

移動平均線、トレンドラインで相場の方向を見失ったときに手がかりとして活用

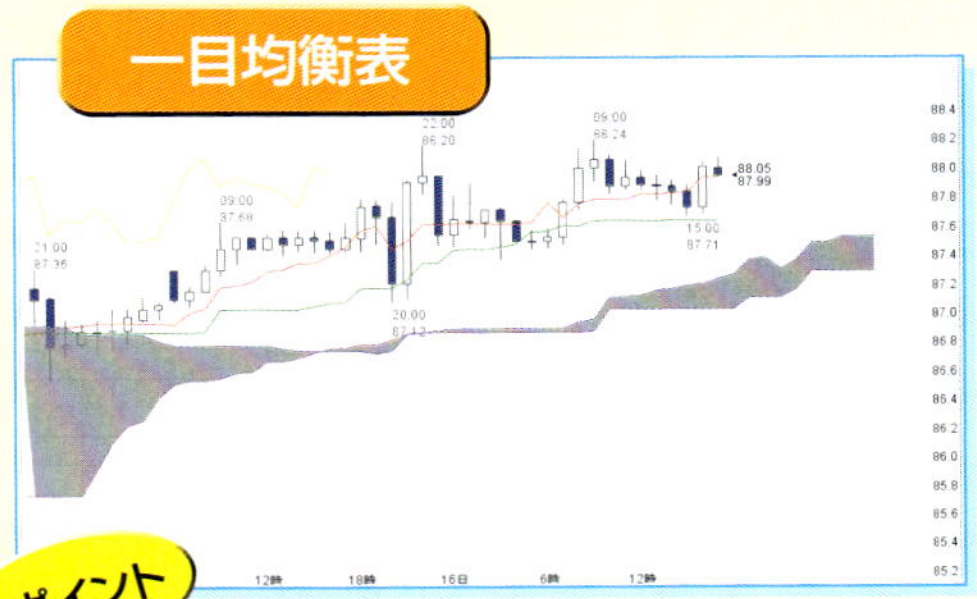

ポイント

抵抗ゾーンである上下のクモを目安に値動きを予測する

スイングトレードを中心にする人はコレ

実は、個人のＦＸトレーダーに一番向いている投資スパンは、この数日～十数日を追いかけていくスイングトレードだと思います。

スイングトレードの基本

- 数日～十数日でポジションを決済
- 月足、週足のチャートでトレンドの方向を押さえる
- 売買のタイミングは時間足、日足のチャートで計る
- 小幅の上げ下げに敏感になり過ぎない

まずは長期スパンのチャートで流れをチェック

数日の間にポジションを決済するスイングトレードですが、デイトレなどに比べると、ポジションを持つ時間が長くなりますから、そのぶん為替変動のリスクが高まります。

したがってトレンドの方向をしっかり押さえて、ポジションを取っていくという考え方が大切です。

目先の動きだけを見て、ショート（売り）ポジションを建てたが、実は右肩上がりの上昇トレンドの真っただなかであったとなれば、保有している数日のうちにどんどん含み損が膨らむでしょう。

そのためにも、まずは**月足や週足**でチャートを確認して、トレンドをつかみます。上昇トレンドであれば、ロング（買い）ポジションを取り、下降トレンドであればショート（売り）ポジションで入ります。

注意は、上昇トレンドに比べて、下降トレンドの方が、スピードが断然速いことです。のんびり構えて勢いに押されないようにしましょう。

ローソク足、移動平均線、一目均衡表を駆使しよう

売買のタイミングを計るには、**時間足と日足**チャートを用います。時間足は1時間でも4時間でも、自分の好みのものを使ってください。ちなみに私は1時間をメインで使っています。

ローソク足の動きと移動平均線（25

儲けのポイント

- ■スイングトレードでは月足、週足でトレンドを確認する
- ■売買タイミングの判断には日足と時間足を用いる

スイングトレードのポイント

ローソク足・移動平均線

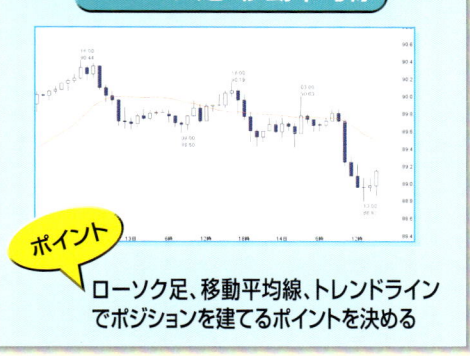

ポイント

ローソク足、移動平均線、トレンドライン
でポジションを建てるポイントを決める

一目均衡表

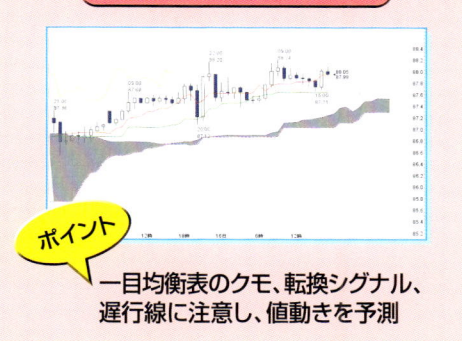

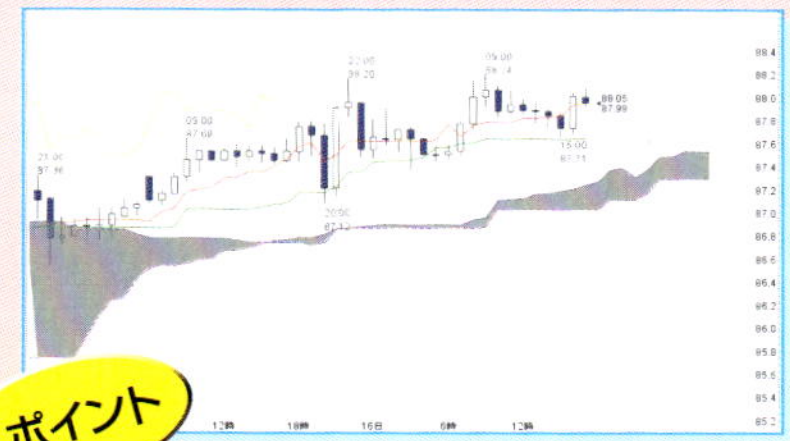

ポイント

一目均衡表のクモ、転換シグナル、
遅行線に注意し、値動きを予測

保ち合い放れ

ポイント

保ち合い、ボックスの節目を新
規、追撃に利用

MACD

ポイント

デイトレード同様、MACDをト
レンドをつかむ手がかりにする

日線）、トレンドラインを使ってポジションを建てるポイントを決めます。その後の動きは日足のトレンドライン、一目均衡表のクモの位置、転換シグナル、遅行線をフルに活用します。特にクモの上に推移しているか、下に推移しているかはパッと見ただけで簡単に分かるヒントであり、かつ重要ですから活用してください。

方向感を探るにはMACDを用いる

デイトレと同じように、保《も》ち合いで方向感が見えなくなったら、ヒントの1つに**MACD**を使います。

またローソク足の**保ち合いの動き**には注目しましょう。この節目の突破を追撃エントリーのポイントにしたり、出遅れていれば新規エントリーとして使ったりします。

デイトレであれば、短期で利食いをして反発後に再度逆ポジションでねらいますが、スイングの場合は、多少の上下は想定の範囲内として、あまり小幅の上げ下げに影響されないようにしていきましょう。

中長期投資専門の人には

中長期投資を専門にトレードする場合、多くの人が「ロング（買い）ポジション」で、円売り外貨買いをします。いかに安く外貨を買えるかが、勝負のポイントです。

儲けのポイント

- 天井・大底にこだわらず、天井圏・底値圏をしっかりつかもう
- 24ヵ月移動平均線は中長期に超有効

大きなトレンドを正確にとらえたい

中長期投資の場合、大切なことは2つ。1つは、**長期トレンドを正確にとらえる目を養う**こと。2つ目は、**精神状態が日々の生活に支障ない安定したバランスを保てる**こと。

まずは、2つ目について簡単に説明しましょう。長期投資でポジションを持つ場合は、どうしても上下に動く振幅が激しいときに、自分のポジションについて不安を感じて右往左往してしまうことがあります。その精神状態が生活にも響き、仕事、家庭、人間関係に支障をきたす人も現実には多数います。そして、上昇過程の一時的な調整場面に面食らって、全ポジションを手仕舞ってしまう人もいるのです。

あとで見ればほんの少しの崩れであっても、リアルタイムでそのマーケットに対峙しているときは、大きな不安に襲われるものです。ただし、その都度ほんろうされていては、長期投資はできません。マーケットが上下することは当然として、自信を持つことが非常に重要なのです。

マーケットの上下に動じないためには？

そのためにはどうするか？　ここで1つ目の「長期トレンドをいかに正確にとらえるか」が関連してきます。トレンドがしっかりつかめていれば、多少の振幅にびくつかずに済みます。

中長期投資でトレンドをつかむうえでオススメしたいのは、**シンプルでもしっかりトレンドを示してくれるトレンドライン**です。特に上昇トレンドを探したいのですから、週足や月足で下値支持線がしっかり引ける通貨ペアを選びましょう。

そして、もう1つが24ヵ月線です。

24ヵ月線の上下抜けで実勢をうかがう

月足のチャートに2年の平均値を指数化した折れ線グラフからなる**24ヵ月移動平均線**を引いてみてください。2年という周期が、長期的にトレンドの転換などを示しやすい、非常に正確性の高い指標として注目されます。

まずは、ローソク足が24ヵ月線の上か？下か？を見ます。上であれば、上

24ヵ月移動平均線で長期トレンドを見る

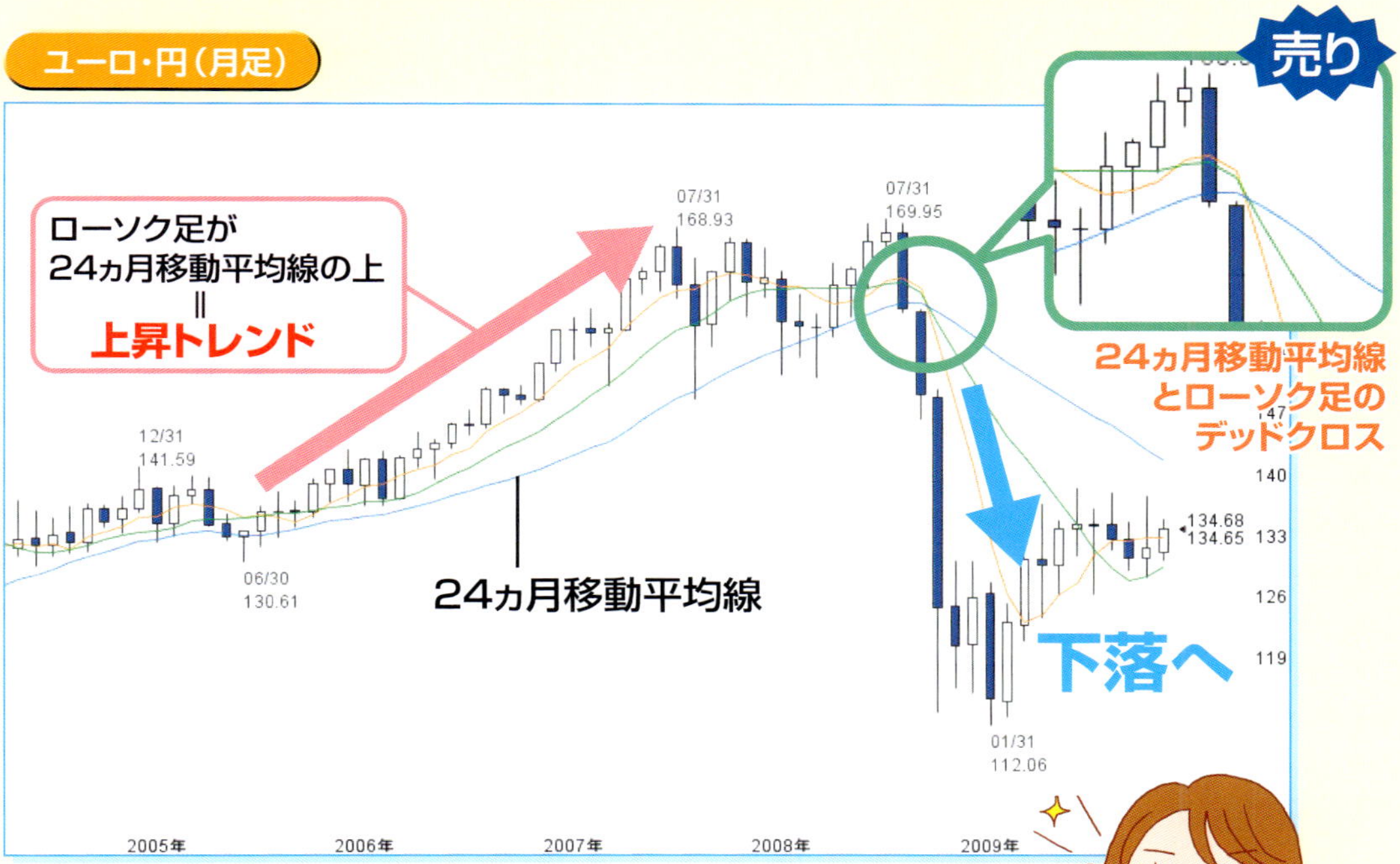

24ヵ月移動平均線とローソク足のクロスは、めったに現われないぶん、非常に強力なシグナルです

昇トレンド過程であり、下であれば下降トレンド過程です。当然ながら、この上から下に抜ける、下から上に抜けるという「クロス」のタイミングは強力なトレンド転換を示すシグナルになります。

この24ヵ月線のクロスは、頻繁に出現してくれるものではありません。シグナルの出現も非常に遅くなります。だからこそ、**出現すれば大きなチャンス**と見て、ぜひ追いかけたいものです。

加えて、12ヵ月の移動平均線を引いて移動平均線同士のクロスを見たり、3ヵ月（3、6、9ヵ月など）ごとの線を自分の好みで引いたりして、自分にとって最良のシグナルを探してみるのもよいでしょう。

しかし、24ヵ月線1本でもかなり使い勝手がよいですから、長期投資をするときには、活用してみてください。

最後に、中長期シグナルは、天井や大底をタイムリーにつかむことは難しいですが、天井圏、底値圏はしっかりつかめます。

欲張らずに、ドッシリと構えて、堅いトレンドをとらえてトレードしていきましょう。

column

ファンダメンタルズとテクニカル

本書ではFXのトレードに有効なチャート分析を解説しているわけですが、金利動向や経済指標、国際環境などから相場の分析を行うことを「ファンダメンタル分析」と言います。

トレードをする際、売買のタイミングを計るにはチャート分析は絶対に欠かせません。逆の言い方をすると、ファンダメンタルズで売買タイミングはつかめません。その違いはどこにあるでしょうか？

チャートには、これまでのマーケットの動きがさまざまな形で凝縮されています。チャートからこうした動きを読み取りながら、多くの投資家が売買のタイミングをねらっているわけです。あなたもその中の1人、というわけです。

対して経済指標は、それが発表されるまで個人投資家はその後の動きを予測できません。発表前に自己判断で「今日の雇用統計はよくなりそうだ」と考えて、ポジションを建てるということができないのです。もし、勝手に「今日の統計は悪くなりそうだ」と予測して、先に売りを入れたら、サプライズの好結果が出て、大幅に上昇、多大な損害を被った。なんていう話はよくあります。

ディーラーなどは、自社のエコノミストやアナリストの予測をもとに、発表前にポジションを建てたりしますが、それでも予想と結果に乖離《かいり》が生じることなどしばしばあります。自前の情報網を持つプロでさえこうなのですから、個人投資家がファンダメンタルズで先読みのトレードを行うなど不可能だと私は思います。

相場には割り切れないこと、分析だけでは計り知れない動きをすることがよくあります。それを形にしてくれるのがチャートです。

ただし経済指標はそのインパクトで、マーケットの流れが大きく変わることもありますから、GDPや雇用統計、消費者物価、小売などの主要な統計は、いつ発表があるか？どういう予測か？は常に確認しておくことをオススメします。

応用編

5章

「どんな場面でも勝つ」、チャート使いこなし術

投資の王道「トレンドフォロー＝順張り」

為替のマーケットはとてもグローバル。その参加者も資金量も非常に膨大。そんなシビアな世界で勝つためには、「動きに乗る」ことが大切です。

トレンドフォローとは?

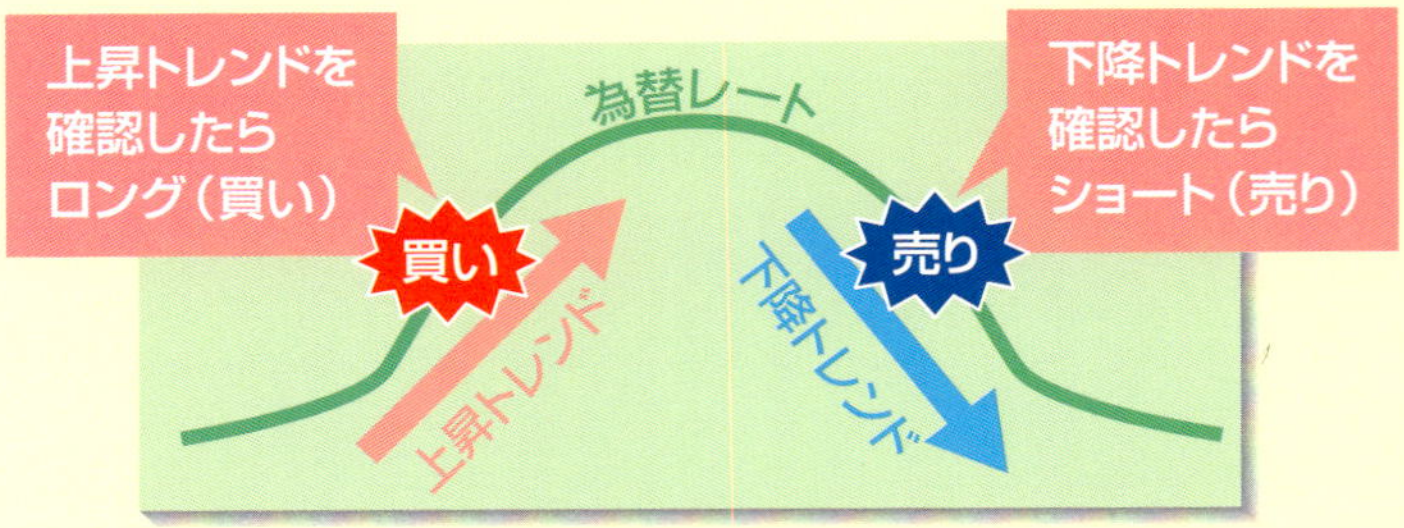

上昇トレンドを確認したらロング（買い）
下降トレンドを確認したらショート（売り）
為替レート
買い
売り
上昇トレンド
下降トレンド

トレンドに乗っかるのが投資の王道!!

今の流れ＝トレンドを読む大切さ

本書のなかで、随所《ずいしょ》に「トレンドを読む」という言葉を散りばめています。これはチャート分析に限らず、トレーディングに対しては常日頃からトレンドの変化に敏感であることに重点を置いているからでもあります。

為替マーケットは、ほかの投資商品に比べ、資金量や参加者が膨大です。また、通貨の価値がゼロになることも、先進国であればまずありません。新興国でも、ゼロになることは、そうそうありません。

そして、そこには市場参加者の売り買いの意欲＝需要と供給がほかの投資商品を寄せつけないほどのパワーで交錯しています。

そんな**大きなマーケットのなかで、個人がどういう風に勝ちを積み重ねていくか?** それには、マーケットの大勢が作り出した流れ＝トレンドをキャッチして、そのトレンドに乗っていくこと、つまり**トレンドフォロー**が重要になるのです。

トレンドフォローとは?

トレンドフォローとは、日本語では「順張り」と言います。相場用語でポジションを建てることを「張る」と言いますから、順（素直に）張る（ポジションを建てる）といったところでしょうか。

為替レートは、上がったり下がった

儲けのポイント

■為替マーケットで個人が勝つにはトレンドに乗ることが大切

■トレンドがわかっていれば細かい上下動に左右されずに売買できる

トレンドをつかんで流れに乗る

米ドル・円（日足）
一時的な押し目の調整は入るものの、トレンドの大きな流れに変化は見られない
06/22
124.12
03/05
115.15
上昇トレンド
126
125
124
123
122
121
120
119
118
117
116
115
114
113
2月
3月
ふむ
ふむ
トレンドの方向をきちんとキャッチしていれば、一時的な調整にまどわされずに、そのトレンドに乗り続けることができます

りをくり返します。くり返しながらも、上か下か、もみ合いか、何らかの形を形成しているものです。流れはどちらに向いているのか？　それをキャッチして、その**流れについていく形でポジションを取っていくこと**がトレンドフォローです。

　トレンドが上に向いているなかで、一時的に押し目の調整があったとしましょう。皆、下げれば動揺してしまいます。しかしトレンドが上に向いていて、転換したわけではなければ、為替レートは再び上に向かって動き始めてくれます。

　ところがトレンドをしっかり見ていなければ、調整をトレンド転換ととらえてショート（売り）で入り、調整完了で再び上げたら大損！　なんてこともあります。トレンドに沿ったポジションを建てていれば、少々の調整などとるに足らず、ドシッと構えていられます。

　世界のお金の動きは、どんなにお金持ちの個人だって太刀打ちできません。だからこそ、**市場参加者の動向、トレンドをつかみ、一緒に動くことが大切なのです。**

長いトレンドのあとに効く「逆張り」戦法

トレンドは、ある日を境に逆回転することがよくあります。その逆回転を人より早く察知し、先手を打とうとする動きこそ、人の逆を行く「逆張り」戦法です。

逆張りとは

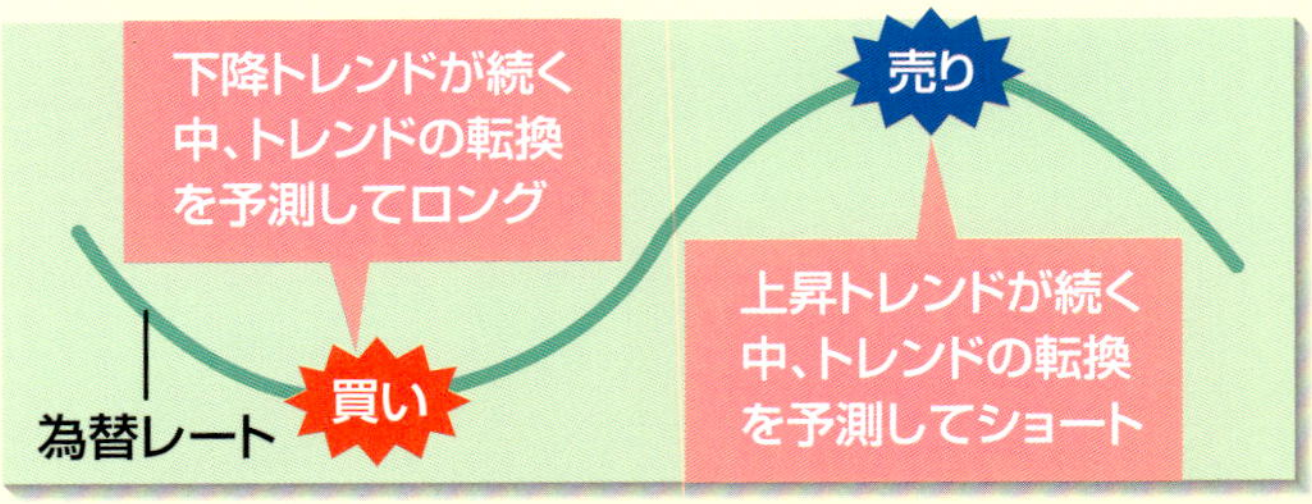
下降トレンドが続く中、トレンドの転換を予測してロング
売り
上昇トレンドが続く中、トレンドの転換を予測してショート
買い
為替レート

大勢と逆の動きを取って先手を打つ投資法

逆張りとは

永遠不変のトレンドなどありません。始まったものは、いつか必ず終わりを迎えます。

しかし、いつトレンドが終わるかなど、誰にもわかりません。気づいたときには、すでに動きが変わっていたということだってあります。

ただ、トレンドが変わりやすいときなどをいち早く察知して、大勢と逆の動きを取るという手法があります。

「人の行く裏に道あり花の山」という投資格言がありますが、人と同じことを考えるのではなく、人の逆や裏を考えれば、そこに儲けがあるという意味です。

このように、人と違った視点からマーケットを見るという姿勢は大切です。マーケットで儲かるのはほんの一握りで、大勢が損をして退場していると言われています。一時は儲かったとしても、トレンドの変化を読み違えて、利益を全部吐き出して、逆に損を膨らませるという人が多いのも現実です。

ですから、**皆が「上がる、上がる」と言って買っているときなどは、逆に注意した方がよい**かもしれません。

逆張りが有効なとき、危険なとき

逆張り投資には、**逆張り指標（オシレーター）**と言われるチャート分析を駆使する人が多いです。しかし、この手法はトレンドが堅いときに、一時的

儲けのポイント

- ■皆が「上がる、上がる」と言うときは、逆に「下がる」ことを注意
- ■逆張りが有効なのは長いトレンドや最高値更新などのあと

ダマシのリスクがある逆張り指標

●逆張り指標（RSI）が有効だったケース

加ドル・円（日足）

08/07
90.27
06/23
82.08
07/08
RSIが買われ過ぎ（＝75％以上）の
シグナルを発したのち、下落に転じた
売り
RSIが売られ過ぎ（＝25％以下）の
シグナルを発したのち、上昇に転じた
買い
92
90
88
86
84
82
76
100
75
50
25
0
7月
8月
9月

RSIについては、154ページ参照

に出たダマシに引っかかってしまうこともも結構あります。

逆張り指標が有効なのは、**トレンドがある程度長く続いたあとや、史上最高値を更新したあとなど、トレンドが転換しやすいとき**です。それでも高値続伸することだってあるのですから、一概に有効だとは言えません。

ですから、逆張り指標は、非常に危険な要素があることを念頭に置いてください。初心者やチャート分析に慣れていない人には、まず逆張りはオススメしません。

ただし、「皆が皆、上がる上がると言っていて危険だ。もしかしたら転換点かもしれない」と思うようになったら、一度トレードをストップしてみましょう。そのときに本当に転換したら、改めて新たなトレンドに乗ればいいのです。転換しなければ、その強さに再度乗ればいいのですから。

そうやって慣れていけば、次第にスキルアップして、逆張りでトレンドの転換をつかめるようになるでしょう。まずは、逆張りでポジションを持つ前に、**「逆張りの意識を持つ」**ことが大切です。そこから始めましょう。

24時間の値動きの変化は時間足で見る

ほかの投資商品にはない、FXならではの特徴の1つが、「24時間取引」。寝ている時間や仕事中に何があったか？という流れを見るには時間足がオススメです。

日足では大雑把過ぎて、分足では細か過ぎる

デイトレーダーが最も頻繁に見るのは、分足チャートです。特にスキャルピングなどの短期売買に徹している人は、分足やティック（変動のたびに更新されるチャート）などで細かな動きを丁寧に拾ってトレードしている人が多数です。しかし、デイトレードやスイングトレードの場合、分足では細か過ぎ、木を見て森を見ずになってしまいがちです。

かといって、日足ではトレンドはつかみやすいものの、1日の値動きがローソク1本に集約されてしまうため、1日の中でどういう動きがあったのかがまったくわかりません。

そこで、**デイトレードやスイングトレードを行う人には、時間足の活用をオススメします。**

自分の好みのタイムスパンを探して

さて時間足ですが、1時間足、2時間足、4時間足、8時間足など、さまざまなスパンで設定できます。これは、自分の好みのスパンを見つけてください。私は1時間足を見ることが多いので、1時間足を例にとって説明しましょう。

1時間足は、当然1時間が1本のローソク足になりますから、1日の動きは24本のローソクで表すことになります。そうすると、1日の中の動きが割と細かく見えてきます。

左ページのチャートを見てください。米ドル・円の1時間足のMACDです。MACDのクロスを利用して、時間足でスイングトレードをしていきましょう。5時間と25時間の移動平均線を用いてもOKですが、ここではMACDを使ってみます。

時間足では判断できませんが、日足で見ると、この場面は上昇トレンドにあることがわかります。

それを踏まえて時間足を見ましょう。このトレンドのなかでは、長い陰線で売り込まれたあとに、必ず上昇して戻していることが見てとれます。

このように、**トレンドを大切にしながら、細かな動きを時間足でねらって**みてください。当然、短期でのトレードが必須です。

儲けのポイント

■デイトレーダーでも24時間のチャートウォッチは無理。時間足を活用して日中のトレンドをつかもう

1時間足で細かい動きを見る

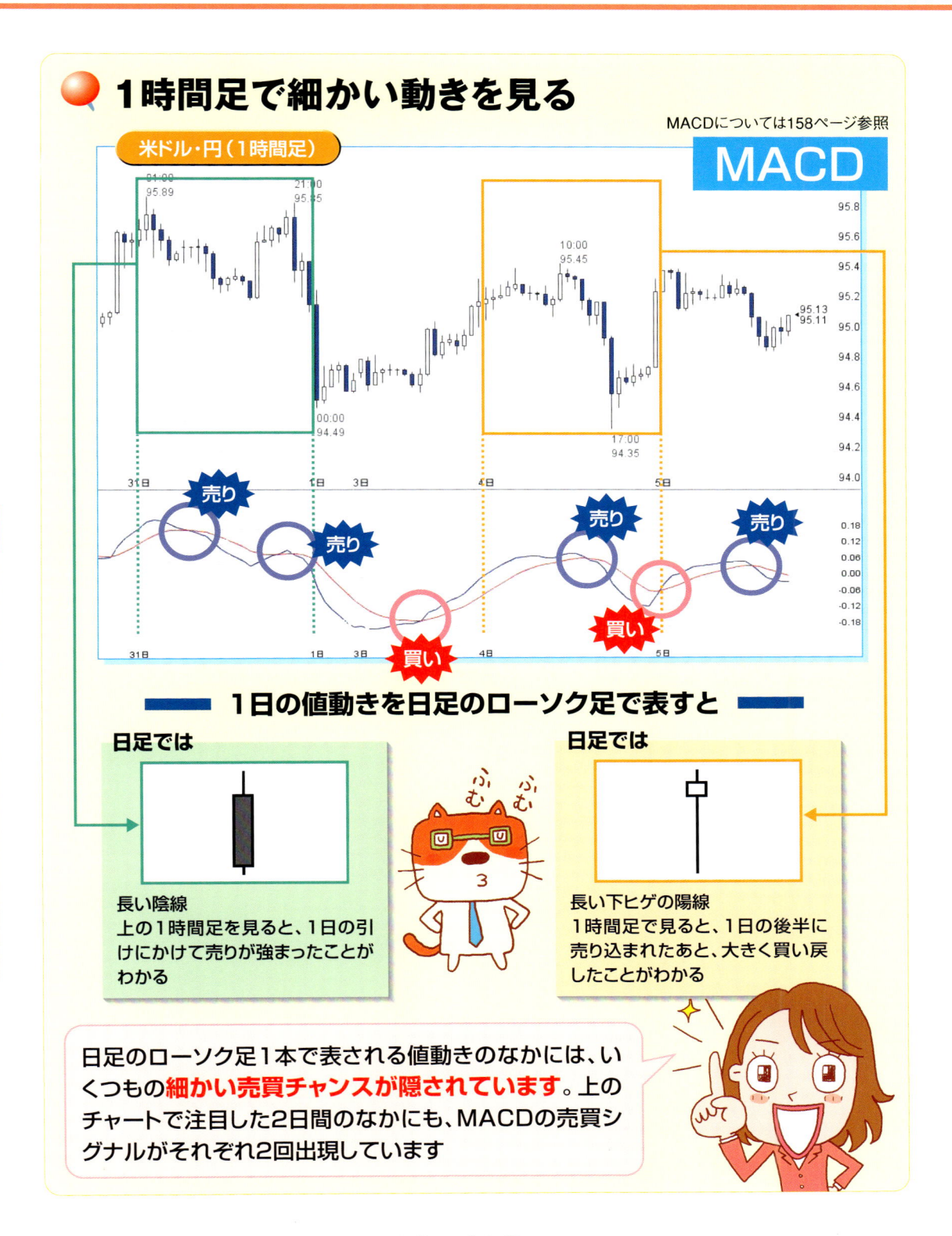

MACDについては158ページ参照

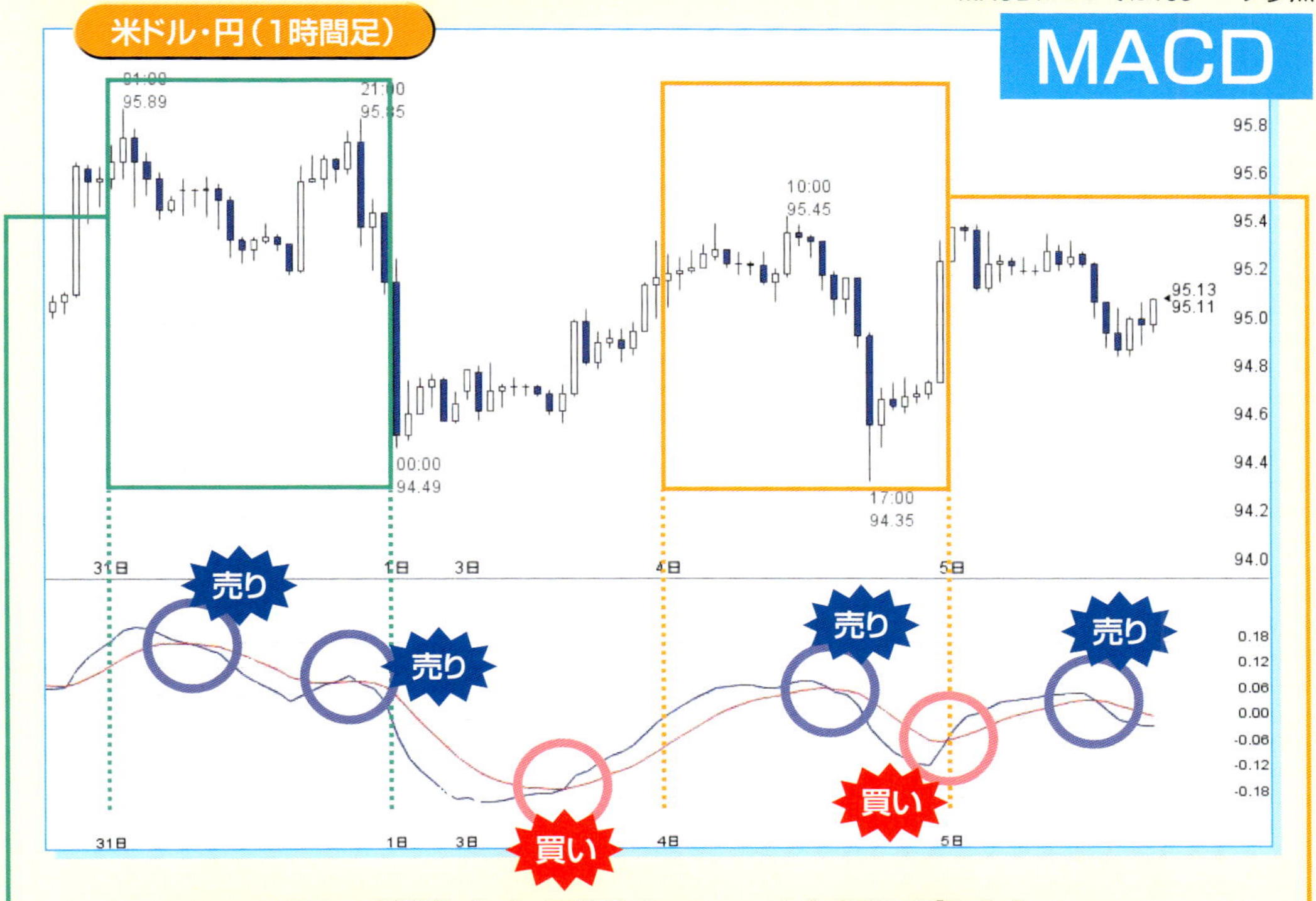

1日の値動きを日足のローソク足で表すと

日足では

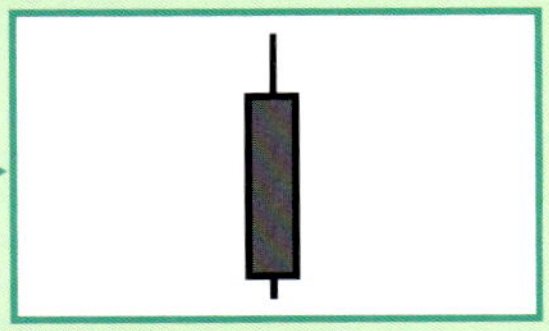

長い陰線
上の1時間足を見ると、1日の引けにかけて売りが強まったことがわかる

日足では

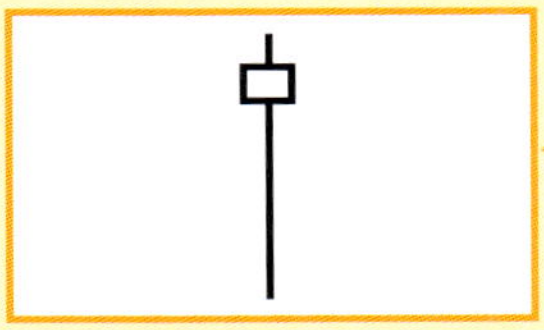

長い下ヒゲの陽線
1時間足で見ると、1日の後半に売り込まれたあと、大きく買い戻したことがわかる

日足のローソク足1本で表される値動きのなかには、いくつもの**細かい売買チャンスが隠されています**。上のチャートで注目した2日間のなかにも、MACDの売買シグナルがそれぞれ2回出現しています

方向感のないときこそ、チャート分析で戦う

経済指標やほかの金融市場の動向など、為替レートを変動させる要因は多くあります。しかし時に、それらの要因に全く反応しなくなる時期があります。こんなときこそ、チャート分析です！

方向感のない値動き

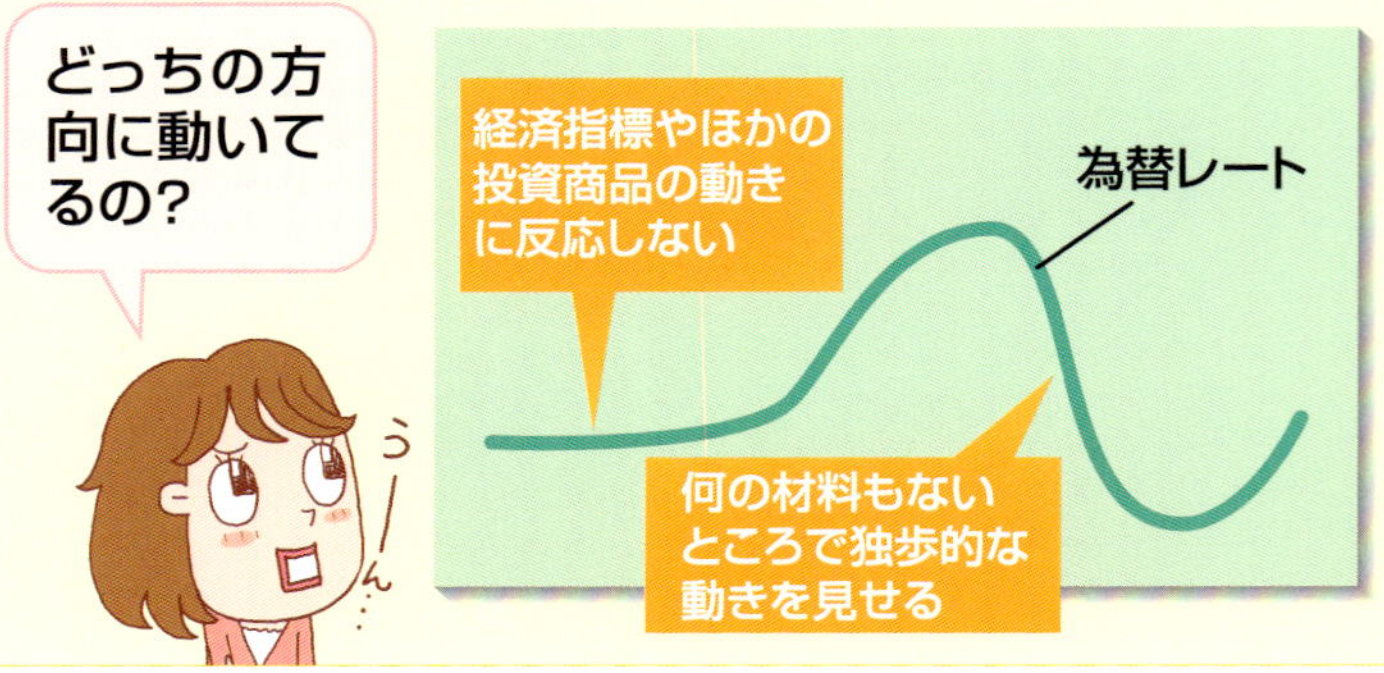
どっちの方向に動いてるの？
うーん…
経済指標やほかの投資商品の動きに反応しない
為替レート
何の材料もないところで独歩的な動きを見せる

糸が切れたタコのようなときに

1年を通して為替市場を見ていると、為替の動きが全くわからない、理解できないと頭を抱えるような方向感のない動きを見せるときがあります。

具体的には、次のような状態です。

- **経済指標の好悪結果に反応をしない**
- **株式市場や商品市況の動きにリンクしない**
- **何も動く材料のないところで独歩的な動きをする**

加えて、人の感情もこうした動きに影響を与えます。

たとえば上昇への大転換のタイミングで、「今の経済環境であれば下がるはず」と大勢が決めてかかるようだと、人の思惑と為替の動きが逆に作用しあい、相互の動きが拮抗して方向感が失われてしまいます。

どうしてこういう糸の切れたタコのような動きになるのか？ その原因を考えても無意味です。大切なのは、方向感がないときにどうするか？です。

動きはチャートに現れる

方向感がなくなれば、トレンドの判断は非常に困難になります。こんなときは予断や感情はわきに置いて、チャートを見ていきましょう。

方向感が出ないのは、次のようなときです。

- **転換点に来ているとき**
- **調整局面**

儲けのポイント

■方向感が出ない原因は「転換点が間近」「調整局面」「祝日などで参加者が少ない」など。こんなときこそチャートのシグナルに従うこと

方向感のないチャートでシグナルを探す

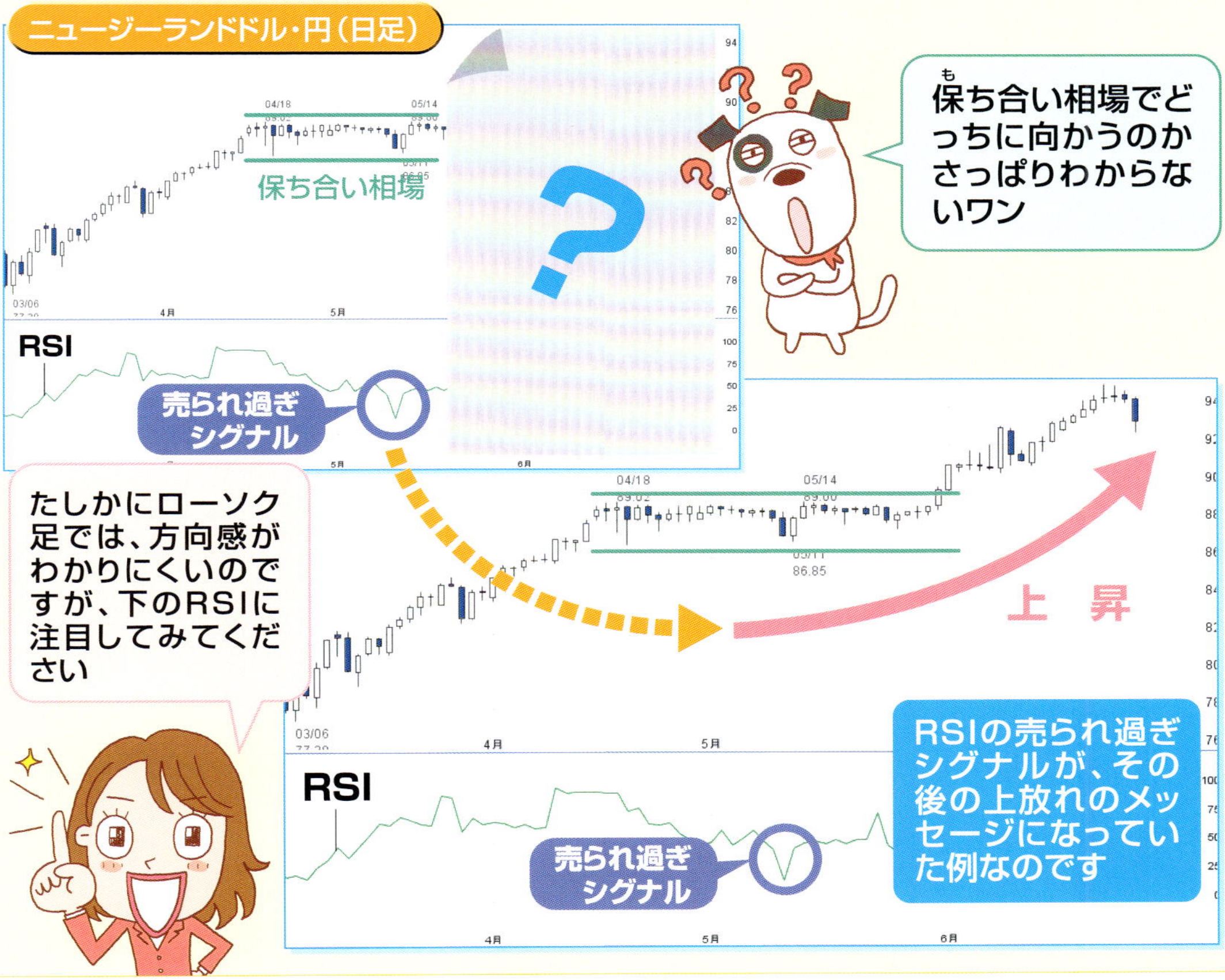
ニュージーランドドル・円（日足）
04/18
05/14
保ち合い相場
RSI
売られ過ぎシグナル
保《も》ち合い相場でどっちに向かうのかさっぱりわからないワン
たしかにローソク足では、方向感がわかりにくいのですが、下のRSIに注目してみてください
04/18
05/14
86.85
上昇
RSI
売られ過ぎシグナル
RSIの売られ過ぎシグナルが、その後の上放れのメッセージになっていた例なのです

●クリスマス休暇、感謝祭休暇、旧正月など市場参加者が減るとき

たとえば、下降トレンドから上昇トレンドに変わるときなど、リアルタイムでは、何が起こっているかわからないものです。

あとで振り返れば、「あのときが転換点だったのか」となりますが、日々の中では「今が転換点だ」などと、つかめるものではありません。特にトレンドが大きければ大きいほど、転換点を知るのはあとで振り返ったとき。そんなときに、予断や感情を持ち出すと、必ず判断を誤ってしまいます。

だからこそ、方向感がないときは素直にチャートのメッセージに従ってみてください。誰よりも早く新たな流れに乗れると思いますよ。

方向感のないときは、逆張り指標と言われるチャートを使うのも手です。上図のRSIのように「行き過ぎ」を示してくれる指標などをヒントにしましょう。

くわしくは、154ページで解説します。

急騰、急落、突然の大波乱には注意

為替市場は急騰、急落、突然の大波乱が起こる懸念をいつもはらんでいます。こんなとき、高レバレッジのＦＸでは、どう対応するべきでしょうか。

大波乱を甘く見るな!!

この数年、為替市場を大きく揺るがす相場変動が何度もありました。２００７年の2月末と8月の2回にわたり発生したサブプライムショック。そして２００８年のリーマンショック。

１００年に一度といわれたこのリーマンショックを振り返ることで、チャートの大切さを説明しましょう。

左ページは２００８年9月当時を含んだ日足の米ドル・円チャートです。

9月15日に米投資銀行のリーマン・ブラザーズが破たんし、アメリカ発の金融不安が勃発します。

勃発当時、すでにサブプライムショックなどによる波乱に慣れてしまっていた個人投資家は、暴落による**「値ごろ感」**から、下がったところで外貨を買い始めました。理由は「安くなったから」。それだけでした。

ところが、いったん落ち着いていた下落は、10月に入ってからいよいよ勢いを増して、すさまじいスピードで下落していきます。これは、ＦＸに限らず株式市場なども同様でした。

こうして年末から２００９年にかけての大底まで下げが続き、多くの個人投資家が大損失を被りました。

問題点は、値ごろ感でポジションを建てるなど、大波乱を甘く見たことです。こんなときは、チャートでしっかり分析していくことが大切です。

近年の大きな相場変動

2007年2月	米サブプライムローンへの信用不安によるドルの急落
2007年8月	サブプライムローン問題が再燃しドルが下落
2008年9月	米投資銀行リーマン・ブラザーズ破たんに端を発する世界的な金融不安

儲けのポイント

■値ごろ感での売買は非常に危険。チャートにシグナルがないときは、いくらお買い得に見えても買うのは危険

リーマンショック時の為替レートの動き

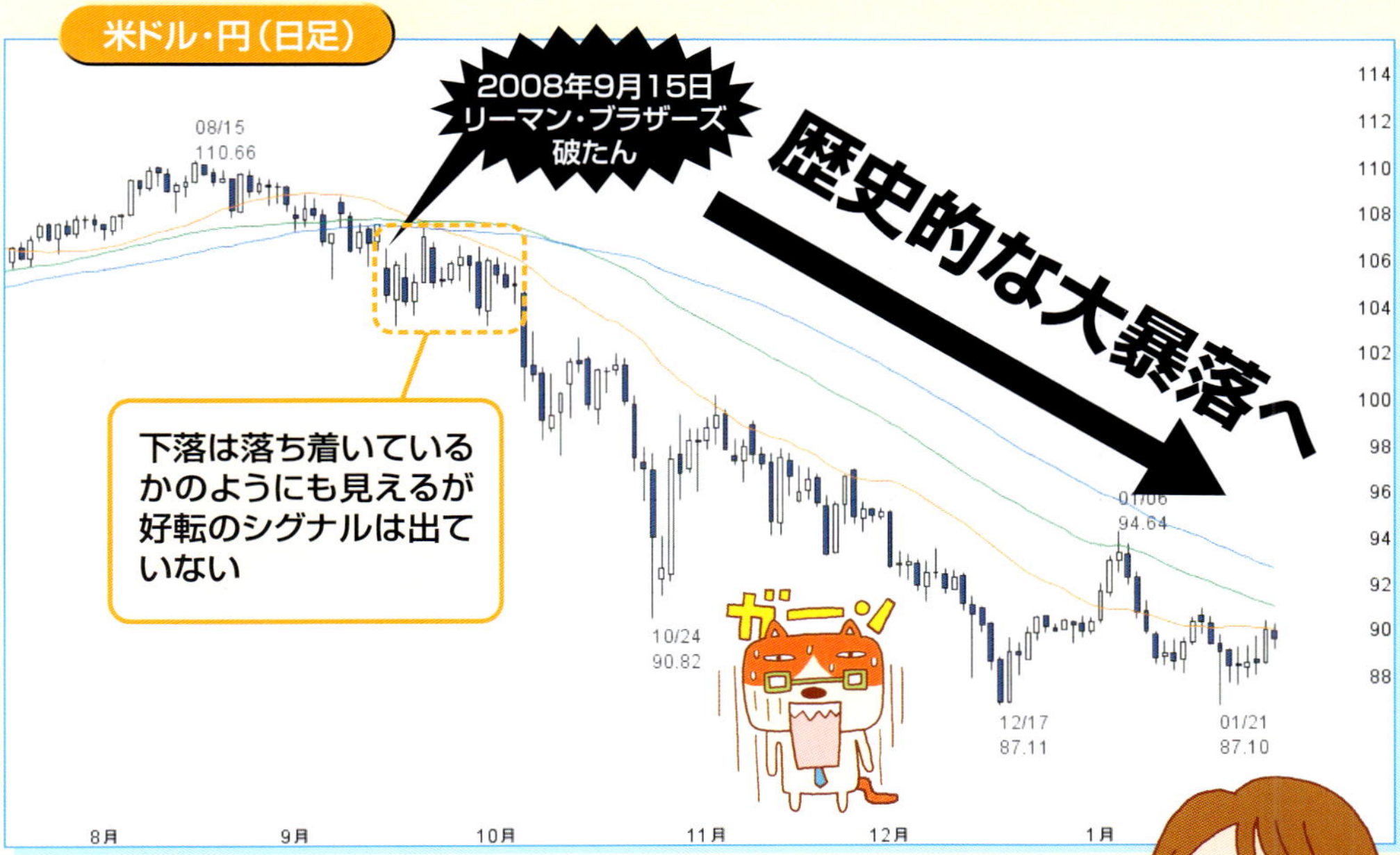
米ドル・円（日足）
2008年9月15日
リーマン・ブラザーズ
破たん
歴史的な大暴落へ
08/15
110.66
下落は落ち着いているかのようにも見えるが好転のシグナルは出ていない
10/24
90.82
ガーン
12/17
87.11
01/06
94.64
01/21
87.10
114
112
110
108
106
104
102
100
98
96
94
92
90
88
8月
9月
10月
11月
12月
1月

チャートを慎重に分析しないまま状況を楽観視した多くの個人投資家が損失を出しました

流れに逆らうな、反転を確認すべき！

波乱のときこそ、チャートをしっかり見ましょう。流れが下落になっているときは、一緒にショート（売り）でねらうのです。上昇スピードよりも下落スピードの方が何倍も速いのが常ですから、ショート（売り）で短期間に利益をねらうことが可能です。

そして、下落が終わった、反転したというシグナルをチャートで確認してから、今度はロング（買い）でポジションを建てるのです。たとえ大底で買えなくても、十分に安い水準で買い始められるはずです。

何事も「シグナルを確認」してから が重要。しかも、ダマシもあり得ますから、**複数のチャート分析手法を使って、複数のシグナルを確認してから動けば、リスクも軽減できます。**それでも十分チャンスはあるはずです。

「安いから」などという、根拠のない値ごろ感で判断するのは、非常に危険です。肝に銘じておきましょう！

ダマシとの上手なつき合い方

チャートに現れるシグナル、転換点などは、必ずしも100%の信頼が置けるものではありません。シグナルが逆の動きになることを「ダマシ」と言います。

ダマシとはあってしかるべきもの

「買いシグナルだったのに、そのあともっと下げた」

「売りシグナルだったのに、結果もっと上がってしまった」。

こういったことは、往々にしてあります。また上昇トレンドから下降トレンドへの転換シグナルが出たと判断したのに、違ったということもあります。

こういったこと1つ1つを挙げて「チャート分析はアテにならない」などと考えてはいけません。

経済指標などのファンダメンタルズについても、多くのアナリストやエコノミストが予想数値を出しますが、ハズレることは結構あります。

チャートに限らず、どんなことにでも想定外はあるのです。

チャート分析においての想定外は、ダマシであると覚えてください。そしてこのダマシは逃れられないものであり、ダマシと上手につき合っていくことを考えることが大切です。

ダマシとうまくつき合うには？

チャートを活用していれば、誰でも必ずダマシに引っかかります。**そのダマシをどう受け止めたかによって、その後の投資結果に違いが出る**のです。

重要なことは、今回引っかかったダマシがどういうものだったかを考えることです。逃れることのできたダマシだったのか、シグナルに乗るには早過ぎたのか、それとも、これは避けようのないダマシで、引っかかって当然だったものなのかを考えるわけです。

今回のダマシが逃れられるものだったのであれば、次回同じようなシグナルが出たときには「無視」しましょう。シグナルに乗るのが早過ぎたのであれば、今度同様のシグナルが出たときには、ほかのチャート分析も併用して2つのシグナルを確認してから動き始める、というような方法がよいかもしれません。

どうしても逃れられないダマシであった、というのであれば、それは「仕方がない」とあきらめましょう。投資では切り替えも大切です。

儲けのポイント

- ■ダマシは絶対あり、逃れられないもの
- ■ダマシは避けられるものと避けられないものがある。ダマシを分析して次回に活かそう

ダマシとは？

買い
シグナル
バンザーイ!!!
買いシグナルが出たからロング（買い）!!
ところが…
下落
うーん…
あれ？　上がると思ったのに

チャートが発したシグナルとは逆の動きになること

ダマシの実例

加ドル・円（日足）
08/07
90.27
07/08
78.51
7月
92
91
90
89
88
87
86
85
84
83
82
76
下落へ
短期線が2本の長期線を突き抜けゴールデンクロス出現!
買い と思いきや
むむむむ…
どんなシグナルも、今後の値動きを100%保証するわけではないのです

トレンド転換直後はダマシシグナル多発に注意

大きなトレンド転換が起きたあとは、ダマシになるようなシグナルが多数発せられます。そのシグナルに乗ってしまうと、大けがの危険大！　トレンド転換のときは逆張り指標に注意しましょう。

流れが変わるとき、チャートも戸惑う

大きな流れが変わるときは、投資家たちだけではなく、**チャートのシグナルにも戸惑いが表れる**ものです。マーケット参加者の売買意欲がチャートに現れるわけですから、参加者の戸惑いもチャートに反映されて当然です。

トレンドが転換した当初は、転換したことを受け入れる人、受け入れられない人と真っ二つにわかれます。もちろんあとになってみないと、どちらが正しいのかはわかりません。

こんな場面で**比較的ダマシになりやすいシグナルを発するのは、「RSI」や「ストキャスティクス」などの「逆張り指標」**と言われるものです。

たとえばトレンドが大底打ちをして上昇トレンドに転換したとき、買い意欲はぐんと高まります。すると、逆張り指標は「買われ過ぎ」というシグナルを発します。これをどう判断するか、がわかれ道です。

トレンド転換時の「買われ過ぎ」は当然

「買われ過ぎ」シグナルが出れば、それに従って売りをしかけてしまう人がいます。しかし、これはリスクが高い手法です。

下降トレンドが上昇トレンドに転換したときは、それまで抑えられていた買い意欲が一気に高まりますから、**買われ過ぎシグナルが発せられるのは当然と言えば当然**なのです。うかつにそのシグナルに従って逆張りをしてしまうと強力な買いのパワーに負けて、あっという間に大損してしまいます。

上昇トレンドが継続したのちに逆張り指標が出たときなどは、調整が入るとか、トレンドが転換すると判断してそのシグナルに従うのも有効ですが、**トレンド転換後の買いパワーに対する逆張り指標は、ダマシの可能性が非常に高い**ものです。うかつに乗ると大けがをしてしまいます。

逆張り指標に限らず、チャート分析でダマシが出るのは仕方がないことです。大切なことは、ダマシが出やすいポイントを押さえておくこと。同じシグナルでも、出現の場所やタイミングによって、その信頼性は大きく変化するのです。

儲けのポイント

- トレンドの転換時には投資家同様、チャートも戸惑う
- トレンド転換時の逆張り指標はダマシの可能性が大

トレンド転換後のシグナルは要注意

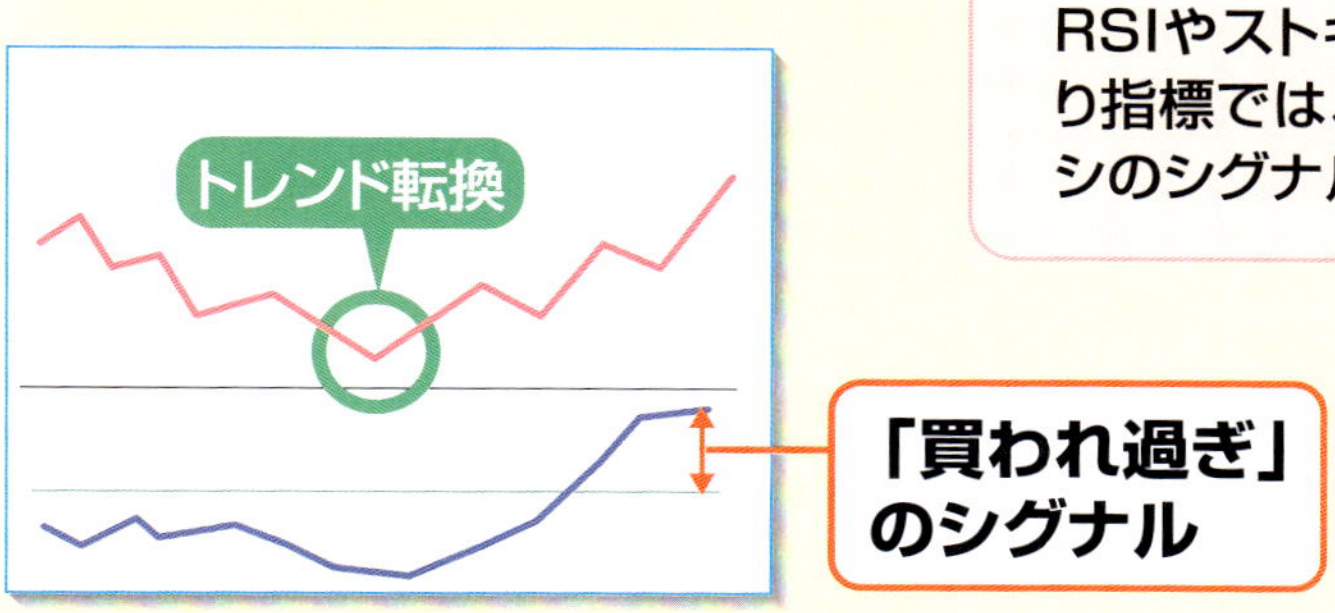
トレンド転換
「買われ過ぎ」
のシグナル

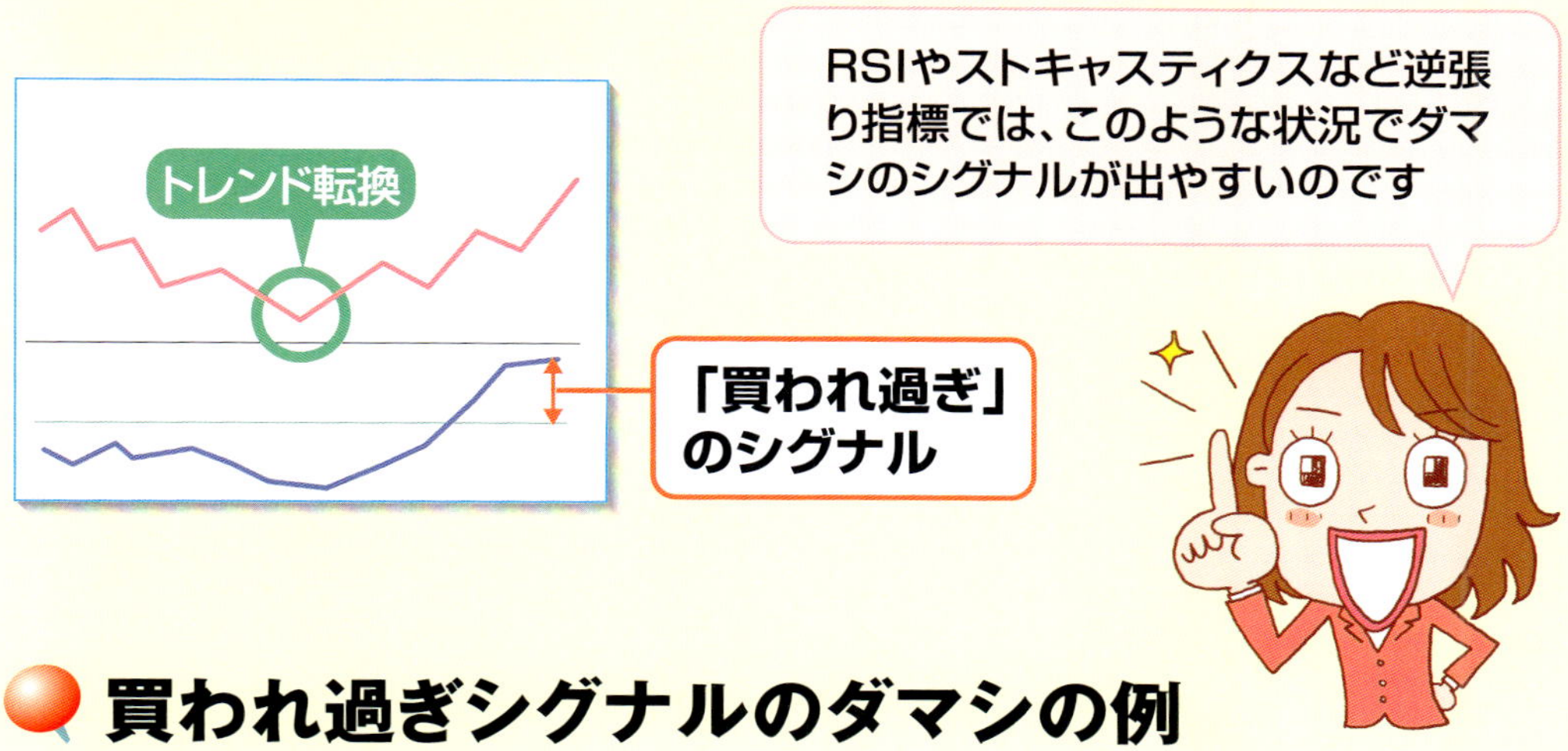

RSIやストキャスティクスなど逆張り指標では、このような状況でダマシのシグナルが出やすいのです

買われ過ぎシグナルのダマシの例

英ポンド・円（日足）

底を打ち上昇トレンドへと転換
12/14
203.63
03/08
202.01
04/21
205.30
197.51
01/17
上昇
208
206
204
202
200
198
196
194
192
190
188
186
1月
2月
3月
4月
5月
買われ過ぎ…？
RSI
100
75
50
25
0
転換後、買われ過ぎシグナルが続出するが…
その後も長く上昇トレンドが続いた

クロスのダマシは線の向きから判断

最もダマシに引っかかりやすいものとして、移動平均線のゴールデンクロス、デッドクロスがあります。これらのクロスは、出現した状況からダマシかどうかの判断ができます。

クロス出現、そのときに考えること！

移動平均線で確認できるシグナルとして、クロスの出現は大きなインパクトを持ちます。しかし、**このシグナルはダマシが多いのがタマにキズ**です。このダマシをいかに回避するかによって、投資効率と成果は大きく変わります。

ここでは移動平均線のクロスの取捨選択法を説明しましょう。これを知ればダマシを回避できる確率は高まるはずです。

◆ゴールデンクロスを信用する

クロスする2本の移動平均線が**両方とも上向き**のとき。

◆デッドクロスを信用する

クロスする2本の移動平均線が**両方とも下向き**のとき。

こんな簡単なことですが、実はかなり精度が高いのです。

クロス出現と移動平均線の向き

左ページのスイスフラン・円の日足チャートを見てください。

1度目のゴールデンクロスは、出現直後に反転下落して、ダマシになってしまいました。

①のクロスのとき、移動平均線は、25日の短期線に対して、長期線の50日線、75日線ともに下向きでした。これは、短期では上昇のパワーはあるものの、**長期では上昇へのパワーがまだ弱かった**ということです。そのため、直後に反転下落しダマシになったわけです。

しかし②では、3本の移動平均線すべてが上昇しながらゴールデンクロスになっています。事実、その後は力強い上昇となりました。

移動平均線が上向きのゴールデンクロスはダマシにならなかったのです。

③、④のデッドクロスもともに、短期線に対して長期線は上向きになっていました。この2つは、やはりダマシになりました。

ところが⑤のデッドクロスは、3本の移動平均線すべてが下向きになっています。事実、相場はその通りに下落していきました。

非常にシンプルな判断方法ですが、これだけで十分に精度がアップするのです。

儲けのポイント

- ゴールデンクロスのダマシは長期線が上向きでないとき
- デッドクロスのダマシは長期線が下向きでないとき

クロスの判断の精度を上げるには

ゴールデンクロスの場合
短期線
長期線
信頼性 大
クロスする線が両方とも上向き
デッドクロスの場合
短期線
長期線
信頼性 大
クロスする線が両方とも下向き

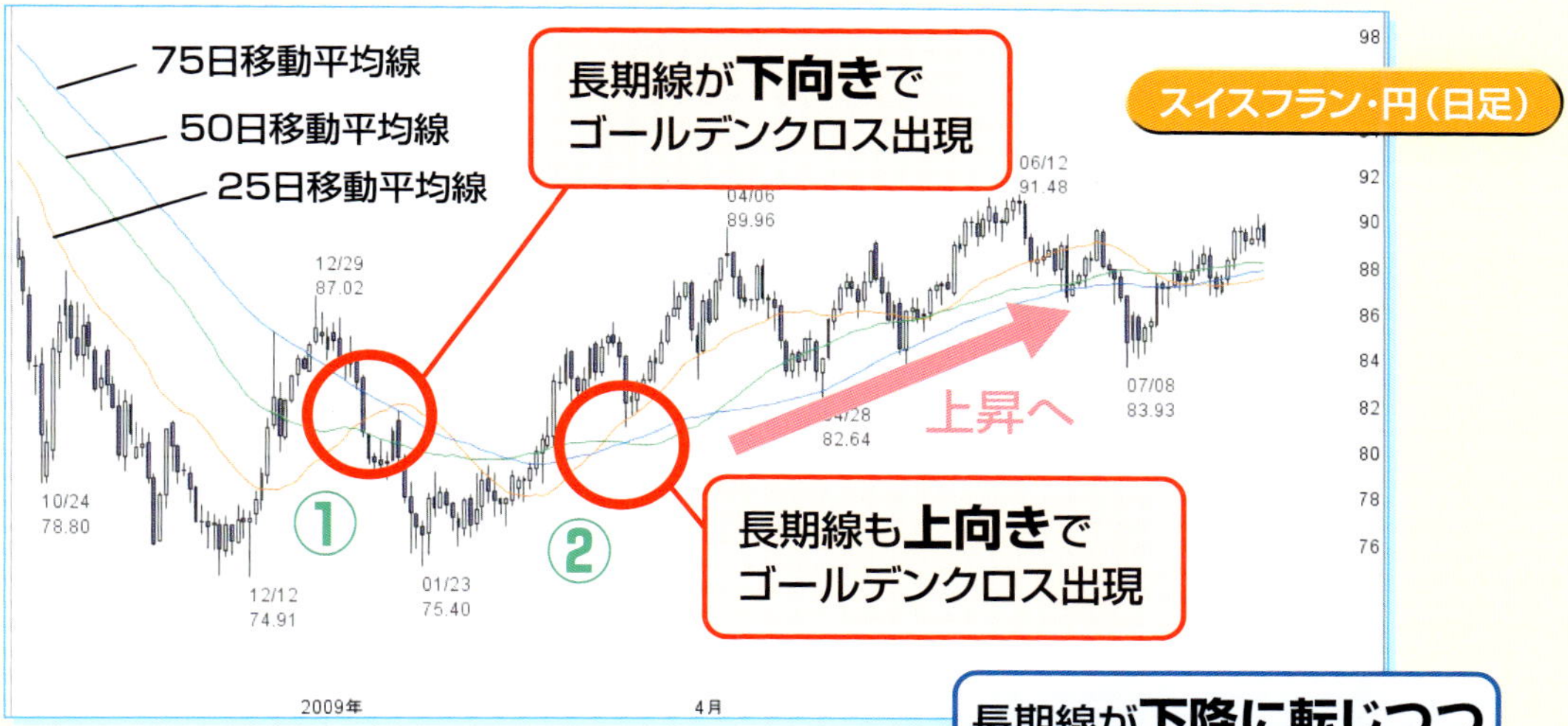
75日移動平均線
50日移動平均線
25日移動平均線
長期線が下向きでゴールデンクロス出現
スイスフラン・円（日足）
長期線も上向きでゴールデンクロス出現
上昇へ
①
②
10/24 78.80
12/29 87.02
12/12 74.91
01/23 75.40
04/06 89.96
04/28 82.64
06/12 91.48
07/08 83.93
2009年
4月

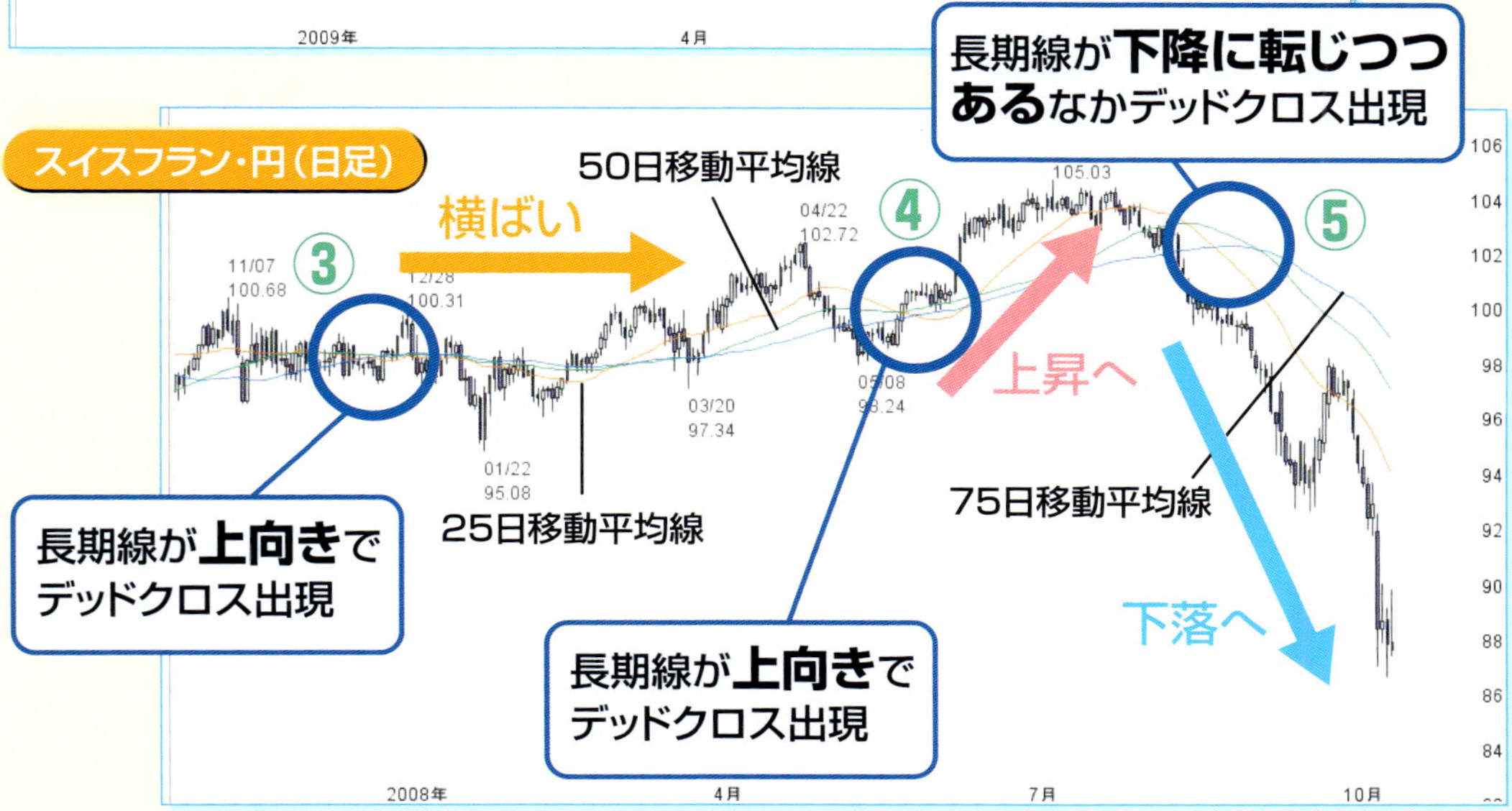
長期線が下降に転じつつあるなかデッドクロス出現
スイスフラン・円（日足）
50日移動平均線
横ばい
③
④
⑤
11/07 100.68
12/28 100.31
01/22 95.08
03/20 97.34
04/22 102.72
05/08 98.24
105.03
上昇へ
下落へ
75日移動平均線
25日移動平均線
長期線が上向きでデッドクロス出現
長期線が上向きでデッドクロス出現
2008年
4月
7月
10月

column

米ドルと逆相関しやすい金の動き

FXをトレードするうえで、米ドルは絶対にチェックする通貨です。もしポートフォリオに加えなかったとしても、ウォッチは必要です。米ドル以外の外貨も、円と取引するときは「基軸通貨」である米ドルを経由するわけですから。

その米ドルと逆相関しやすい（一方が上昇すると他方が下落しやすい）と言われているのが、金相場です。正確にはNY金先物の相場です。

その理由はいろいろ考えられますが、近年最も注目されているのが、「インフレヘッジ」としての金の存在です。

インフレになると、通貨の価値は下がります。極端な場合ですが、新興国などではハイパーインフレで紙幣が紙くずのようになってしまう可能性もあります。そのようなインフレへの懸念が高まると、それ自体が価値を持つとされる「金」に多くの投資マネーが向かうのです。

そんな金と逆相関すると言われる米ドルですが、アメリカは世界有数の金の産出国です。金以外にも広大な国土と強い経済力で、相当の資源を抑えていますから「資源国では？」という疑問もあるでしょう。

しかし、米ドルは世界の基軸通貨であり、通貨のトップに君臨している存在です。そのため、インフレになると「通貨の代表」としての米ドルが売られ、金が上昇するわけです。この傾向は近年、より顕著になってきていると言われます。

例えば、2008年の１年間の動きを見ると、NY金が当時の史上最高値をつけたときは大きく米ドル安（円高）になりましたし、その後に金が反落したときには米ドルが上昇しました。まさに真逆の動きです。

今後も、インフレ率が上昇する、また地政学的リスクが高まると、金が買われ米ドルが売られるという動きが見られるでしょう。

応用編

6章

チャート分析をさらに駆使する

「順張り」にも使える ボリンジャーバンド

過去25日間の為替レートの変動を統計学の見地から計算して、移動平均線の上下に変動率を表す線を引いたのがボリンジャーバンドです。この逆張り指標の代表は、実は順張りに使えるのです。

儲けのポイント

- 上下のバンド幅が為替レートの変動率の大きさを表す
- 細かい動きをフォローする「順張り指標」として活用できる

統計学を用いた逆張り指標の代表

ジョン・ボリンジャーにより考案されたトレンド分析の手法が、ボリンジャーバンドです。

FX会社などが提供しているチャートでも、設定項目で選択することで、このチャートを表示できます。

ボリンジャーバンドは、中央にある移動平均線と、統計学の手法を用いて導いた上下に2本ずつの「標準偏差バンド」で構成されています。

- **一番上は「＋（プラス）2σ《シグマ》」。**
- **上から二番目は「＋σ」。**
- **中央は移動平均線。**
- **下から二番目は「−（マイナス）σ」。**
- **一番下は「−2σ」。**

この標準偏差バンド内で為替の価格が変動するというのが前提で、上部（＋2σ）のバンドに近づけば「売り」、下部（−2σ）のバンドに近づけば「買い」という見方が代表的です。

バンドは幅が広いときはボラティリティ（変動率）が大きく、せまいときはボラティリティが小さいことを示すので、せまいときは相場がレンジに入っていることになります。

そこから広くなると、次のトレンドが発生したということになります。ですから、その変化をつかんでいくことが重要です。

大きなトレンドに滅法弱い

ボリンジャーバンドは代表的な逆張り指標ですが、それだけに逆張り指標特有の弱点もバッチリ備えてしまっています。

それは**大きなトレンドに弱い**ということ。

上昇相場が長く続いたときなどは、ローソク足が上部のバンドにくっつきぱなしになってしまい、常に「売り」シグナルを発するということになってしまいがちです。

しかし、この弱点をしっかり理解してうまく活用すれば、**順張り（トレンドフォロー）のツールとして用いることができる**わけです。

トレンドフォローでの活用例

左ページの南アランド・円の週足チ

ボリンジャーバンドでトレンドフォロー

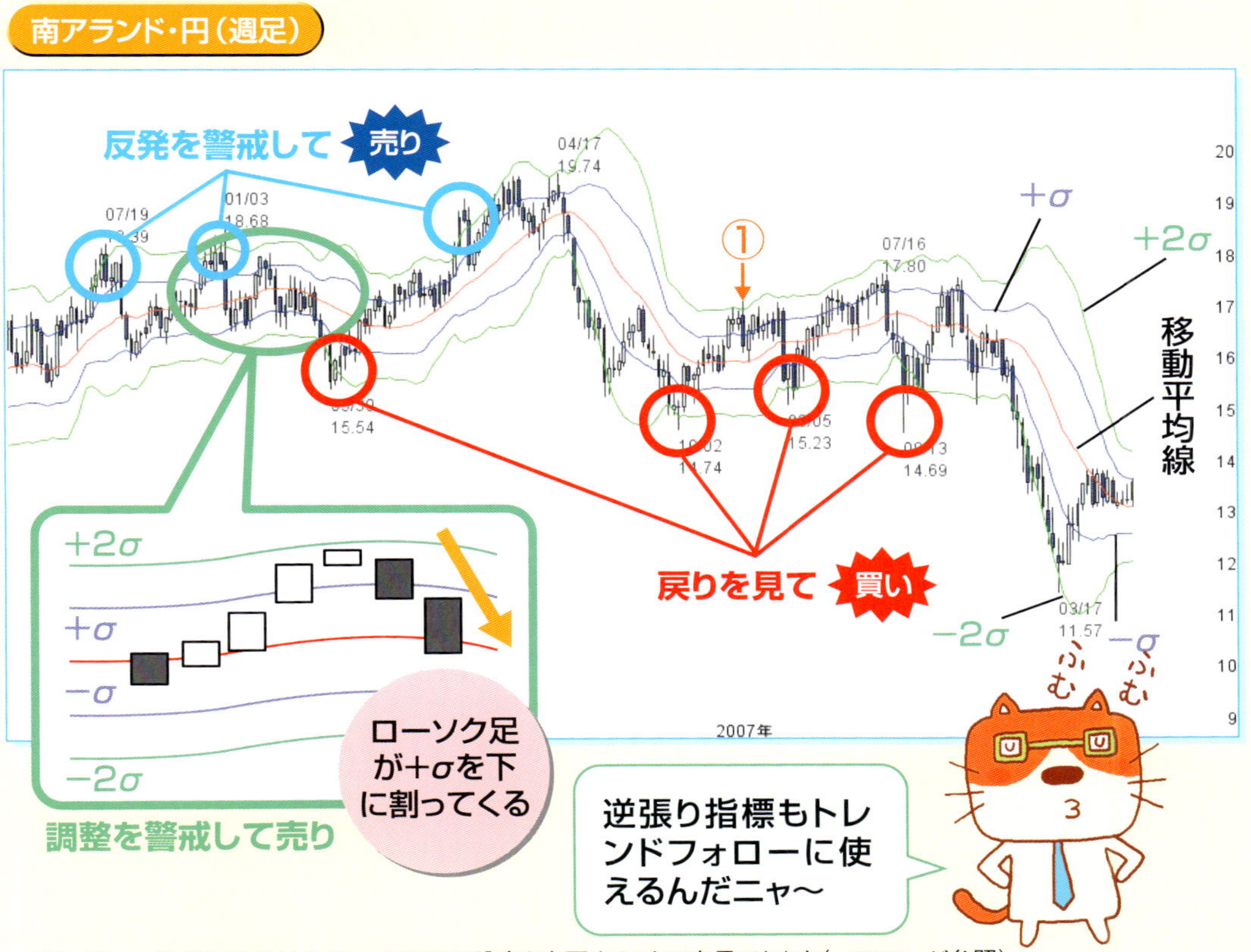
南アランド・円（週足）
反発を警戒して
売り
04/17
19.74
01/03
18.68
07/19
①
07/16
17.80
＋σ
＋2σ
移動平均線
15.54
15.23
14.69
戻りを見て
買い
03/17
11.57
−2σ
−σ
ふむ
ふむ
20
19
18
17
16
15
14
13
12
11
10
9
2007年
＋2σ
＋σ
−σ
−2σ
ローソク足が＋σを下に割ってくる
調整を警戒して売り
逆張り指標もトレンドフォローに使えるんだニャ〜

※ボリンジャーバンドはFX会社のチャート画面の設定を変更することで表示できます（→79ページ参照）

ャートを見てください。トレンドフォローで活用する場合は、次のような判断をします。

●「＋σ」よりも上でローソク足が推移しているときは、トレンドが堅いと判断。

●ローソク足が「＋σ」を下に割ってきたら、調整を警戒して売り。

●ローソク足が「＋２σ」の上に突き出たときは、反発を警戒して売り。

●ローソク足が「−２σ」を下に割ったあと、再び戻して上に抜けていくときは買い。

たとえば「＋２σ」からいきなり「−σ」を割った場合は、売って様子を見ます。

「−２σ」を割り込んで再び戻したようなところは、打診買いです。

移動平均線を上回ったらさらに買い、前回高値抜けの「＋σ」の上に抜けたらさらに買います。

①のように「＋２σ」を上に抜けたが戻し、そのまま再び「＋σ」の上のゾーンでとどまっている場合は、トレンドが堅いと見て、少し下げたところで買っていきます。

黄金の法則 フィボナッチ比率を当てはめる

最も美しいとされる比率で、ピラミッドやモナリザ、ミロのヴィーナスにも用いられているという黄金分割比。マーケットの動きにも、この比率は当てはまります。

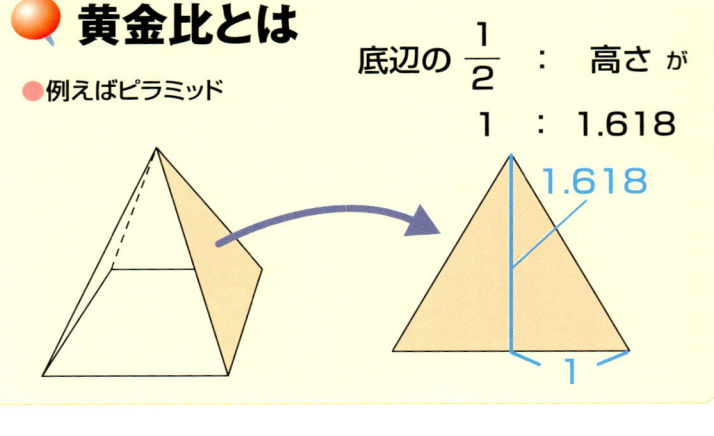

黄金比とは

●例えばピラミッド

底辺の $\frac{1}{2}$ ： 高さ が

1 ： 1.618

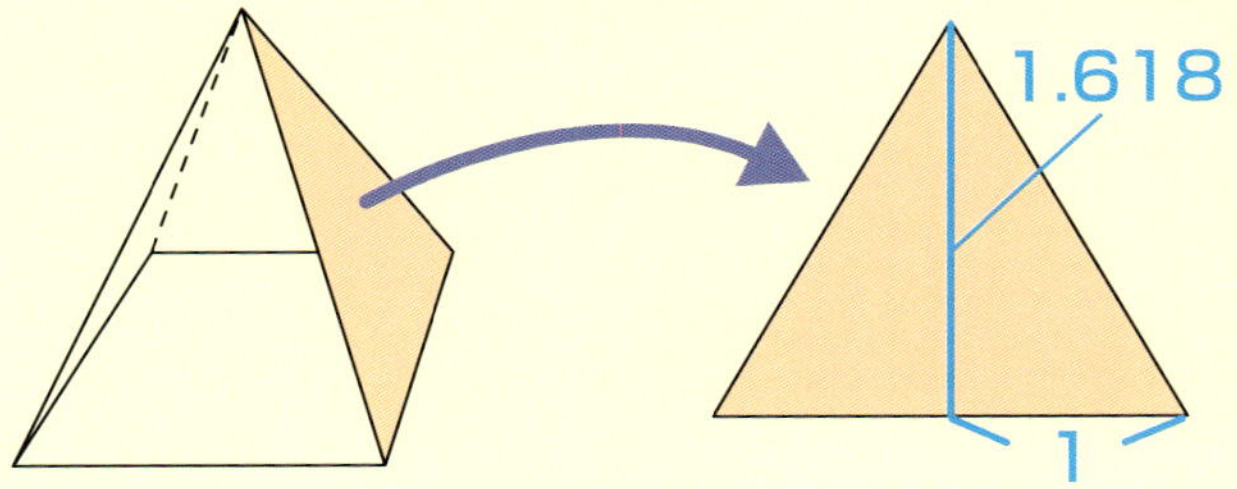

儲けのポイント

- ■黄金の比率は0.618と0.382。または1.618と1.382
- ■上げ幅・下げ幅に用いることで「押し」や「戻し」がわかる

黄金比は自然界で最も美しい分割比

一時期映画でも話題になったのが、古代ギリシア時代に発見されたといわれる黄金比です。1：1・618という比率で、自然界で最も美しいとされる分割比です。

黄金比を研究したイタリアの数学者レオナルド・フィボナッチによる「フィボナッチ数列」としても知られています。

1・618、0・618、0・382といった数値がフィボナッチ比率（黄金比率）として、金融の世界でも予測値や目標値の設定に広く用いられているのです。

フィボナッチ比率を用いて上下の変動幅を計算

では目標値や予測値の設定のために、このフィボナッチ比率をどのように用いるのでしょうか。

たとえば高値をつけて下落してきたとき、どこあたりが下げの目安になるか？と予測する際に用います。

◆目標値（下げ幅）①

高値までの上げ幅×0・382

◆目標値（下げ幅）②

高値までの上げ幅×0・618

下げのパワーが小さければ、下げ幅は目標値①、大きければ目標値②というような判断のしかたをします。

目標値①の場合は「3分の1押し」、目標値②の場合は「半値押し」などと

フィボナッチ比率で導く目標値

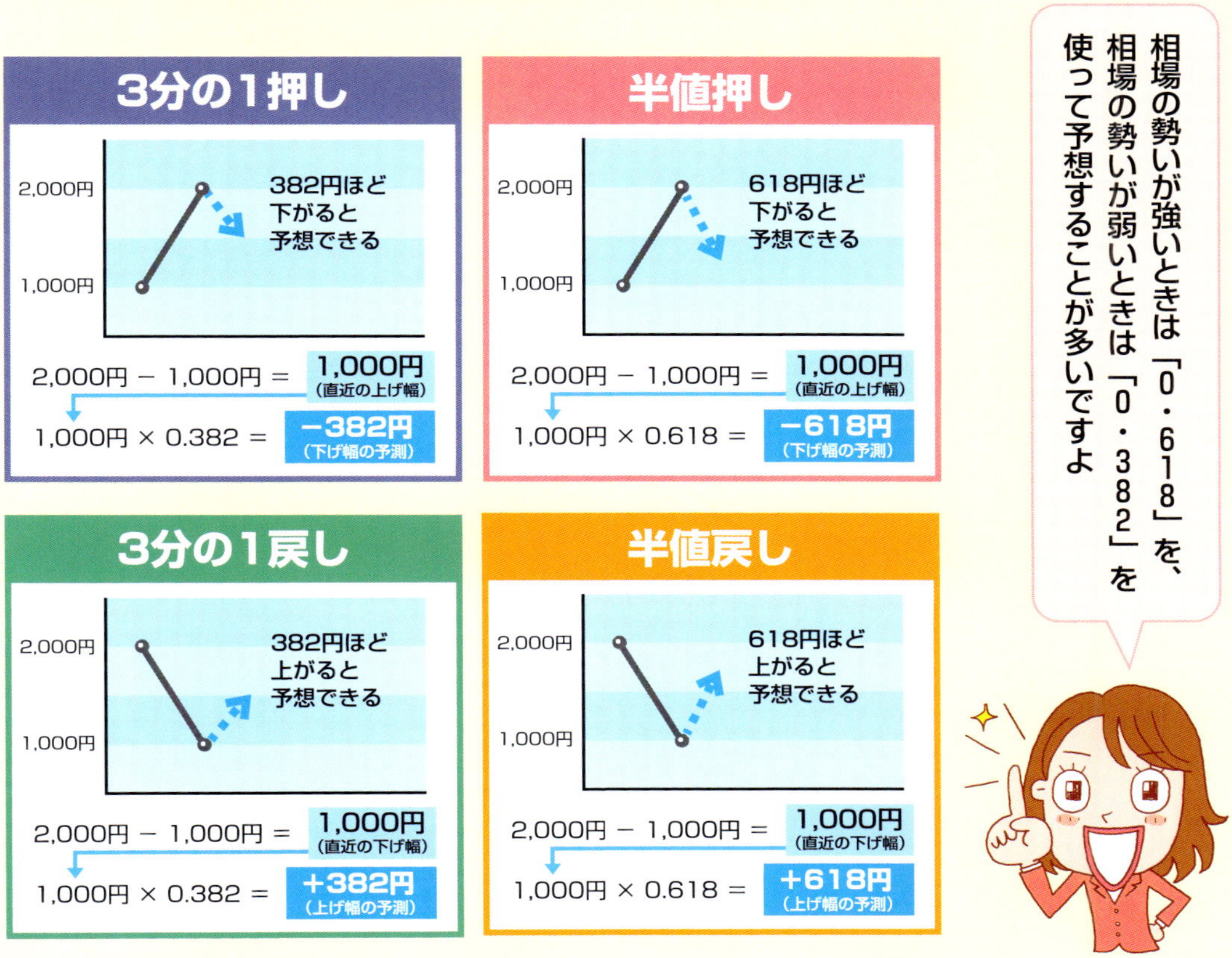
3分の1押し
2,000円
1,000円
382円ほど下がると予想できる
2,000円 − 1,000円 ＝ 1,000円（直近の上げ幅）
1,000円 × 0.382 ＝ −382円（下げ幅の予測）
半値押し
2,000円
1,000円
618円ほど下がると予想できる
2,000円 − 1,000円 ＝ 1,000円（直近の上げ幅）
1,000円 × 0.618 ＝ −618円（下げ幅の予測）
3分の1戻し
2,000円
1,000円
382円ほど上がると予想できる
2,000円 − 1,000円 ＝ 1,000円（直近の下げ幅）
1,000円 × 0.382 ＝ +382円（上げ幅の予測）
半値戻し
2,000円
1,000円
618円ほど上がると予想できる
2,000円 − 1,000円 ＝ 1,000円（直近の下げ幅）
1,000円 × 0.618 ＝ +618円（上げ幅の予測）
相場の勢いが強いときは「0・618」を、相場の勢いが弱いときは「0・382」を使って予想することが多いですよ

称されます。

同じようにして安値をつけて戻してきたときの目安を計算することもできます。

◆目標値（上げ幅）①
安値までの下げ幅×0・382
◆目標値（上げ幅）②
安値までの下げ幅×0・618

戻しのパワーの大小によって目標値①、②の見当をつけます。

こんな使い方もあります。上昇トレンド時の目標値（上げ幅ではなく、目標値そのもの）の計算です。計算式は次のようになります。

◆目標値①
底値（安値）×1・382
◆目標値②
底値（安値）×1・618

こういった計算式は、用い方のほんの一例でしかありません。

このように上昇や下降の目安を測るときに、「係数」として用いられることの多い、使い勝手のよい比率が、このフィボナッチ比率なのです。

黄金の比率と言われるゆえんは、こんなところにもあるのかもしれませんね。

ボックス相場でオススメ ＲＳＩ

ボックス相場からの「放れ」は、それが上昇でも下降でも相当なエネルギーの噴出になります。そんな売買チャンスへの変化をいち早く指摘してくれる逆張り指標が「ＲＳＩ」です。

ＲＳＩ《アールエスアイ》は過熱シグナルを発する指数

ＲＳＩ（相対力指数）は、一定期間の上げ幅から「売られ過ぎ」、「買われ過ぎ」を判断する、逆張りの代表的な指標の１つです。

逆張り指標の中でも、**多くの投資家に活用されている指標**です。

ここまで説明してきたように、逆張り指標は、その使う場所によって、精度が大きく異なるものですが、ＲＳＩの場合は、**「ボックス相場」での活用が効果的**です。この指標を用いて、ボックスから上下どちらに放れようとしているかを判断するのです。

ＲＳＩの基本的な考え方は「急激な変化は修正される」というものです。一定期間の上げ幅の平均を上げ幅の平均と下げ幅の平均で割って求めたものを用います。この数値が１００％に近づくほど高値圏、０％に近づくほど安値圏であることを表します。

ＲＳＩでは、７０％以上を「買われ過ぎ」、３０％以下を「売られ過ぎ」と判断します。

ボックス相場でトレンドが形成されていないとき、方向感がないときに「変化をいち早く知らせてくれる」指標として使ってみてください。

逆張り指標は大きなトレンドの前には無力

ほかの逆張り指標同様ＲＳＩを使っている人にも、陥る罠があります。新たなトレンドが始まり、そのトレンドが非常に強力であった場合は、多くの逆張り指標が「過熱シグナル」を発しますが、ＲＳＩもその代表の１つと言えます。

つまり、この新しいトレンドという「急激な変化」を修正しようという働きが前面に出てくることがあるのです。

新たなトレンドが始まったときは、急激な過熱はあってしかるべき。そんなときに過熱シグナルに従って反対売買をしてしまったら、大きな激流に逆らって泳ごうとするようなもの。無謀です。

こうした逆張り指標のシグナルは、「大きなトレンドの前では無力になる」ということを頭にしっかり入れてください。

儲けのポイント

- ■大きなエネルギーが噴出する保ち合い放れをいち早く知らせる
- ■大きなトレンドが発生したときの「過熱シグナル」は無視する

大きなトレンドが苦手なRSI

ユーロ・米ドル（週足）
12/27
1.3660
02/16
1.2924
02/07
1.2731
08/29
1.2587
04/26
1.1761
07/04
09/01
1.40
1.35
1.30
1.25
1.20
1.15
1.10
上げ続ける
下げ続ける
上昇過程では「買われ過ぎ」シグナル頻出
でも…
下降過程では「売られ過ぎ」シグナル頻出
でも…
7月
10月
10月
100
75
50
25
0
10月
2004年
4月
2005年
4月
7月
10月

RSIの使いどころは保《も》ち合い場面

米ドル・円（日足）
104
102
04/06
101.44
03/05
99.68
93.54
01/21
87.10
88
86
方向感のない保ち合い相場
○の売られ過ぎシグナルで買えれば、100円の大台突破まで乗ることができた!!
約16%の値上がり
売られ過ぎシグナル
RSI
ポイント
保ち合いのときのシグナルこそ有効!!
100
75
50
25
0
2月
3月
4月

※RSIはFX会社のチャート画面の設定を変更することで表示できます（→79ページ参照）

3本のラインで判断する ストキャスティクス

ストキャスティクスは、RSIと同様に、「売られ過ぎ」「買われ過ぎ」を示すチャートの1つです。ある期間に動いた値幅の中で、現在の値はどのあたりに位置するのかを示します。

儲けのポイント

■基本は%Kが70%以上で売り、30%以下で買い

■%Kと%D、%Dと%SDのクロスからも売買判断ができる

3つの指数 基本は「%K」

RSIが値幅の大きさを用いて数値化したのに対して、ストキャスティクスは最高値、最安値と現在値から、**「%K」「%D」「%SD」**の3つの指数を導きます。

そのなかで**基本となるのが「%K」**です。

「%K」は、一定期間中の最高値と最安値の間のどの位置に現在の値があるのかを意味しています。

「%D」は、ある期間内の%Kを平均したもので、%Kより少し遅れた動きを見せます。

「%SD」は、%Dの単純平均値なので、さらに遅れた形を示します。

主に、「%K」は5日、9日、14日の期間で使われ、「%D」と「%SD」は、%Kの3日を使ってデータを出します。

売買のシグナル

ストキャスティクスは、シンプルに見る場合は、%Kラインにだけ注目すれば十分です。

- **%Kラインが70%以上で売り、30%以下で買い**
- **%Kラインが85%以上、15%以下になると売買シグナルの信頼度はさらに上昇**

この判断のしかたは、RSIと同様、典型的な逆張りのシグナルをとらえることができます。

それぞれのラインのクロスも判断材料

また、RSIにはないほかの2本のラインは、%Kを交えた3つのラインのクロスによって、売買シグナルとなります。

「%Kと%D」の組み合わせの場合、%Kラインが%Dラインを上に抜いてゴールデンクロスしたら買い、下に抜けたら（デッドクロス）、売りのシグナルです。

「%Kと%D」の組み合わせを**「ファースト・ストキャスティクス」**と言います。

「%Dと%SD」の組み合わせの場合では、%Dラインが%SDラインを上に抜いたら「買い」、下に抜けたら

ストキャスティクスのシグナルで注目する

%Kライン
- %Kラインが30%以下 → 買い
- %Kラインが70%以上 → 売り

ファースト・ストキャスティクス
- %Kラインが%Dラインを上に抜ける → 買い
- %Kラインが%Dラインを下に抜ける → 売り

スロー・ストキャスティクス
- %Dラインが%SDラインを上に抜ける → 買い
- %Dラインが%SDラインを下に抜ける → 売り

豪ドル・円（週足）
スロー・ストキャスティクス
のゴールデンクロス
買い
110
100
90
80
70
60
10/20
54.96
02/02
55.52
09/28
76.30
10月
2009年
4月
7月
%SD
%D
%K
買われ過ぎ
売られ過ぎ
100
75
50
25
0

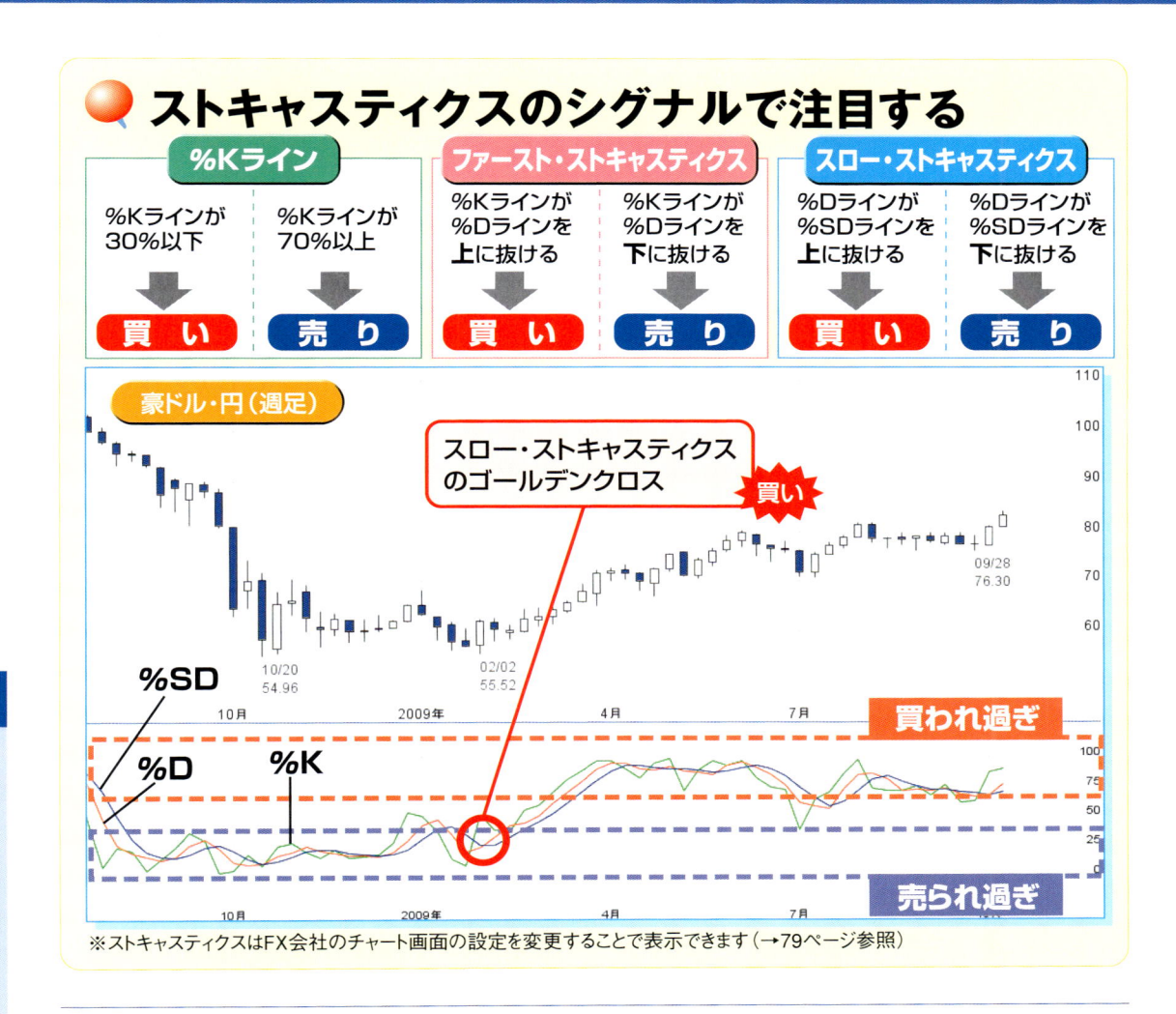

※ストキャスティクスはFX会社のチャート画面の設定を変更することで表示できます（→79ページ参照）

「売り」と判断できます。

「%Dと%SD」の組み合わせは**「スロー・ストキャスティクス」**と言います。

スロー・ストキャスティクスは、ファースト・ストキャスティクスにくらべて、比較的穏やかに動くため、売買のシグナルも多くはありません。スローとファーストを併用するなどして、それぞれのキャラクターを補い合いましょう。

急激な上昇や下降時に有効なストキャス

ストキャスティクスは、3日や5日など、用いる期間が比較的短いため、売買のサインが頻繁に現われます。ですから、常用できるシグナルとは言い難いものです。

しかし、急激な上昇時、下降時などには一服するタイミングをいち早く知らせてくれる指標として、私は上手に活用しています。

逆張り指標として定評がありますが、シグナルの使い方は個人の自由。私はトレンドスタート探しの指標にしてますよ。

トレンド転換をいち早く知らせるMACD

逆張り指標として人気のMACD《マックディー》は、転換点をいち早く知らせてくれる優れもの。トレンドが変わろうとしているときに、このMACDで誰よりも先に新たな動きに乗っていきましょう！

動きの転換を示唆してくれる

MACDの正式名称はMoving Average Convergence Divergence＝移動平均収束拡散法というものです。簡単には移動平均線をベースに2本の線の乖離《かいり》を表したチャートです。

「MACD」と「シグナル」の2本のラインのゴールデンクロスとデッドクロスでトレードタイミングを判断します。

このクロスが、転換点を示唆するシグナルとなるのです。

チャートにはさまざまな特徴があります。動きがないときに次の動きを悟らせてくれるチャートもあれば、動きが真逆に転換することを知らせてくれるチャートもあります。

このMACDは、まさに**動きの転換を示唆してくれる**優れもののチャートです。

MACDのアピールポイントは、相場の動きが衰えたときや波乱が起きたときなど、相場の方向性が見えにくい場面で、比較的早く転換点を知らせてくれることです。

そしてその精度が高く、見方がわかりやすいことが最大のポイントです。

大きな調整時はMACDのシグナルが早い

実際に加ドル・円の日足チャートをMACDで見てみましょう。

上昇し始めるとき、下降し始めるとき、ともに比較的早い段階で転換シグナルを出してくれています。

移動平均線を引いているチャートと見比べてください。この移動平均線は25日線、50日線、75日線の3本です。この3本のゴールデンクロスやデッドクロスと、MACDのクロスを比較してみると、**調整幅が大きいときの転換クロスは、MACDの方が早い**ことがわかります。

調整幅が小さいときは、25日と50日の移動平均線の方が早くクロスが出現しますが、値動きや乖離が大きく開いたあとのクロスは、俄然《がぜん》MACDの方が早いのです。

トレンド転換を待つようなときや、大きな調整局面のあとなどは、MACDを重点にウォッチしてみましょう。

儲けのポイント

■2本のラインのゴールデンクロス、デッドクロスに注目

■調整の幅が大きいときには、いち早く精度の高いシグナルを発信

クロスが早い！　MACD

「MACD」＝長期と短期の2つの指数平滑移動平均*の差

「シグナル」＝MACDの9日移動平均

*直近の為替レートの比重を高めて算出された移動平均。
単純移動平均と比べて、直近の値動きへの反応が早い。

MACDがシグナルを
下から上に突き抜ける

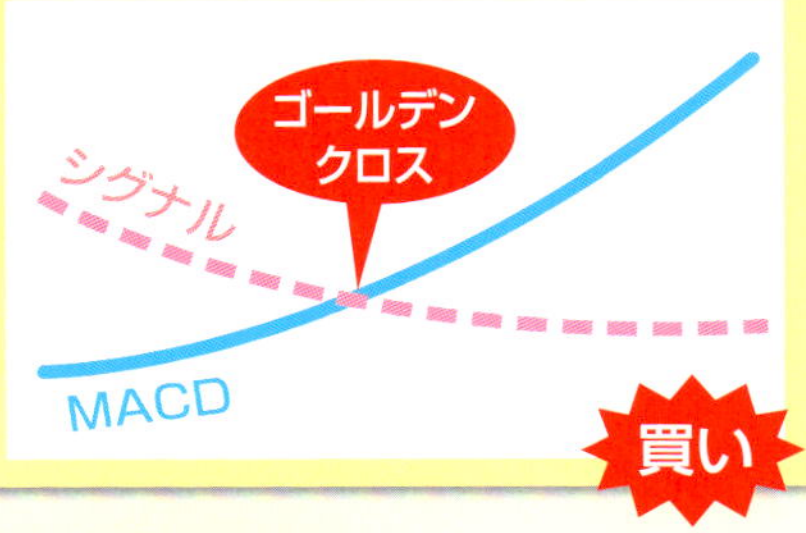
ゴールデン
クロス
シグナル
MACD
買い

MACDがシグナルを
上から下に突き抜ける

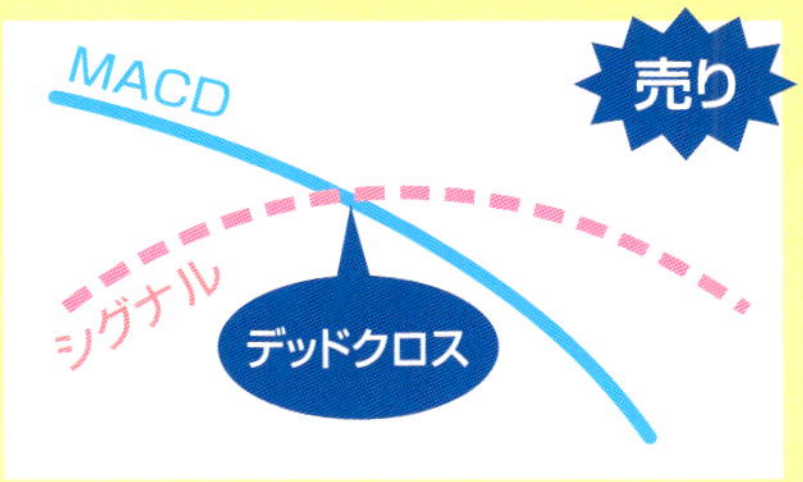
MACD
売り
シグナル
デッドクロス

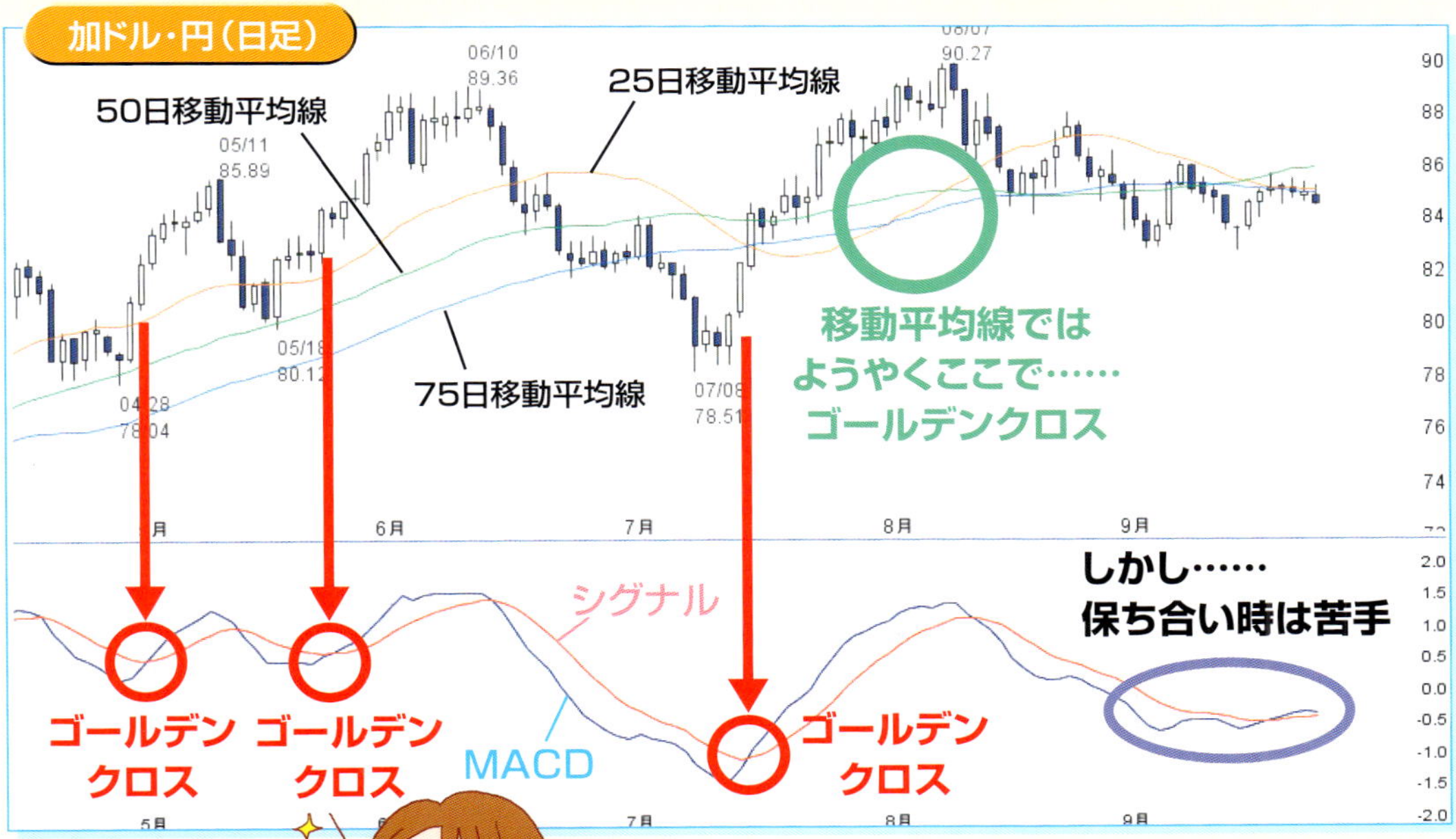
加ドル・円（日足）
50日移動平均線
25日移動平均線
75日移動平均線
06/10
89.36
05/11
85.89
05/18
80.12
04/28
78.04
07/08
78.51
08/07
90.27
移動平均線では
ようやくここで……
ゴールデンクロス
90
88
86
84
82
80
78
76
74
6月
7月
8月
9月
シグナル
しかし……
保ち合い時は苦手
2.0
1.5
1.0
0.5
0.0
-0.5
-1.0
-1.5
-2.0
ゴールデン
クロス
ゴールデン
クロス
MACD
ゴールデン
クロス
5月
7月
8月
9月

移動平均線のクロスと比べると、大きな
動きがいち早くわかります！

※MACDはFX会社のチャート画面の設定を変更することで表示できます（→79ページ参照）

column

ネットと新聞の使いわけ

これは、過去の拙著でもくどいくらい書いていることです。

「FXは24時間取引だから、新聞の記事を読むころには、その材料は古くなってしまっている。だから新聞を読んでも意味がない」と平然と言う人がいますが、私は違うと思います。

金融市場は、多くのマーケットが相互にリンクして需要と供給が形成されています。どこかのマーケットで大問題が発生すれば、すかさずほかのマーケットに波及します。例えば金が暴落すれば為替市場も乱高下し、また、株式市場が急騰すれば為替市場もリスク志向の円売りになります。

ネットのニュースでは、タイムリーな記事は目に入るかもしれませんが、今後のヒントになるような「小さな記事だが大事な情報」は、なかなか目が届きません。

また新聞記事で、1つのトレンドも見えてきます。「個人投資家米ドル売りへ傾斜」という記事が出たその日の夕方、「米ドルが急騰」という記事が出たこともあります。このように記事を時系列で追いかけ、複数の記事を関連づけて眺めることで、マーケットのクセや投資家の習性なども見えたりします。

また、「運用会社が原油底値でWTI連動型の投信設定」という記事が出たとします。このときは原油が底値の30ドル付近でしたが、「ここで連動型を設定するということは、原油が上がると見ているのだな」というヒントになります。こうして資源国通貨を安値で買っておくと、原油価格の上昇に乗じて利益を得られる、というわけです。

こういったヒントをひろうためにも、新聞は重要なのです。中でも「日本経済新聞（日経は夕刊に外貨投資関連の記事が一段と豊富！！）」、「Bloomberg」と提携している「フジサンケイビジネスアイ」は必読です。

応用編

7章

「チャートで儲ける」おまとめポイント

PART 1

チャート分析で勝者になるには!?

チャート分析をトレードに活かして儲けていくためのルールは、「シグナルに忠実になる」こと。自分の感情、予測、願望を混ぜると脱線してしまいます。

チャートを存分に活用するために

チャート分析を学ぶのは、トレードに勝つためですね？ 私も、チャート分析は投資効率を上げ、より大きな利益を得るために、絶対的に欠かせないものだと確信しています。

チャートには、市場参加者の行動がストレートに現れ、その情報は誰に対しても平等です。そのチャートを「どう解釈するか？」に違いはあっても、目にする形は同じです。

チャートが発するシグナルによってチャンスやピンチが訪れるのは、それだけ**多くの投資家がチャートの動きに敏感になって、その動向に対するリアクションとして投資行動を取る**からです。ただし、こうしたチャートの動きを形成するのは投資家の売買行動ですから、これは「ニワトリと卵」の関係でもあるわけですが。

ともかく、チャートをトレードに活かすには、**セオリーを理解する**ことです。それがチャート分析で利益を得るための絶対条件です。

チャート以外に惑わされない

チャート分析をして、トレードに活かそうとしているのに、途中から判断の鈍る人がいます。判断を鈍らせる原因は、人の心のなかにある「願望」「予測」「感情」、そしてそのほかの多くのニュースです。

マーケットは当然チャートだけを見て動いているわけではありません。だからこそ、プロの多くは、チャート分析とファンダメンタル分析の両面から売買ポイントやタイミングを判断していきます。

しかし個人のトレーダーは、その判断の前に願望や感情、または個人の予測などが強く現れてしまう結果、チャートの示すシグナルを素直に受け入れられずに失敗するケースがよく見受けられます。

「チャートは売れって言っていたけれど、もう少し上がる気がして」と言う人のなんと多いことか。

チャート分析によるシグナルでトレードをスタートしたのなら、終えるまでそうすべきです。チャート分析で建てたポジションは、チャート分析で決

儲けのポイント

- ■ダマシをいかに上手に避けられるか？が勝敗をわける！
- ■チャート分析で始めたらチャート以外のものに惑わされないこと

チャート分析で勝つためには

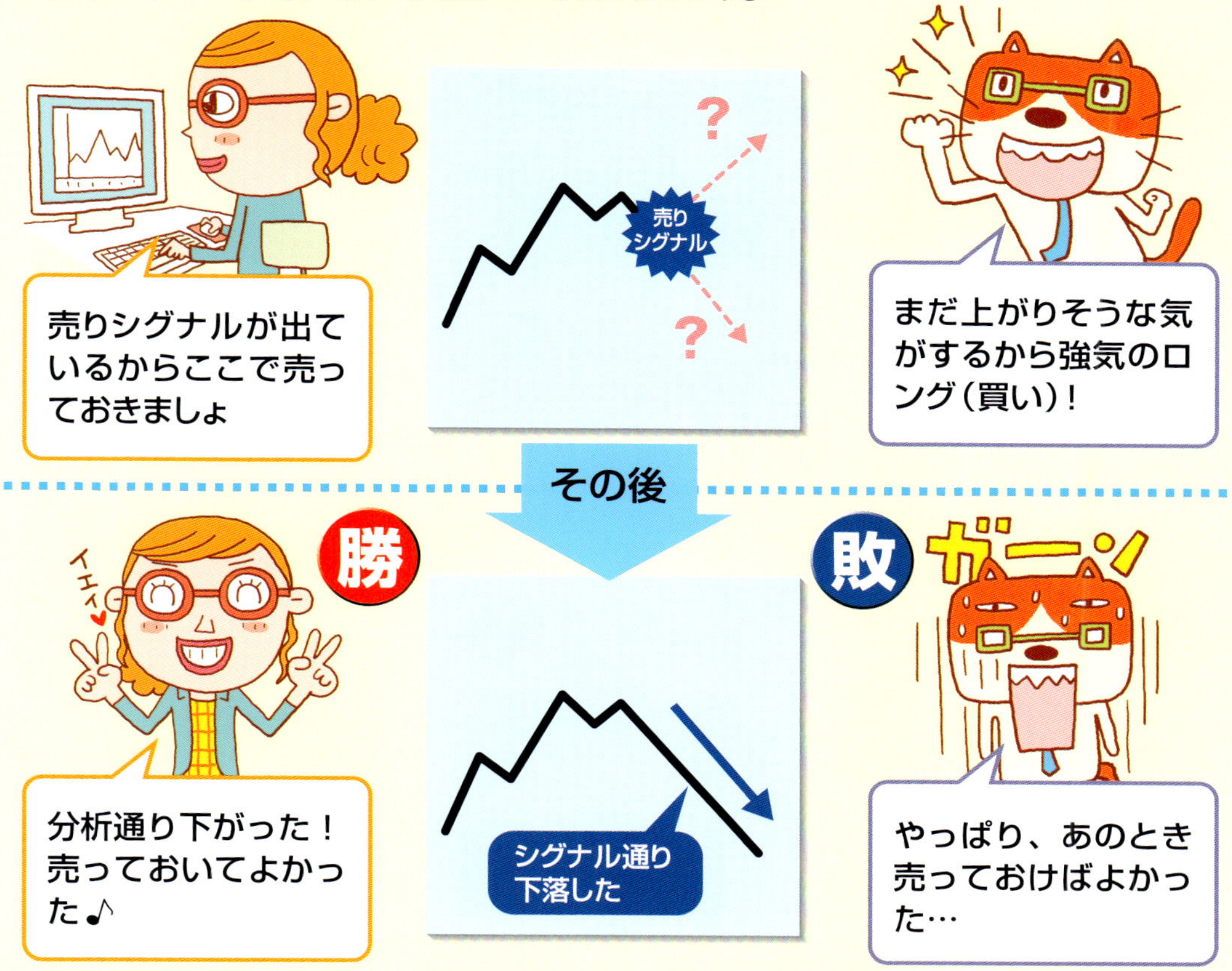
売りシグナルが出ているからここで売っておきましょ
売りシグナル
まだ上がりそうな気がするから強気のロング（買い）！
その後
勝
イエイ
分析通り下がった！売っておいてよかった♪
シグナル通り下落した
敗
ガーン
やっぱり、あのとき売っておけばよかった…

済するべきです。

チャートのシグナルにも100%はありませんから、迷う気持ちはわかります。チャートに従ったのに、ダマシがあって損をする、ということもあるでしょう。

しかし、いいとこ取りをしようとしては、結局はどちらも得られなくなります。ダマシにあって損をすることもあるかもしれませんが、それでも**チャートのシグナルに忠実であることが、最終的には利益をもたらしてくれる**でしょう。

ただし、勝敗の大きなポイントは**「ダマシをいかに上手に避けられるか」**です。ダマシの出やすい形、前回ダマシになったタイミングなどを学習して、同じダマシに乗らないよう、行動していくことが求められます。シグナルに従うか、見すごすかの選択眼を、ぜひ鍛えてください。

その上で、どんなチャートを用いるかは、皆さんの自由です。それぞれが決めたからには、その**チャート分析が発するシグナルをちゃんと尊重**しましょう。

トレードストップの勇気を持つ

常にトレードをしていなければならないわけではないのです。休むときもあって当然。365日働き続けられないのと同じです。休むことで活力が湧き、客観的にマーケットを見ることもできます。

「常にポジションを持っていたい」は病気です

マーケットには、はっきりした動きのない、「わからない相場」の日が必ずあります。そんな日はどうするか？

ＦＸトレーダーが陥りやすいのは、「常にポジションを持っていたい病」。24時間マーケットは動いていますから、大抵はどこかのタイミングで大きく動くことがあります。

そんなときにポジションを持っていないと**「すごく損した気分」**になってしまい、**常にポジションを持って、マーケットの動きに一喜一憂していたい**という病気になってしまう人がいます。

でも、本当に大きく儲かっている人は、この病気にかかっていないのです。

動かないときに、無理にトレードをするということは、方向が見えていないのに、売りや買いをしかけるということです。これでは博打《ばくち》です。

儲かるトレーダーは、そんな博打はしません。**相場の方向がつかめるときにだけトレードします。**これで十分儲けを重ねることは可能なのです。

休むとよいことがある

常にポジションを持っていたい病患者は、自分の建てているポジションが儲かる方向にマーケットが動いて欲しいと祈ります。

それがかなわず逆に行けば、今度はナンピン買い（平均購入価格を下げるためにポジションの買い値よりもレートが安くなったときに追加購入すること）をかけて、保有ポジションをさらに増やします。

しかし、そんなことをして逆の方向にさらに進んだら、損失を拡大させ、ケガを大ケガにしてしまいます。

患者の多くは希望的観測でマーケットを見てしまうので、冷静な判断ができなくなるのです。あとで振り返れば、明らかに逆のシグナルが見えていたのに、「それはダマシだ」と勝手に解釈して、無視するわけです。

しかし、ポジションを持っていたい、という思いをぐっとこらえて、トレードを休むと、客観的にマーケットを見ることができます。**冷静にチャートを眺めながら、次の一手を考えるのです。**

こうして建てたポジションは当然、慌

儲けのポイント

- ■「常にポジションを持っていたい」は病気！
- ■相場の方向がわからないときはトレードを休み、チャートを冷静に眺め次の一手を考える

「常にポジションを持っていたい」病

ポジションを持っていないと、損してる気がする…

おもな症状

- □「ポジションを持っていないと儲からない」と不安になる
- □ 希望的観測でマーケットを見て、無理にトレードをする
- □ 慌ててポジションを建てて損失を出すことも多い

治療法

- □ 相場の方向が見えないときには、トレードを休んで、冷静にマーケットを観察する
- □ 相場の方向がわかるときにだけ、ポジションを建てる

「休むも相場」の格言通り、儲かるトレーダーは**「トレードしない」**ということもマーケットを勝ち抜くための大切な条件だと知っているのです

てて持ったポジションよりも勝てる確率は高くなります。

勝つトレーダーのヒケツ

本当に勝ち続けるトレーダーは、必ずトレードストップしています。1年を通して動く月（時期）、モタつく月などがあるので、動くときだけを集中してねらうスタンスに徹し、1年を振り返ったら、数回しか売買していないなんてこともあります。

ただし、その数回にかけるエネルギーは大きく、高いレバレッジを設定し、取引額もかなり大きくしてトレードを行います。まさに**集中攻撃のごとくエネルギーを注ぐ**のです。

大きなポジションを動かしますから、プレッシャーも大きくなります。しかし、常にポジションを持っていたい病患者さんは、度重なる含み損ストレスを抱えるわけですから、年に数回の勝ちトレーダーの方が、心理的負担も経済的負担も確実に軽くなります。

トレードストップは、トレードストレスを緩和させ、トレード持久力を高める大切な薬なんです！

大事な資産を投資する通貨を選ぶ

FXではトレードできる通貨が限られています。チャート分析に用いるための通貨選びは、それぞれの通貨の性格を把握しながら行いましょう。

取引所取引で取り扱える通貨ペアは?

FXにおいてチャートを分析するには、どの通貨ペアをターゲットにするか、ある程度の目安をつけておく必要があります。

日本のFX市場においては、現在、公設取引所を介した「取引所取引」が拡大しています。東証は2004年に**「くりっく365」**を、追従する形で大証は2009年に**「大証FX」**をスタートさせました。ここで取り扱っているのは、次の通貨です。

USD（米ドル）、EUR（ユーロ）、GBP（英ポンド）、AUD（豪ドル）、NZD（ニュージーランドドル）、CAD（加ドル）、CHF（スイスフラン）

※以下は「くりっく365」のみ。PLN（ポーランドズロチ）、ZAR（南アランド）、NOK（ノルウェークローネ）、HKD（香港ドル）、SEK（スウェーデンクローナ）

取引所取引ではなく、投資家とFX会社が直接取引を行う**「相対取引」の場合は、FX会社によって取り扱っている通貨ペアが異なります**から、各社のホームページなどで確認してください。代表的な通貨を取り上げますので、通貨選択の参考にしてください。

- **基軸通貨：USD**
- **準基軸通貨：EUR（基軸通貨と逆相関の関係）**
- **資源国通貨：AUD、CAD、ZAR、NOK（原油、金の市況に連動）**
- **逃避通貨：CHF（リスク発生時に金と連動）**
- **高金利通貨：AUD、ZAR、NZD**
- **取り扱いの少ない通貨：PLN、SEK、HKD**

例えば、資源市況が活況だと、資源国通貨グループが連動して上昇します。テロや大災害などの地政学的リスクが発生すると、CHFと金が急伸しやすくなります。金利主導になると、高金利通貨がマーケットの主役になります。そのときのポイントは**「現在の金利＋近い将来利上げしそうな国」**です。

こうして分類すると、それぞれの動きが予測しやすくなります。

チャート分析の際の参考にしてください。

儲けのポイント

- ■取引所取引には「くりっく365」と「大証FX」がある
- ■トレードする通貨ペアの決定は、各通貨の性格を把握しながら行う

FXで取り扱われるおもな通貨とその性格

基軸通貨

米ドル（USD）

国際的な信用があり、世界中で取引に使われている。近年はその地位のゆらぎが叫ばれるも、影響力はいまだ大きい

準基軸通貨

ユーロ（EUR）

1999年の通貨統合以来、影響力を拡大し続け、ドルに次ぐ通貨としての地位を固めている

資源国通貨

豪ドル（AUD）

加ドル（CAD）

南アランド（ZAR）

ノルウェークローネ（NOK）

原油や金を筆頭に幅広い資源産出国の通貨。資源価格と連動した値動きをすることが多い

高金利通貨

豪ドル（AUD）

南アランド（ZAR）

ニュージーランドドル（NZD）

ほかの国よりも相対的に金利の高い国の通貨。
金利主導下ではマーケットの主役に

逃避通貨

スイスフラン（CHF）

永世中立国の通貨であるため、地政学的リスクからの逃避先として位置づけられる

その他取り扱いの少ない通貨

ポーランドズロチ（PLN）
スウェーデンクローナ（SEK）
香港ドル（HKD）

PART 4

通貨マーケットと金融市場の関係「リスク志向とリスク回避」

為替とほかの金融市場の動きは、密接にリンクしています。世界全体の金融市場を大まかにでもチェックすることで、為替の動きがより一段と見えやすくなりますよ。

リスク志向・リスク回避

この数年、金融市場全体が大きく上下に動くことが多かったことから、**「リスク志向」「リスク回避」**という言葉が活発に使われるようになりました。言葉の意味は文字通り、リスクを取りに行く動きか、リスクを避ける動きかということです。

近年は投資ファンドの増加によるデリバティブ取引の活発化で、全世界的に金融市場全体の動きの連動性が高まっています。全般的に右肩上がりの上昇傾向が強いときは、市場参加者はリスクを取りに行く動きを強めます。つまり「リスク志向」となります。

リスク志向になると、現在右肩上がりの強い上昇トレンドのものは一段と値を飛ばし、逆に弱いものはさらに売られるという動きが顕著になります。

為替で例えるならば、リスク志向になると**高金利通貨、国の経済が強い通貨が買われやすくなり、低金利の脆弱《ぜいじゃく》な通貨が売られるという図式**になります。昨今の経済状態に当てはめると、リスク志向は「米ドル売り、円売り」です。全通貨を対象に、米ドルと円が売られやすくなります。

逆に、金融市場全体に不安感が漂う、調整色が強まるなど上昇に歯止めがかかるようになると、今度はリスクを避ける「リスク回避」の動きが活発化します。

リスク回避の動きでは、リスク志向のときに買われた通貨が売られ、売られた通貨が買われるというまったく逆の動きになります。昨今のFXにおいては「米ドル買い・円買い」ですね。

NYダウは世界の中心指数

世界の金融市場全部をチェックするのは非常に難しいですが、**必ずチェックしてほしいのが、「NYダウ」です。**米国のダウ・ジョーンズ社が米株式市場に上場している工業株を30社選出し、その平均値を指数化したものです。

NYダウの動きは、アメリカ企業の実勢を示すものとして、世界中の市場参加者が注目しています。ダウを筆頭に各国の株価指数が上昇し、その強さが外貨投資への安心感となって、リスク志向に傾斜したり、逆に弱さが不安

儲けのポイント

- リスク志向か回避か、マーケットの実勢をしっかりつかもう
- 基軸通貨・米ドルを持つ米株価指数の代表NYダウは要チェック

リスクと為替マーケット

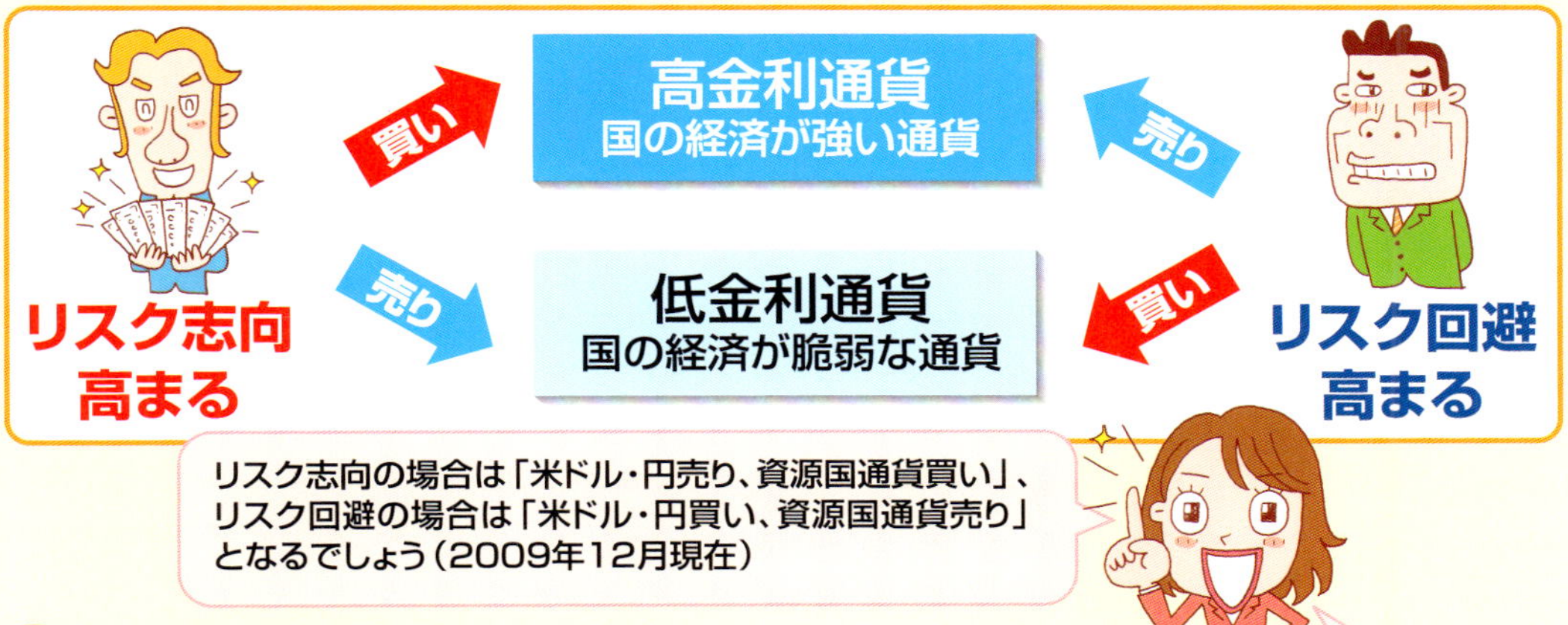
高金利通貨
国の経済が強い通貨
低金利通貨
国の経済が脆弱な通貨
買い
売り
売り
買い
リスク志向高まる
リスク回避高まる
リスク志向の場合は「米ドル・円売り、資源国通貨買い」、
リスク回避の場合は「米ドル・円買い、資源国通貨売り」
となるでしょう（2009年12月現在）

NYダウは要チェック

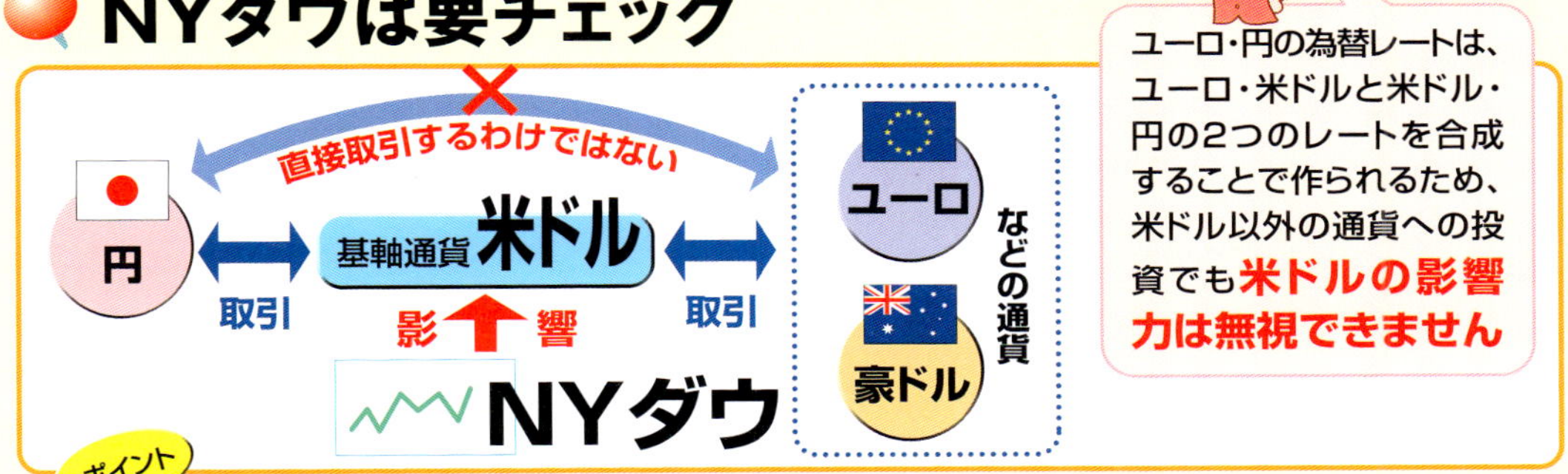
直接取引するわけではない
円
取引
基軸通貨 米ドル
取引
ユーロ
豪ドル
などの通貨
影響
NYダウ
ユーロ・円の為替レートは、
ユーロ・米ドルと米ドル・
円の2つのレートを合成
することで作られるため、
米ドル以外の通貨への投
資でも米ドルの影響
力は無視できません

ポイント
基軸通貨ドルに大きな影響を与えるNYダウはFXをするうえでも欠かせない指標

感を広げてリスク回避に向かわせるなど大変大きな影響力を持っているのです。

たとえ、米ドルを投資していないからといっても、ダウのチェックを疎かにしてはいけません。クロス円（米ドル以外の外貨の対円レート）などは、米ドル・円の為替レートをベースに換算されるので、日本人が対円で外貨を買う上でも、**対象となる外貨と米ドルの関係が、レートに加味されてくる**のです。

米ドルは基軸通貨で、多くの国で米ドルとの為替レートをベースに他国との通貨レートが計算されていますから、たとえポジションに米ドルが含まれていなくても、**外貨投資をスタートしていれば、必ず米ドルとのおつき合いが生まれている**と考えましょう。

世界の金融取引の中心に置かれている米ドルですから、当然その国の株価指数への注目度が高いのもうなずけますね？　まれに為替市場とのリンクが外れるときもありますが、基本は必ずウォッチされている指数ですから、見るクセをつけていきましょう。

マーケットを見る眼も養われます。

商品相場の動向⇕為替相場への影響

原油や天然ガス、鉱物資源などを保有している国を「資源国」と言います。これらの国の通貨をトレードしていくには、商品市況を把握することが大きなポイントになります。

資源は経済の燃料!!

資源と呼ばれる多くの商品を豊富に埋蔵している国々の通貨を**「資源国通貨」**と称します。

資源と呼ばれるものは、金、白金（プラチナ）、鉄などの鉱物資源から、原油、穀物、天然ガスなどの食料資源やエネルギーに至るまで、非常に多岐にわたります。

この資源国通貨の代表的存在が、日本人投資家に大人気の豪ドルです。オーストラリアは原油、鉄鉱石、石炭、金、銀を産出。アルミニウムの原料になるボーキサイトでは世界有数の産出量を誇る、資源大国です。

こうした資源は、経済を飛躍させる燃料になります。建築や設備投資に欠かせない鉄、自動車はもちろん、さまざまな商品の素材となる石油。こういった需要は経済成長の局面で一段と高まります。資源需要が高まり、価格が上昇すると、**資源国の経済の上昇にストレートに反映されます。**

資源需要が高まれば、貿易が拡大し、関連企業業績や株価もアップします。経済が拡大基調になれば金融政策は引き締められ、政策金利が上昇、金利差に着目した通貨買いが高まります。

これが資源国通貨を追いかけていくときの見方です。

オーストラリアなら原油 南アフリカなら白金

資源国と言われる国には、**オーストラリア、南アフリカ、カナダ、ノルウェー**などがあります。

ＢＲＩＣｓの4ヵ国（ブラジル、ロシア、インド、中国）も豊富な資源を保有していますが、残念ながらロシアを除いては、現時点ではFXトレードの環境がまだ整備されていません。

豪ドルをトレードするのなら、原油と金の動向は見逃せません。非常に連動性が高く、国の経済上昇にも大きく寄与します。

南アランドをトレードするのなら、金と特に白金は要注目。白金は世界シェアの7割を南アフリカが持っています。自動車の製造に絶対に不可欠な工業用としての需要が高い白金ですから、白金上昇＝工業生産の上昇と、経済上昇の裏付けとも見られます。

儲けのポイント

- ■主な資源国通貨は、資源価格とリンクする
- ■原油、金、白金、穀物など、通貨によってリンクする資源は異なる

資源価格と資源国通貨の為替レート

出典:フジフューチャーズ
NY原油(週足)
2008年7月に高値をつけたあと、大幅に下落
08/07(1)
147.27
08/12(3)
32.40
2009年初頭からゆるやかに上昇し続ける
豪ドル・円(週足)
07/16
107.69
10/29
107.79
07/21
104.43
08/13
86.00
03/17
88.13
10/20
54.96
02/02
2009年2月ごろから上昇に転じる
2008年7月下旬から大幅に下落
7月
10月
2008年
4月
2009年
為替レートのほうが若干上下していますが、大きなトレンドは、原油価格と連動していると言えるでしょう

加ドルなら穀物と原油。原油はもちろん、カナダには固有の「オイルサンド」と言われる代替エネルギー資源があります。これを石油に精製するコストは、1バレル60ドルと言われています。原油価格がそれ以上になると、カナダのメリットが増しますから加ドルにはプラスです。

　またノルウェーは原油と天然ガスの世界有数の輸出国。原油の上昇のなか、マイナー通貨のなかでじりじりと上昇の動きを見せてくれます。

FX対象外でも その国との関係を探る

　加えて、FXトレード対象にはなりませんが、資源を持つ国ブラジル、資源を世界から集める中国、これらの国との貿易割合が高いと、これらの国の経済上昇＝貿易相手国も経済上昇となります。

　中国の経済上昇は、オーストラリアの経済成長を大きく押し上げていますから、「資源を求める国」の経済と、**その国へ資源を輸出する国の通貨**という角度から探ることも、資源国通貨投資のスキルが上がりますよ。

チャートで見る商品と通貨の連動性

主要な資源国通貨と商品の関連について、実際にチャートを比較しながら、連動性を確かめていきましょう。商品相場の動きから、のちの通貨の動きが見えてきます。

白金（プラチナ）の底打ちが南アランド上昇のシグナル!?

金と白金（プラチナ）は同じ鉱物資源のため、一緒にされがちなのですが、**商品マーケットでの性格はまったく異なります。**

金は商品価値以外に、逃避通貨としての揺るぎない評価があります。それに対して白金は、貴金属などよりも自動車部品などの工業用として用いられることが多いため、経済が失速し、下降トレンドになると非常に速いスピードで値下がりをしていきます。

例えば、金と白金の２００８年の暴落を比較してみましょう。金の下落幅が約32％だったのに対して、白金は66％も下落する大暴落でした。

その白金の週足チャートを見てみましょう。２００８年10月8日の最安値から反転し、上昇トレンドに入っています。

では、南アランドはどうでしょう？少し遅れて、10月20日に最安値をつけて、そこから反転上昇しています。ほかの通貨は、軒並み年末年始にかけて安値や二点底をつけています。南アランドは、どの通貨よりも早い段階で、**白金の動きに連動する形で上昇に転じていた**ことがチャートを見れば一目瞭然です。

こうした連動性を知っていれば、南アランドの動向を常に見ていなくても、**先行指標としての商品の動きを確認し、それを元に南アランドで利益をねらうことが可能**になるのです。

ほかのマーケットを見ていたからこそ、いち早く為替の動向をキャッチできる、というわけです。

原油の急上昇が加ドルを押し上げた

原油と加ドルからも、同じような連動性を見つけられます。

２００９年、原油は2月の安値から一本調子で上昇し、あっという間に70ドル台を回復しました。同様に加ドルも、70円前後から90円に迫るほどの力強い上昇を、原油と連動する形で見せています。

通貨を選ぶときには、こうやって**売買のヒントになるような連動性の高いチャートがあるものを探して取り組む**というのも一考です。

儲けのポイント

- 南アランドは白金相場を先行指標として活用できる
- 加ドルは原油相場を先行指標として活用できる

資源価格から為替の動きを読む

出典:フジフューチャーズ

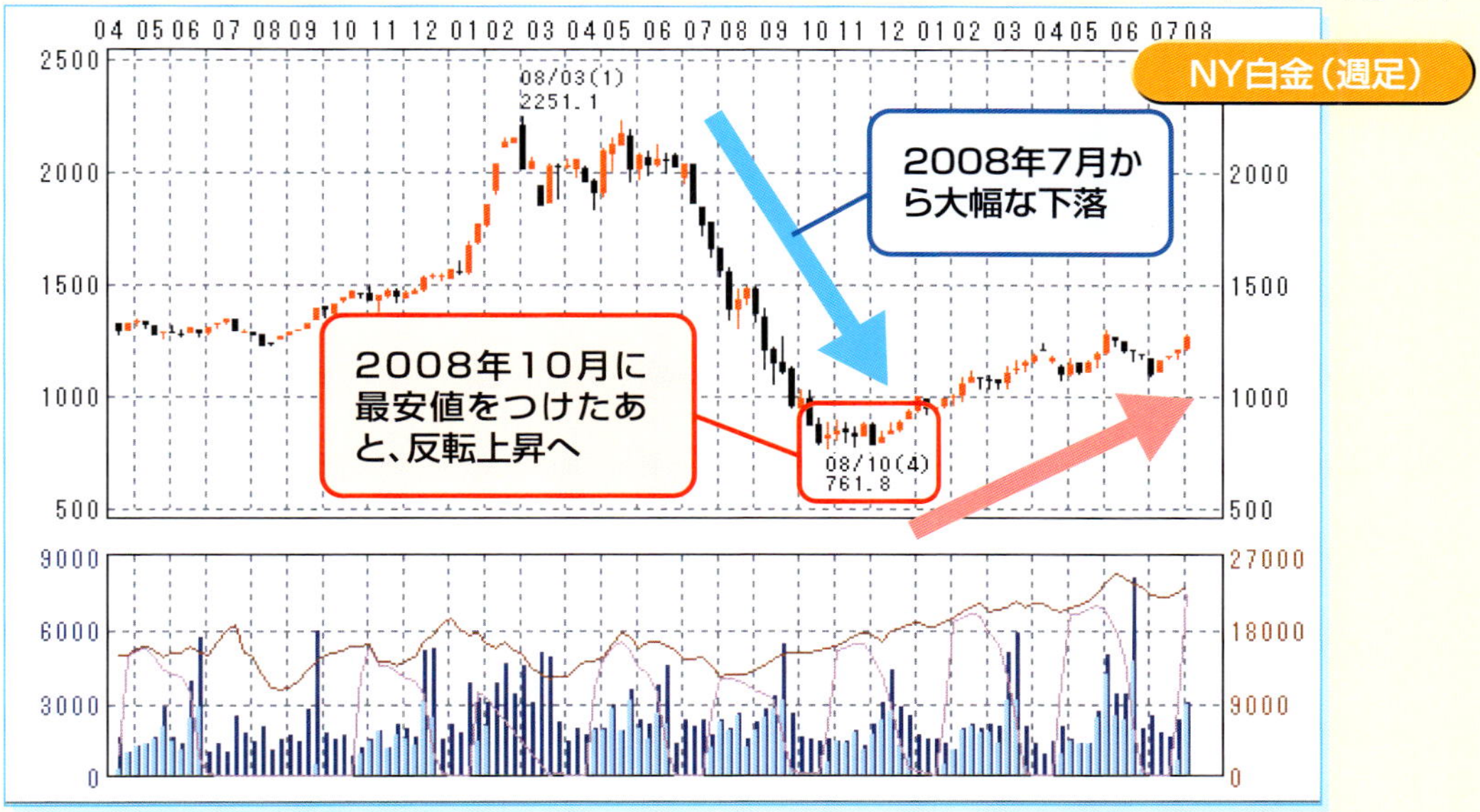
NY白金(週足)
08/03(1)
2251.1
2008年7月から大幅な下落
2008年10月に最安値をつけたあと、反転上昇へ
08/10(4)
761.8

南アランド・円(週足)
07/16
17.80
10/29
17.73
08/13
14.69
08/04
14.99
世界的な金融不安の中、ほかの通貨と同様に、円に対して大きく下げる
06/29
12.55
2008年10月20日に最安値をつけるも、白金価格と連動して、ほかの通貨よりも早く上昇に転じた
10/20
7.66
10月
2008年
4月
7月
10月
2009年
4月
7月

資源価格と資源国通貨の連動性を頭に入れておけば、資源価格が為替の先行指標になりうる例です

金利と為替には密接な関係がある

為替レートには、二国間の力関係が反映されます。その力関係を表す鏡として、各国中銀の金融政策の柱である「政策金利」が大きく影響しています。

中銀の金融政策の柱「政策金利」に注目

各国の中央銀行は、それぞれ定期的なペースで金融政策決定会合を行い、「政策金利」と呼ばれるものを決定しています。この**「金利」は経済、そして為替に大きな影響を与えます。**

例えば、「インフレ」になると、経済の過熱を抑えるために政策金利を上げます。それによって預貯金の金利が上昇したり、銀行の貸し出し金利が上昇したりして、世のなかに流れ出すお金の量が調整されます。

逆に「デフレ」になると、経済は縮小してしまうため、カンフル剤として金融緩和が必要になり、政策金利を引き下げます。すると、預貯金の金利が下降し、銀行の貸し出し金利も低下し、世のなかにお金が多く流れ出すようになります。

FXトレーダーの立場で考えてみましょう。トレードをするときは、取引する通貨ペアの金利差に目が行きます。**「金利が上がる」方の国の通貨を買いたいと思いますから、高金利の通貨にトレーダーたちの資金が流れます。**こうして高金利通貨が高くなるわけです。逆に「金利が下がる」方の国の通貨は、トレーダーたちは売りたいと思いますから、当然、低金利通貨は安くなります。

チャート分析のみでトレードする**「テクニカルトレーダー」であったとしても、各国の金利動向は、無視できるものではありません。**チャート分析をしながらも、金利動向にはしっかりと注意を払っておきましょう。

スワップポイントも「政策金利」がベース

FXトレーダーが大好きなスワップポイントも、政策金利がベースになります。

高金利通貨は、日々受け取れるスワップポイントも大きいため、スワップねらいの長期投資をしているトレーダーも多いことでしょう。

スワップポイントは、短期金利をベースに短期金融市場で実質金利が推移し、算出されるもので、日々数字が変化します。スワップポイントは、毎日取引会社の「スワップカレンダー」でチェックしてください。

儲けのポイント

- ■金利は経済、そして通貨市場に大きな影響を与える
- ■金利に連動するスワップポイントは日々変化する。要チェック

おもな通貨圏の政策金利

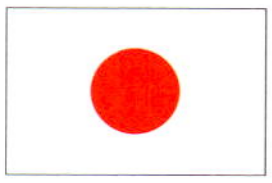

円(JPY)

名称：無担保コールレート(オーバーナイト)
決定機関：日本銀行

米ドル(USD)

名称：FFレート
決定機関：米連邦公開市場委員会(FOMC)

ユーロ(EUR)

名称：主要リファイナンシングオペレート
決定機関：欧州中央銀行(ECB)

豪ドル(AUD)

名称：オフィシャルキャッシュレート
決定機関：オーストラリア準備銀行(RBA)

英ポンド(GBP)

名称：レポレート
決定機関：イングランド中央銀行

加ドル(CAD)

名称：オーバーナイトレート
決定機関：カナダ中央銀行

政策金利の動きと為替

(%)
豪ドル・円(月足)
11/30
107.79
07/31
104.43
08/31
86.00
82.07
10/31
54.96
66
オーストラリア政策金利推移(左目盛)
9
8
7
6
5
4
3
2
06年
2007年
2008年
2009年
為替レートと政策金利の推移がシンクロしているのがわかります

チャート分析で勝つための約束事

為替トレーダーとして勝ちをつかみ、儲けを手にするためには、頭に入れておかなければならない約束事があります。ここまでも、その都度紹介してきましたが、最後にまとめて再確認しましょう。

儲けのポイント

■チャート分析で勝つにはシグナルにくわしくなるだけでは不十分。7つの約束事を守って勝利を引き寄せよう！

「頭と尻尾はくれてやれ」

有名な相場格言ですが、チャート分析についても、この言葉通りです。誰でも一番の高値で売りたいし、一番の底値で買いたいものです。ですが、それは神業です。そこにこだわり過ぎると「逆張りの意識」が先に立ってしまい、巨大なマーケットに飲み込まれてしまいます。

最高値、最安値にこだわらず、**「高値圏、高値のゾーンで売れればよい」「底値圏、安値のゾーンで買えればよい」**と考え、トレンド転換をキャッチする目を磨けば、いつか「気がついたら大底買いができていた」ということになるかもしれません。

失敗は忘れない

失敗は引きずるべきではありませんが、忘れてしまってはいけません。失敗したのには理由があるのです。

たとえば、シグナルに従わずに「よいところまで下がったから」と値ごろ感で手を出したりしていませんか？　実際、そうして損をした人は多いと思います。そんなときは、「どうしてそこでエントリーしたか？」を振り返って、同じ失敗をくり返さないことが、次回の勝利につながります。**同じ失敗はくり返さない。そのために一度失敗したことは忘れずに。**経験を次に活かしましょう。

機械的に従う

チャート分析には、ダマシがあって当然と思ってください。ダマシに当たって損をしても仕方ないのです。10回トレードして、8回損切りして、2回利益確定しても、その2回の利益確定の方が、8回の損切りよりも大きな金額であれば、トータルで勝ちです。**大切なのは「勝率」ではなく「リターン（利益）」です。**

トレーディングしているときに「これはダマシだ」と思ったら、すぐに手仕舞うことです。そこで感情を入れて「でも戻ったら……」と思っていると失敗します。**トレードは機械的にシグナルに従い、最後まで機械的にを貫き**

高値圏、安値圏でトレードできれば成功!!

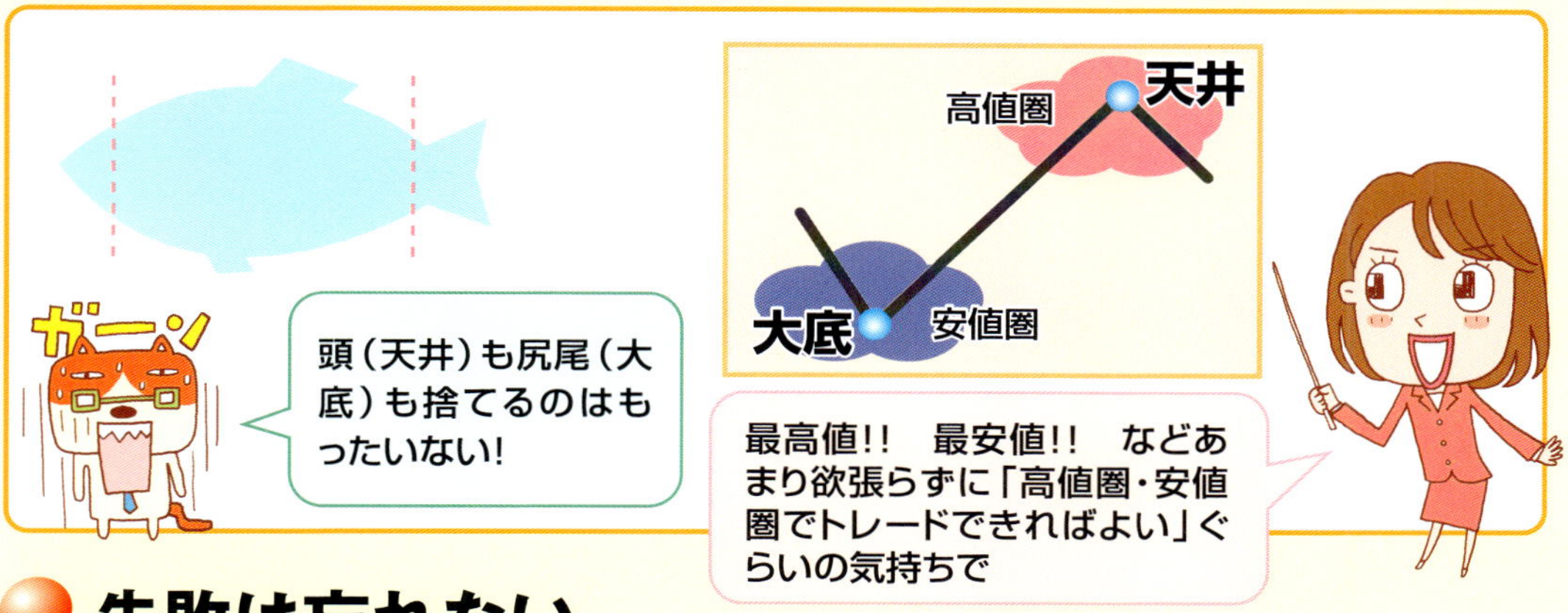
ガーン
頭（天井）も尻尾（大底）も捨てるのはもったいない!
高値圏
天井
大底
安値圏
最高値!!　最安値!!　などあまり欲張らずに「高値圏・安値圏でトレードできればよい」ぐらいの気持ちで

失敗は忘れない

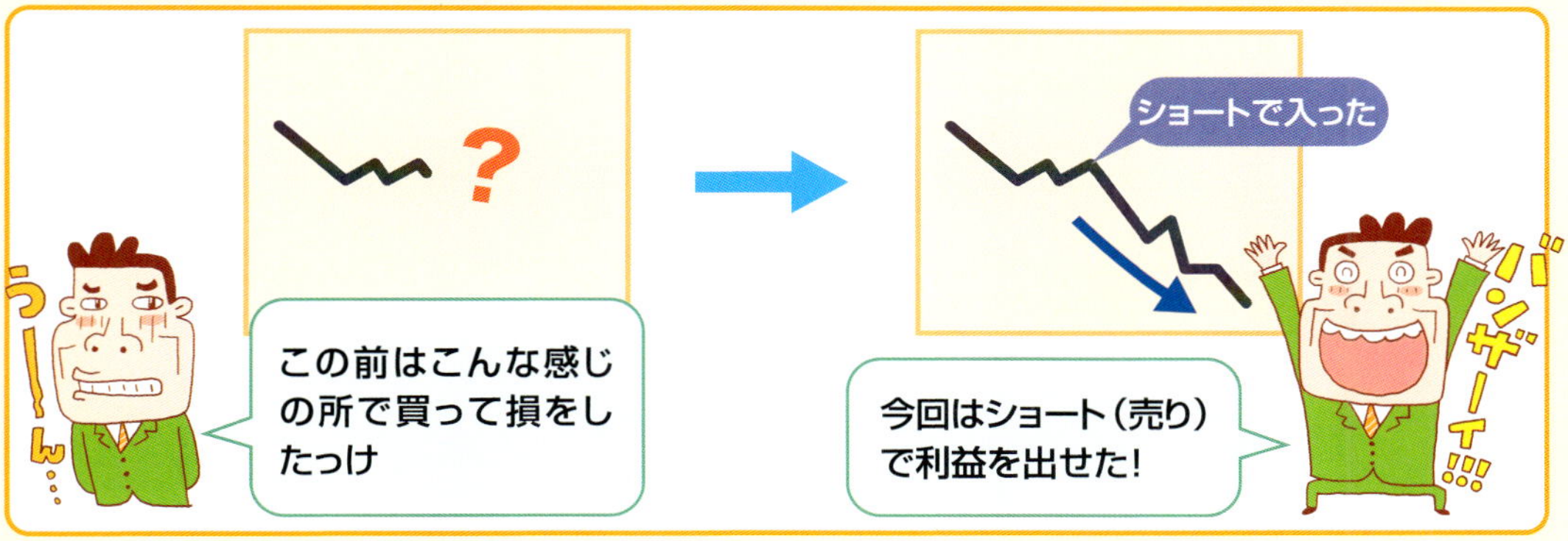
?
ショートで入った
うーん…
この前はこんな感じの所で買って損をしたっけ
今回はショート（売り）で利益を出せた!
バンザーイ!!!

通してこそ分析に価値が出るのです。

チャンスをあせって無理をしない

いくらチャートを分析しても、絶対にわからないときはあります。

そんなときでも、「ポジションを持っていたい病」の人は、とりあえず買ったり売ったりします。

しかしそんなポジションは絶対に利益を生みません。偶然、ラッキーなことに儲かったとしても、そんなことをくり返していると、のちのち大きな損失をこうむってしまいます。これは私の経験則でもあります（笑）。

わからないときは休んで、わかり始めたら再開しましょう。為替マーケットはずっと続いていきます。チャンスはいくらでもありますよ。

シグナルの鮮度を大切に

チャート分析は氷のような心でクールに駆使するものです。そこに感情を入れてしまうことは絶対にタブーです。例えば「買いシグナルが出ているけれども、もう少し下がる気がする」

といって買うのをためらう気持ちが出てしまうこともあります。これは、チャート分析においては禁物です。

チャート分析によって出たシグナルはその出現したタイミングが重要。「買いシグナルが出たときは、もう少し下がると思って買わなかったけど、上がってきたからここで買おう」なんて行動はダメです。その時点では、買いシグナルが出たときとは、すっかりチャートの形が変わっているはず。

チャート分析は鮮度が大切です。感情のフィルターを通している間にどんどんシグナルの鮮度は落ち、そして腐ってしまいます。腐ったシグナルに従ったりすると、お腹を壊して（大損して）しまいますよ！　注意しましょう。

必ず自分で解釈してみる

ちょっと目にした、耳にした、というシグナルやサイン、情報をそのまま鵜呑みにしてはいけません。それらを自分なりにかみくだいて、解釈をしてください。自分の判断を加えてから行動に移すのです。

チャートのサインでも、自分と相性

無理をせずに機械的にトレード

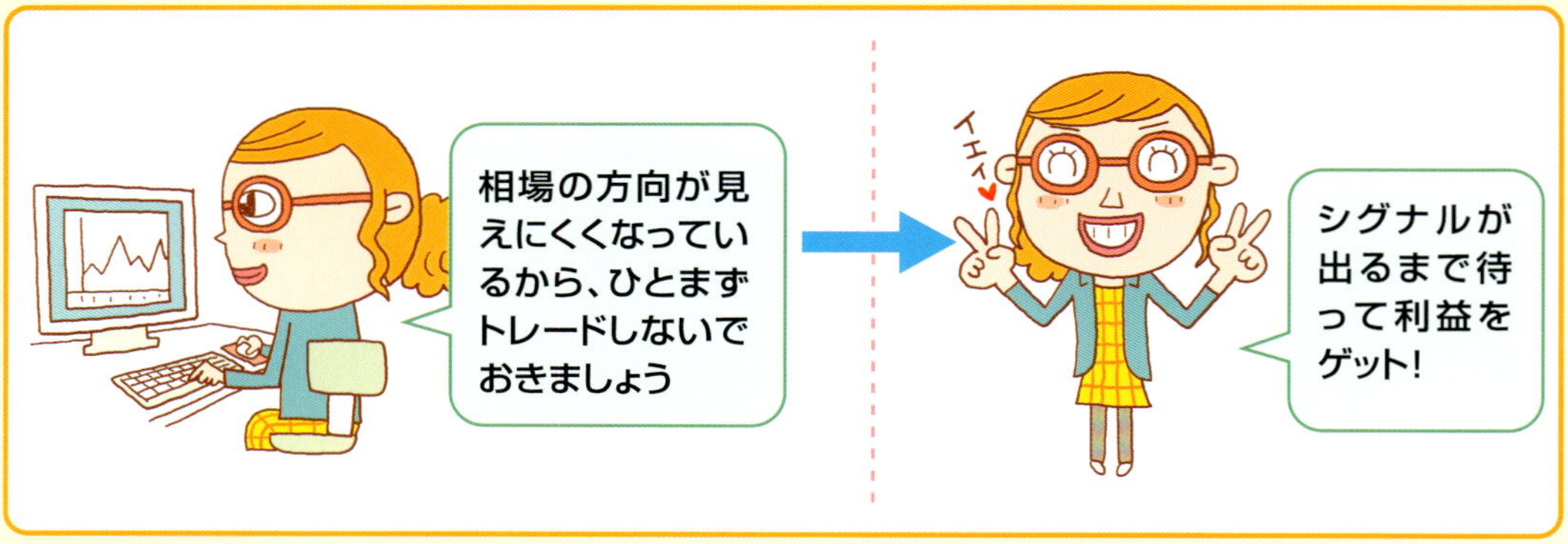

相場の方向が見えにくくなっているから、ひとまずトレードしないでおきましょう
イエイ
シグナルが出るまで待って利益をゲット!

シグナルの鮮度を大切に

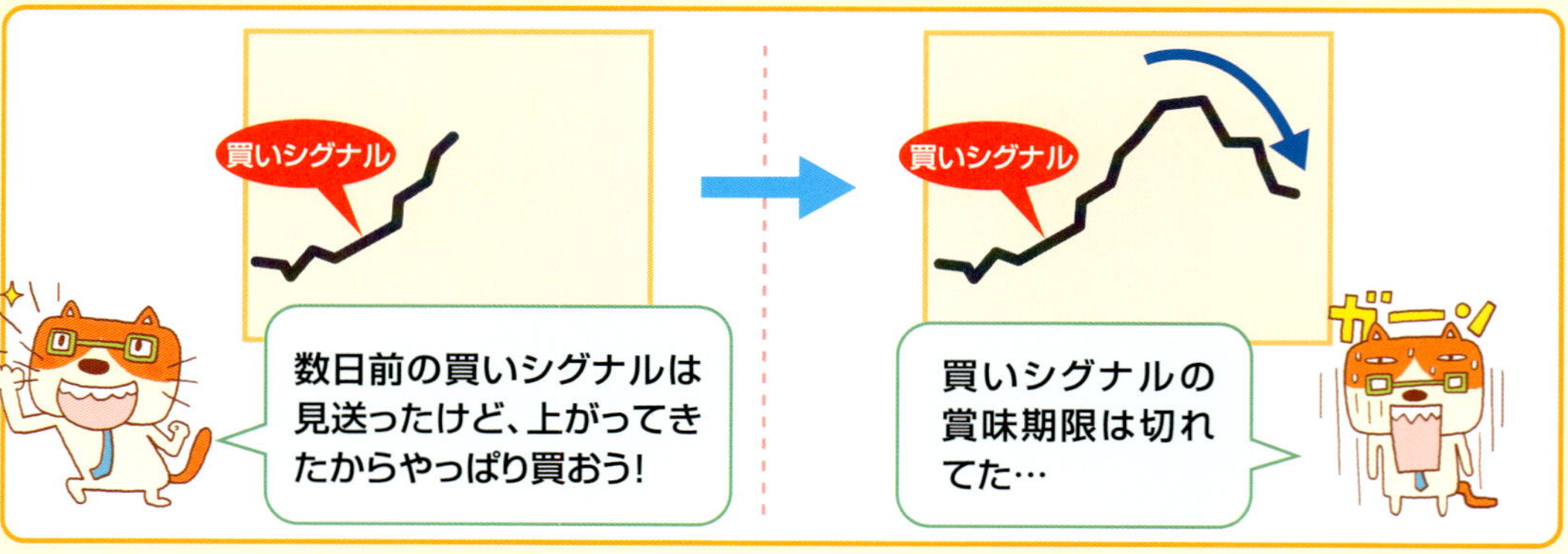

買いシグナル
数日前の買いシグナルは見送ったけど、上がってきたからやっぱり買おう!
買いシグナル
ガーン
買いシグナルの賞味期限は切れてた…

のよいサイン、悪いサインがあるはずです。**自分との相性がよくないものにまで従う必要はありません。**自分なりの解釈で「ここは無視する」と判断した場合は、シグナルの内容にかかわらず「見送り」でよいのです。

スタートはあなたのエントリー値段じゃない！

最後に一番大事なことです。

個人の投資家には、自分がエントリーした値段を「スタート」と思ってしまう人が多いのです。そこを基準に考えるため「買った値段よりも少し下がったから買い増ししようかな」などと考えてしまいます。

しかし、**自分のエントリー値段が相場のスタートではありません。マーケットのスタートやトレンドとは関係のないものです。**ですから、自分のエントリー値段を基準にして「高くなった」「安くなった」と判断してはいけません。チャートの実勢は、指標やシグナルに従って客観的に判断しましょう。

これらを守ってトレードすることで「FXで勝利する」可能性はさらに高くなります。

必ず自分で解釈してみる

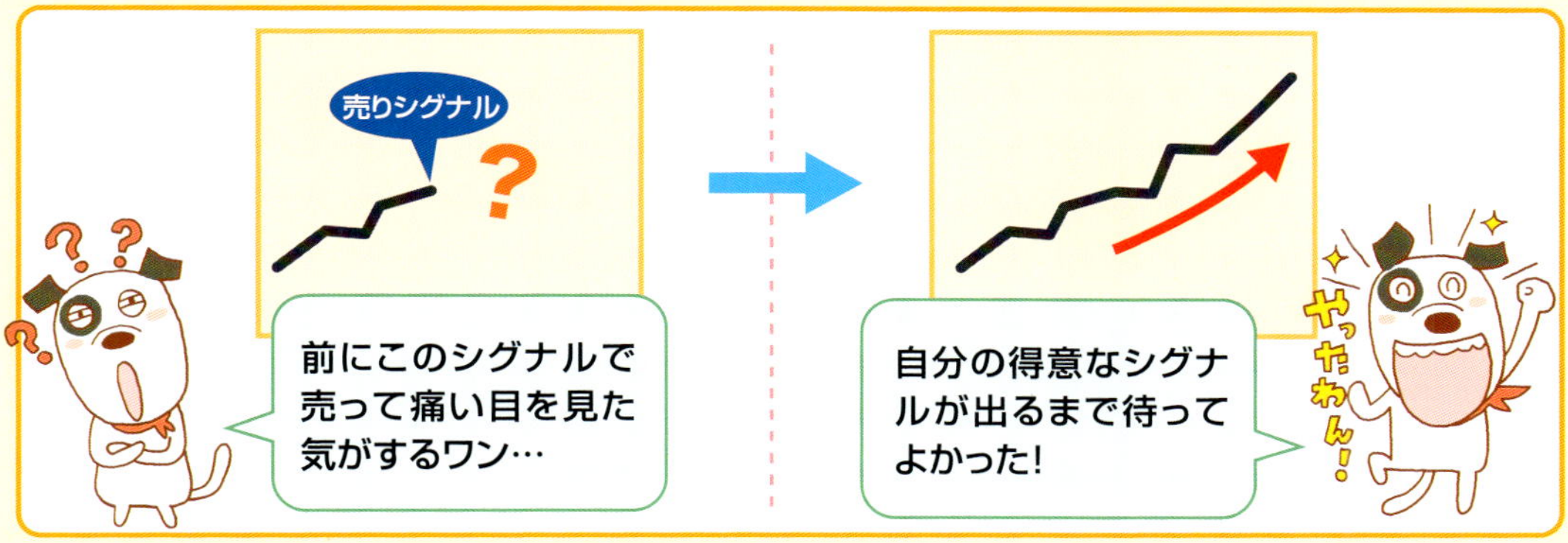
売りシグナル
前にこのシグナルで売って痛い目を見た気がするワン…
自分の得意なシグナルが出るまで待ってよかった!
やったわん!

エントリー値段を基準にしない

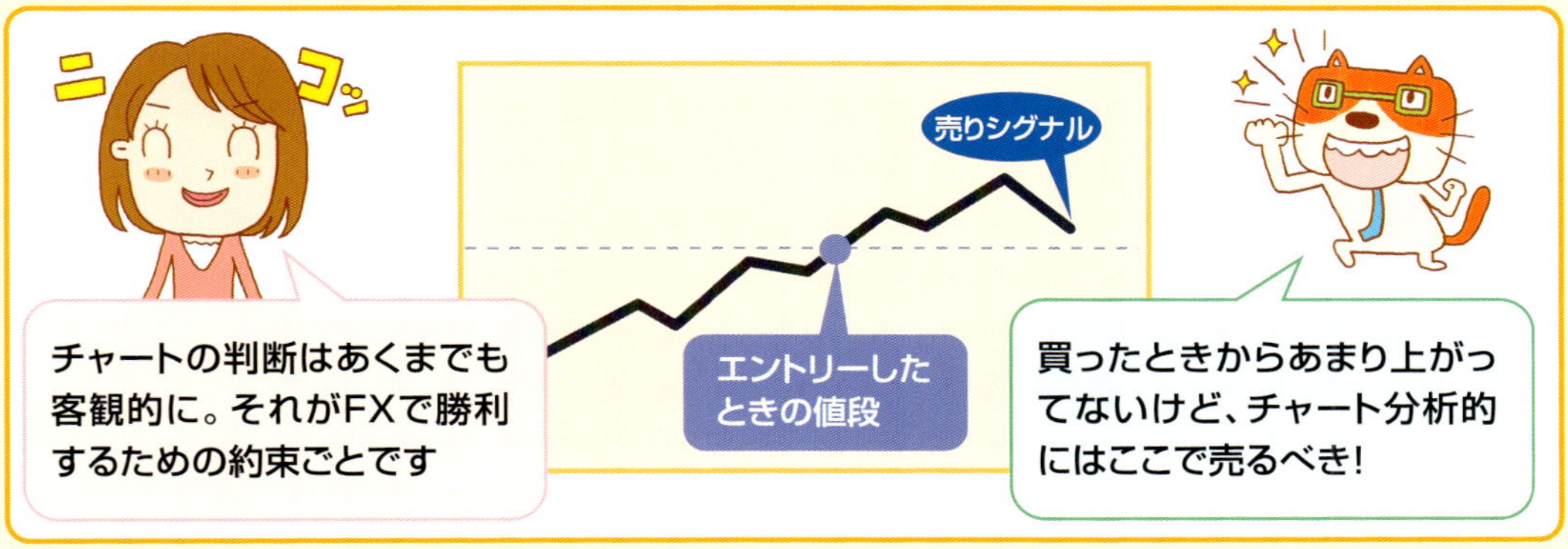
ニコッ
売りシグナル
エントリーしたときの値段
チャートの判断はあくまでも客観的に。それがFXで勝利するための約束ごとです
買ったときからあまり上がってないけど、チャート分析的にはここで売るべき!

column

FXにない通貨への投資を考える

昔は先進国通貨が主流だったFXですが、最近はマイナー通貨の取り扱いもだいぶ増えてきました。米ドルやユーロだけを見ていたのが、今ではノルウェーや南アフリカの通貨も活発に取引されています。まさにグローバル！

しかしそれでも、まだフォローされていない通貨はたくさんあります。

たとえば、2016年に南米初のオリンピック開催が決定したブラジル。エネルギー自給率が100％ですから、新たに生産されるエネルギーのすべてが輸出可能です。石油の埋蔵量にも期待が持たれており、ますますの経済成長を遂げる期待大。

また、株価の上昇が著しいインドも、多くの天然資源に恵まれているうえに人口も多いため、厳しい経済環境からの早々の脱出をうかがっています。

しかしこうした国の通貨は、FXではトレード対象にならないため、ついつい見過ごしてしまう人も多いのでは？

しかし価格連動型投資信託であるETFであれば、こうした国の経済成長に、株式市場を通じて取引することができます。また、普通の投資信託も数多く発行されています。

確かにFXのトレード対象ではありませんが、FXで多く取引されている国との経済的なかかわりは非常に大きく、決して見過ごせません。2009年11月末のドバイショックのように、一国の金融不安が世界中の通貨に混乱をもたらすこともあるのですから。

FXではトレードしなくても、ピンとアンテナを張っておかなければ、投資対象外からのショックについていけなくなります。

そして、そのアンテナが投資のチャンスをつかんだら、FX以外の方法でも投資を考えてみてください。

FXトレードをするということは、世界中の動きをチェックするということ。そこにはあなたが今まで気づかなかった投資チャンスが隠れているかもしれません。

あとがき

世の中にはたくさんのチャート分析法があります。でも、その全部を使いこなすのは正直、至難のわざです。本書では、そのなかから私なりに有用で効果の高いと思えるものを厳選して紹介しました。

皆さんには、本書で紹介するチャート分析の中で、どれか1つでいいので、自分と相性のよい分析手法を見つけてほしいのです。それが、ＦＸ投資をする際の、あなたの強い武器になります。

素手で戦えますか？

私にチャートを覚えろと指南してくれた師匠は（株式評論家の早見雄二郎というおじさんです）、「武器を持ちなさい。武器を作りなさい」とくどいほど言っていました。

実際、以前は「くどいな～」と思っていたのですが、今では改めて「本当にその通りだ」と思うのです。

たとえば戦争をするときに、素手で戦いますか？

大昔の戦争だって、石ころや石槍など、何かしら武器を持って戦っていたはず。決して素手では戦わないでしょう？　だって勝ちたいのですから。格闘技の達人でもない限り、何らかの武器を持つことは自然な選択です。

それは、投資でも同じ。

そしてＦＸ投資での武器は、チャート分析です

武器は、数をそろえればいいというわけではありません。槍と剣と大砲を一緒に使えないのと似ています。

本書にはたくさんの分析法やその判断術を紹介していますから、その中から相性のよいものを探しましょう。「全然わかんない」「イマイチ納得できない」など、苦手に感じるようなものは、きっとあなたには使い勝手が悪いものです。無視です。

「これならわかる。納得！」というものを見つけましょう。

ちなみに私は、一目均衡表が大好きなので、これをよく使います。ボリンジャーバンドも好きですね。逆にＲＳＩはそんなに駆使しません。これも相性の問題なのでしょう。

相性がよく、自分が使いやすければ、たった1つでも十分なのです。

本書で、あなたの武器が見つかり、それを駆使してＦＸ投資で成果を上げることを祈っています。

横尾寧子

おまけ

売買シグナル早見表

ローソク足

ローソク足16の応用形

1 4値同事足

相場が動いていない状態だが、動き出せば新しい相場へ

買 売

2 カラカサ（陰線）

「底値圏」で出たら上昇へ転換の可能性大

買

3 陽の寄付き坊主

買い勢力が強い

買

4 陽の大引け坊主

買い勢力が強く、今後も上昇か

買

5 陽の丸坊主

買い勢力が「一方的」に強い

買

6 トンカチ（陽線）

「天井圏」で出れば下落へ転換の可能性大

売

7 陰の寄付き坊主

売り勢力が強い

売

8 陰の大引け坊主

売り勢力が強く、今後も下落か

売

9 陰の丸坊主

売り勢力が「一方的」に強い

売

10 コマ（陰の極線）

相場が迷い、保ち合っている

買 売

11 トウバ（塔婆）

相場の1つの流れが終了し、この後転換か保ち合いへ

買 売

12 トンボ

相場の転換期を示唆

買 売

13 カラカサ（陽線）

「底値圏」で出たら上昇へ転換の可能性大

買

14 コマ（陽の極線）

相場が迷い、保ち合っている

買 売

15 寄せ線（足長同事線）

売り勢力と買い勢力が激しい攻防をしている。相場の転換期を示唆

買 売

16 トンカチ（陰線）

「天井圏」で出れば下落へ転換の可能性大

売

買 →買いシグナル　売 →売りシグナル　買 売 →相場の展開により買いシグナルにも売りシグナルにもなりうる

ローソク足の組み合わせ

出合い線

買 [強気]

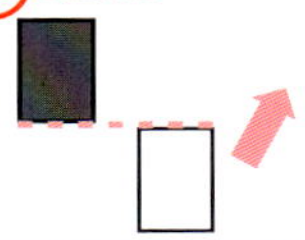

先の陰線から大きく下がった値から始まり、終値付近まで上がる。上昇のシグナル

売 [弱気]

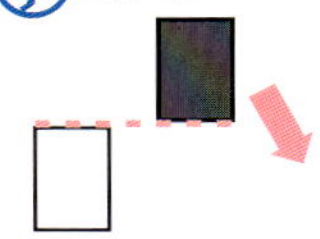

先の陽線から大きく上がった値から始まり、終値付近まで下がる。下降のシグナル

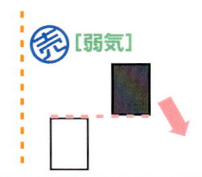

売 かぶせ線

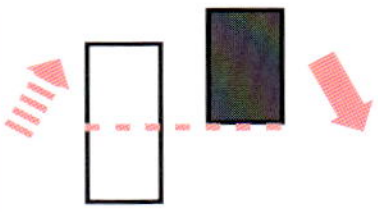

先の大陽線の中心付近まで下落した陰線が続く。天井打ちのシグナル

毛抜き

買 [毛抜き底]

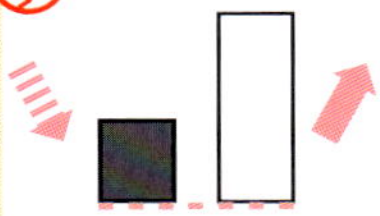

先の陰線と次の陽線の安値がそろう。底値圏で出ると底打ちのシグナル

売 [毛抜き天井]

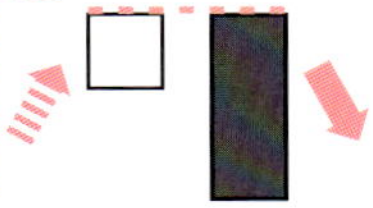

先の陽線と次の陰線の高値がそろう。高値圏で出ると天井打ちのシグナル

買 切り込み（切り返し線）

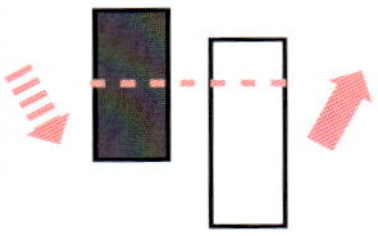

先の大陰線の中心より上で高値が付いた大陽線が続く。上昇のシグナル

つつみ足

買 [陽線つつみ足]

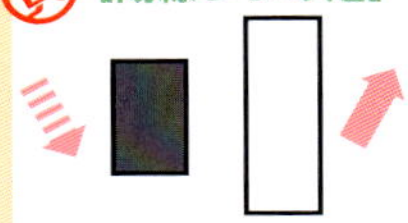

先の陰線を続く陽線がすっぽりつつみ込む。上昇トレンドへの転換を示す強力なシグナル

売 [陰線つつみ足]

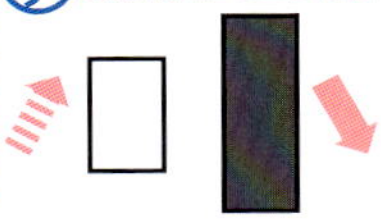

先の陽線を続く陰線がすっぽりつつみ込む。下降トレンドへの転換を示す強力なシグナル

買 売 はらみ線

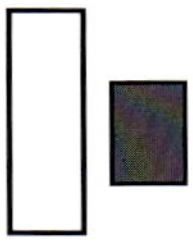

大陽線（大陰線）の後に、その範囲内に収まる小陰線（小陽線）が続く。相場転換のシグナル

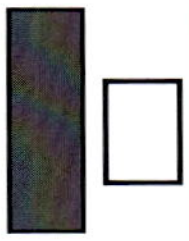

酒田五法

売 三山《さんざん》

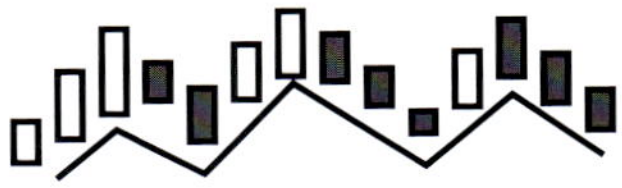

上げ下げをくり返して、3回天井を形成したあと、相場が下落に向かう

三川《さんせん》

売 [宵の明星]

買 [明けの明星]

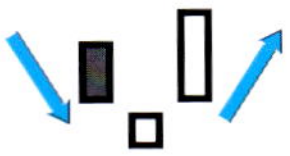

「宵の明星」は下降相場への、「明けの明星」は上昇相場への転換を示す

三空《さんくう》

売 [三空踏み上げ]

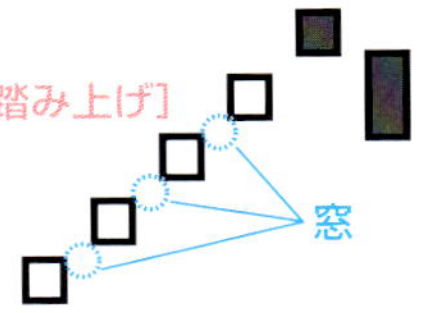

前のローソク足と間隔を空けた始値の陽線、または陰線が3つ続く。上放れれば買い、下放れれば売りのシグナル

買 [三空叩き込み]

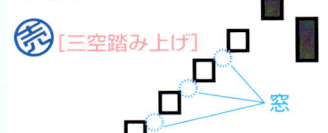

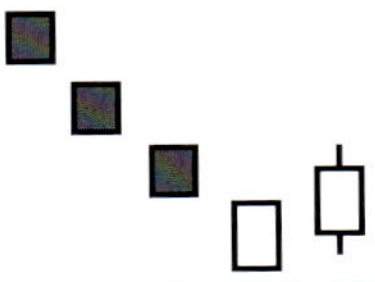

三兵《さんぺい》

買 [赤三兵]

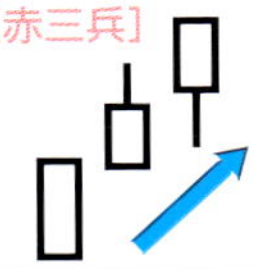

売 [黒三兵]

陽線が3本続く「赤三兵」なら上昇への、陰線が3本続く「黒三兵」なら下降への転換

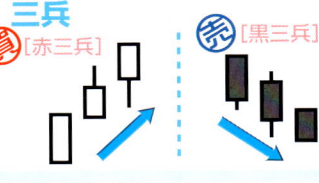

三法《さんぽう》

買 [上げ三法]

売 [下げ三法]

「上げ三法」は上昇相場のなかで、「下げ三法」は下降相場のなかで見られる

移動平均線

クロス

買 ゴールデンクロス

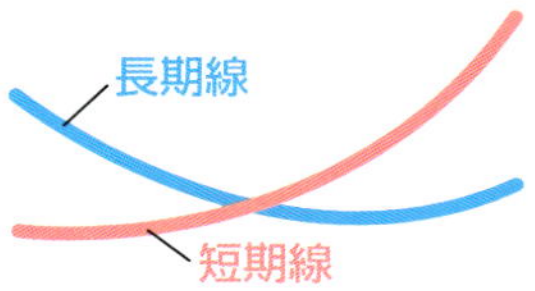

短期線が長期線を下から上に突き抜ける。上昇のシグナル

売 デッドクロス

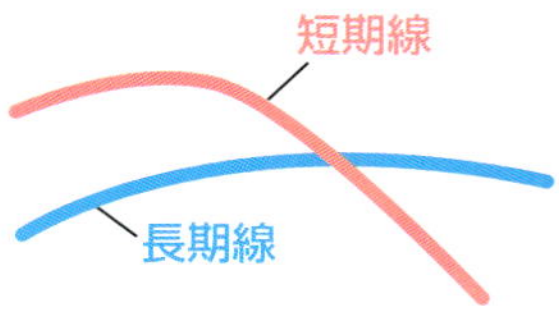

短期線が長期線を上から下に突き抜ける。下降のシグナル

グランビルの8法則

買 買いシグナル①

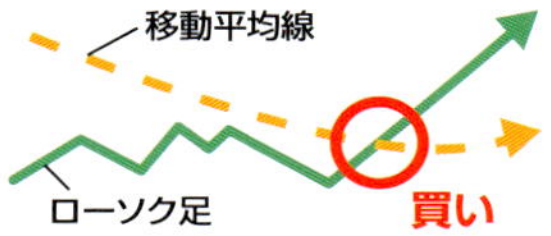

移動平均線が下落後、横ばいになるか上昇しつつある局面で、ローソク足が移動平均線を下から上にクロス

売 売りシグナル①

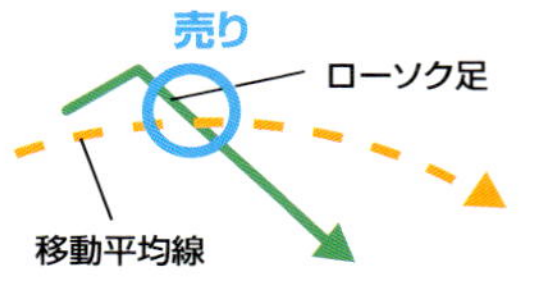

移動平均線が上昇後、横ばいになるか下降しつつある局面で、ローソク足が移動平均線を上から下にクロス

買 買いシグナル②

移動平均線が上昇している局面で、ローソク足が移動平均線を上から下にクロス

売 売りシグナル②

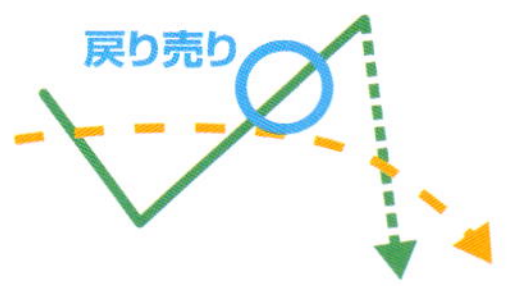

移動平均線が下落している局面で、ローソク足が移動平均線を下から上にクロス

買 買いシグナル③

ローソク足が上昇する移動平均線の上にあって、移動平均線に向けて下落するもクロスせずに再び上昇

売 売りシグナル③

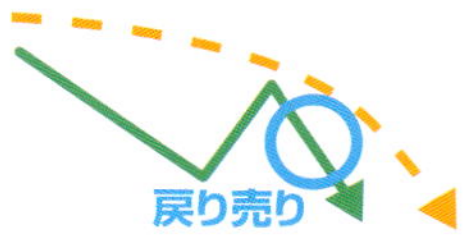

ローソク足が下落する移動平均線の下にあり、移動平均線に向けて上昇するもクロスせずに再び下降

買 買いシグナル④

移動平均線が下降している局面で、ローソク足が移動平均線とかけ離れて大きく下降

売 売りシグナル④

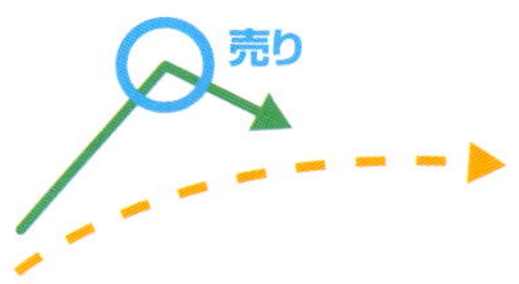

移動平均線が上昇している局面で、ローソク足が移動平均線とかけ離れて大きく上昇

買 →買いシグナル　売 →売りシグナル　買 売 →相場の展開により買いシグナルにも売りシグナルにもなりうる

トレンドライン

ブレイクアップ・ブレイクダウン

買 ブレイクアップ

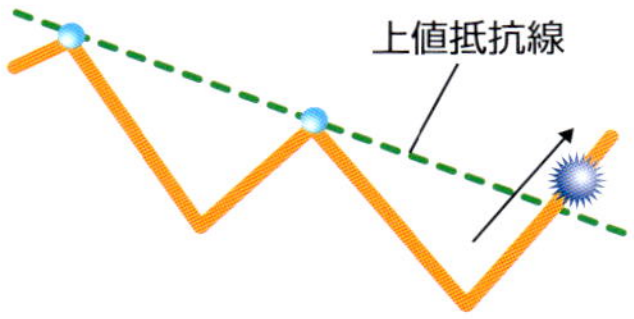
上値抵抗線

ローソク足が上値抵抗線の上に抜ける。上昇トレンドへの転換シグナル

売 ブレイクダウン

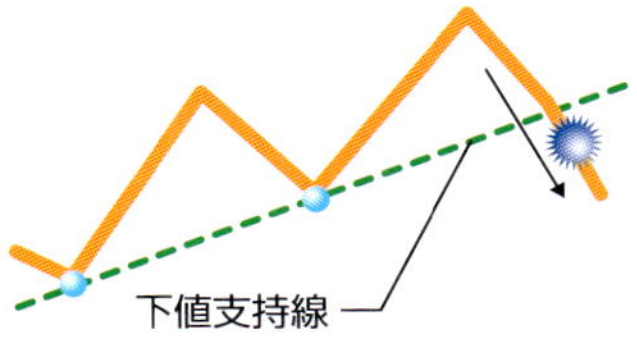
下値支持線

ローソク足が下値支持線の下に抜ける。下降トレンドへの転換シグナル

保ち合い

買 上放れ

上昇三角型

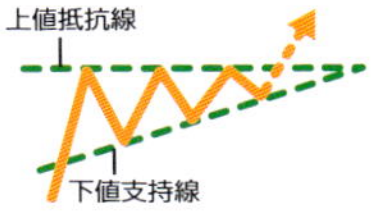
上値抵抗線
下値支持線

上値抵抗線は変動せず、下値支持線が上に切り上がっている。高値と安値の値幅がせまくなり、上に放れる

上昇フラッグ型

上値抵抗線と下値支持線が並行して下降していく。上昇トレンドのなかでこの形が出ると押し目買いのチャンス

上昇ペナント型

棒上げ後、上値抵抗線は右肩下がり、下値支持線は右肩上がりの三角形となり、頂点で上に放れる

下降ウェッジ型

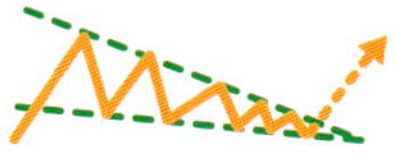

下値がゆるやかに切り下がり、上値はそれ以上に切り下がるために、下向きの三角形の形になる。頂点で上に放れる

売 下放れ

下降フラッグ型

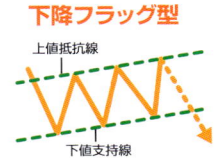

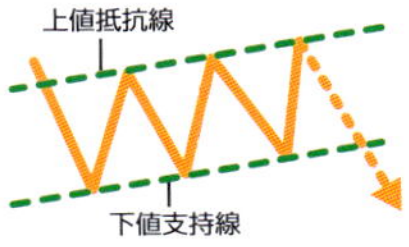
上値抵抗線
下値支持線

上値抵抗線と下値支持線が並行して上昇していく。下降トレンドのなかでこの形が出ると戻り売りのチャンス

下降三角型

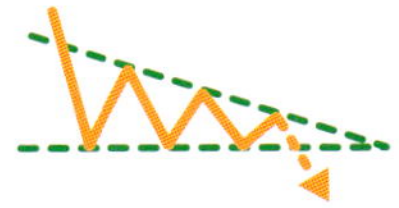

下値支持線は変動せず、上値抵抗線が下に切り下がっている。高値と安値の値幅がせまくなり、下に放れる

下降ペナント型

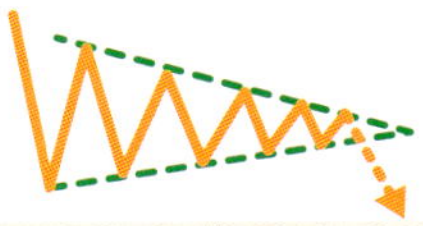

棒下げ後、上値抵抗線は右肩下がり、下値支持線は右肩上がりの三角形となり、頂点で下に放れる

買 売 両方アリ

対称三角形型

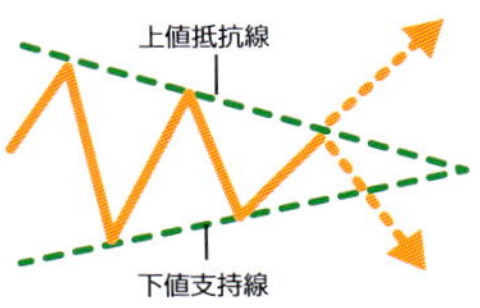
上値抵抗線
下値支持線

売買が拮抗して、上値抵抗線と下値支持線が二等辺三角形を形成する。上下どちらに放れるかの判断が難しい

コイル型

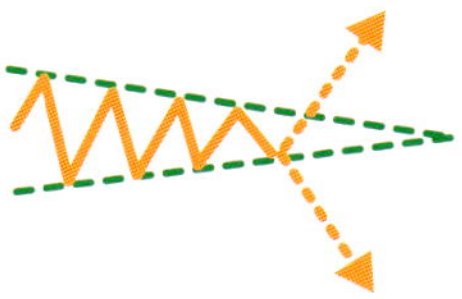

対称三角形型によく似た形だが、より長い時間をかけて形成される。こちらも売買の圧力が拮抗

一目均衡表

転換線と基準線のクロス

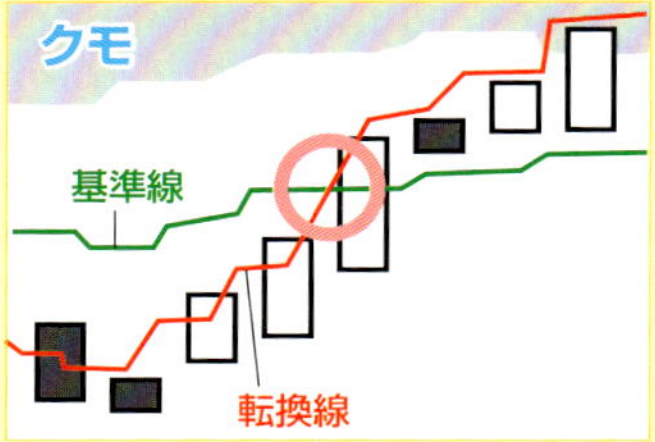

買 転換線が基準線を下から上に突き抜ける。好転・買いシグナル

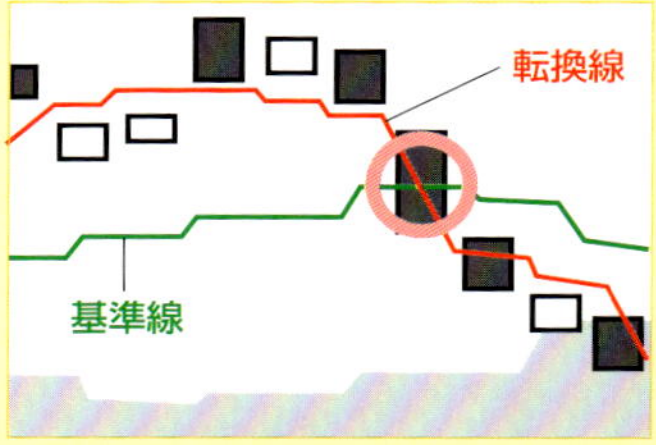

売 転換線が基準線を上から下に突き抜ける。逆転・売りシグナル

ローソク足がクモを突破

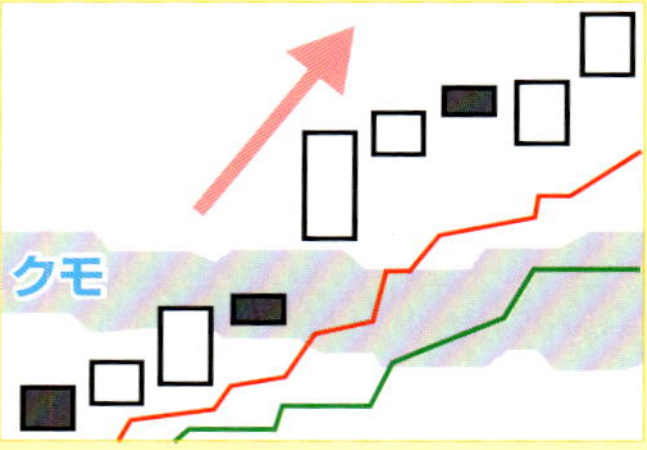

買 ローソク足がクモを下から上に突き抜ける。上昇トレンドへの転換シグナル

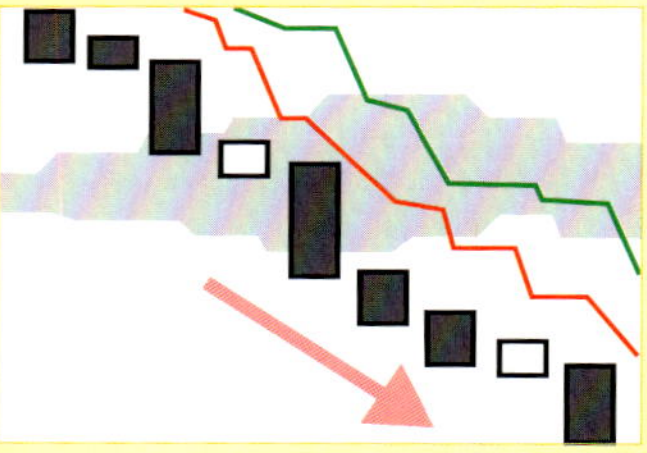

売 ローソク足がクモを上から下に突き抜ける。下降トレンドへの転換シグナル

遅行線とローソク足のクロス

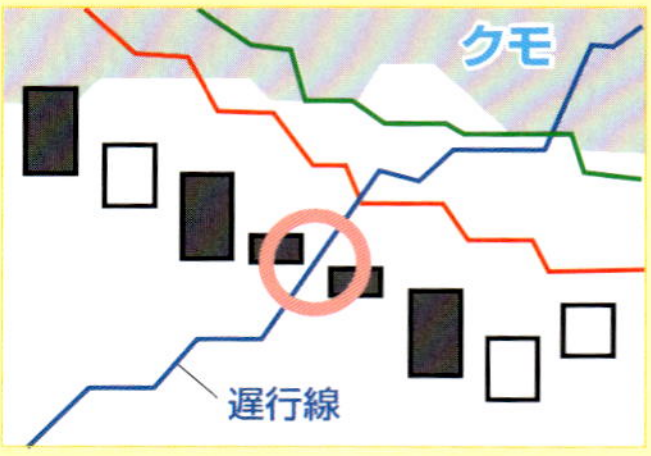

買 遅行線がローソク足を下から上に突き抜ける。好転・買いシグナル

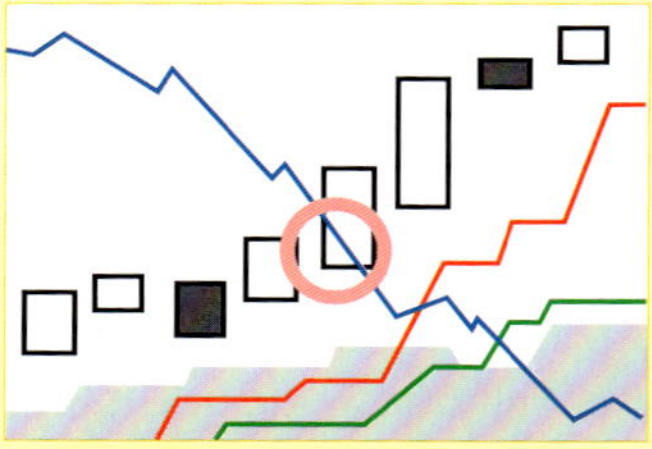

売 遅行線がローソク足を上から下に突き抜ける。逆転・売りシグナル

反転パターン

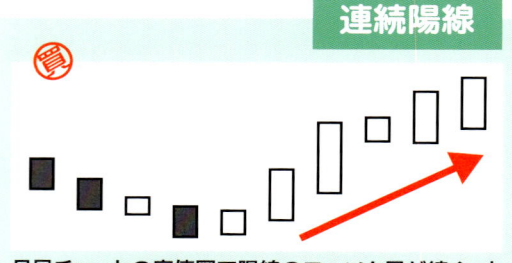

連続陽線

月足チャートの底値圏で陽線のローソク足が続く。上昇トレンドへの転換を示す強力なシグナル

二点底

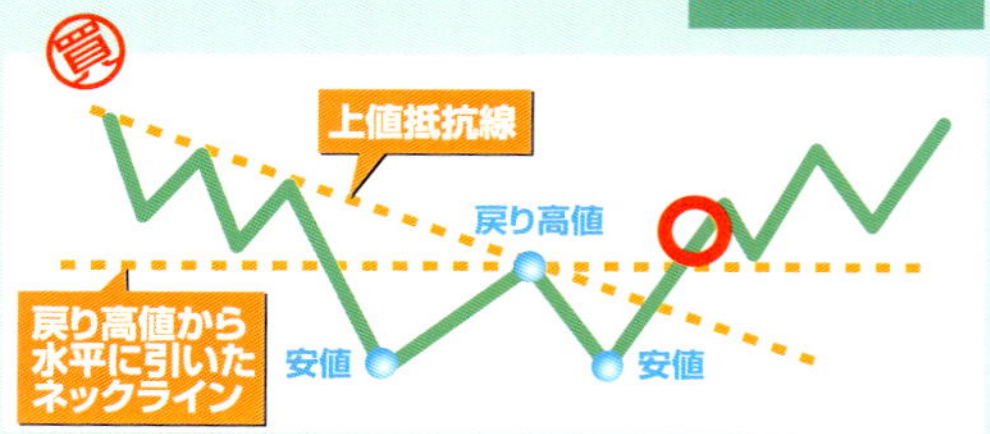

同じ水準で2度安値をつけた後、戻り高値のネックラインを突破する。反騰スタートのシグナル

三尊天井

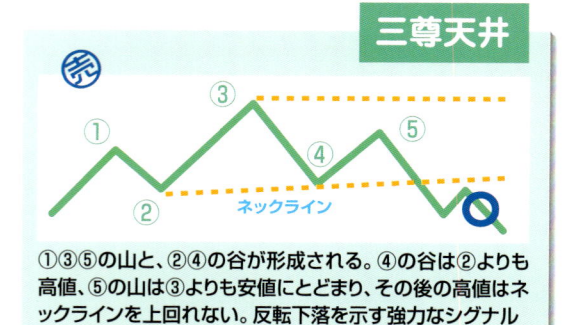

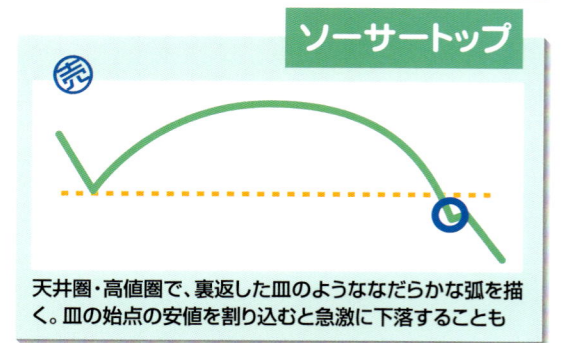

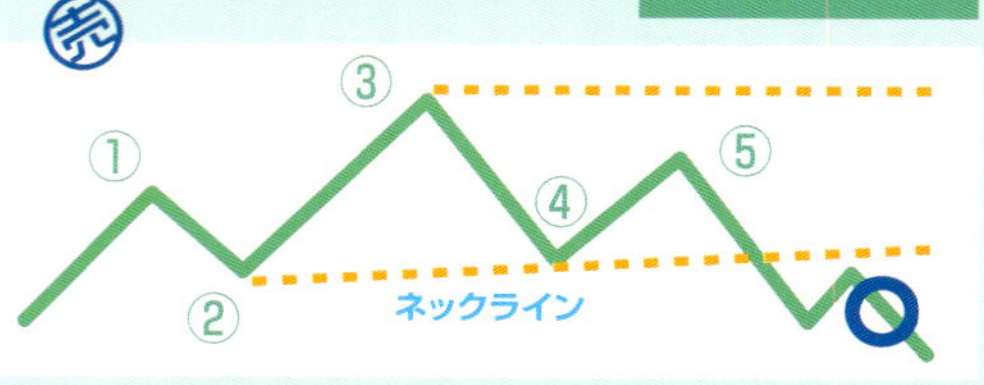

①③⑤の山と、②④の谷が形成される。④の谷は②よりも高値、⑤の山は③よりも安値にとどまり、その後の高値はネックラインを上回れない。反転下落を示す強力なシグナル

ソーサートップ

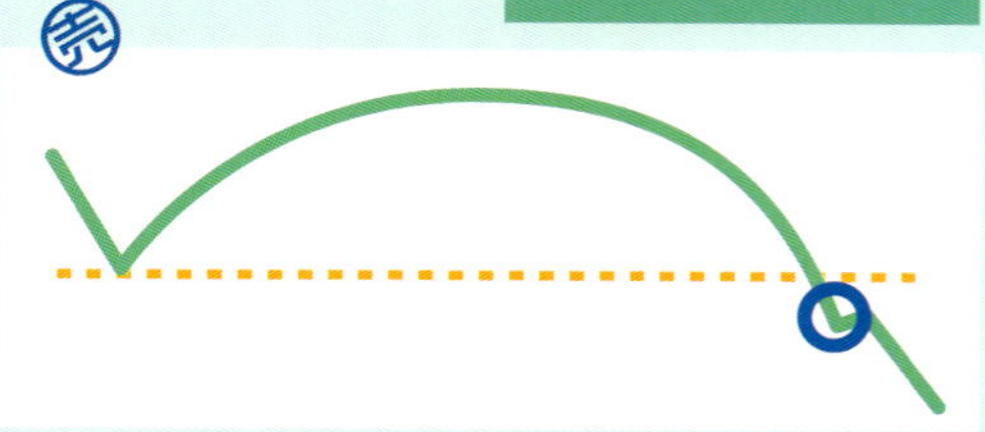

天井圏・高値圏で、裏返した皿のようななだらかな弧を描く。皿の始点の安値を割り込むと急激に下落することも

買→買いシグナル　売→売りシグナル　買売→相場の展開により買いシグナルにも売りシグナルにもなりうる

逆張り系指標

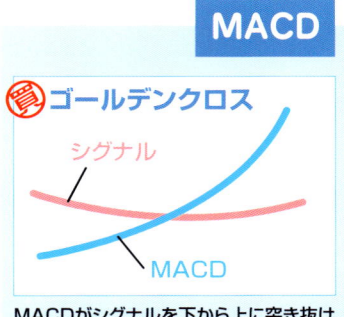

MACD

買 ゴールデンクロス

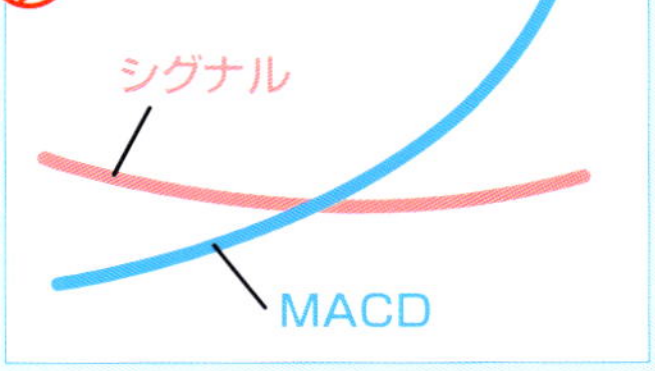

MACDがシグナルを下から上に突き抜ける。上昇トレンドへの転換を示すシグナル

売 デッドクロス

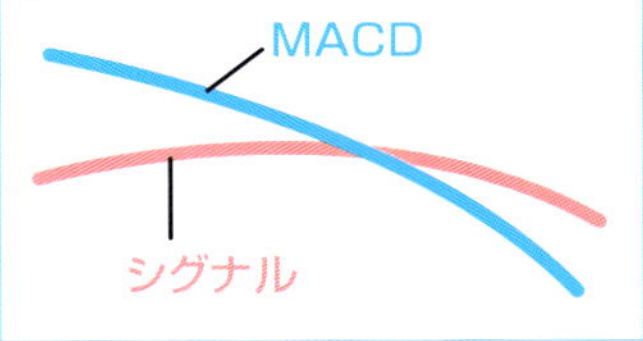

MACDがシグナルを上から下に突き抜ける。下降トレンドへの転換を示すシグナル

RSI

売 買われ過ぎ

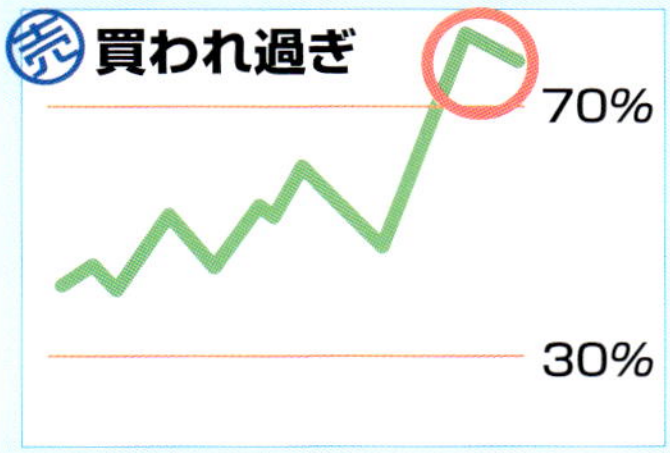

指数70%以上になる。
買われ過ぎを示す売りシグナル

買 売られ過ぎ

指数30%以下になる。
売られ過ぎを示す買いシグナル

ボリンジャーバンド

売 買われ過ぎ

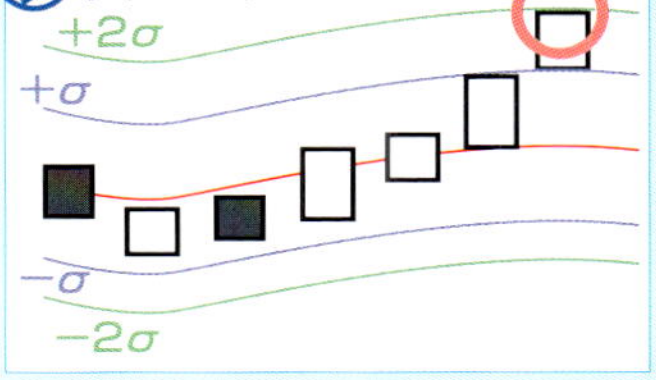

ローソク足が+2σのバンドに近づく。
買われ過ぎを示す売りのシグナル

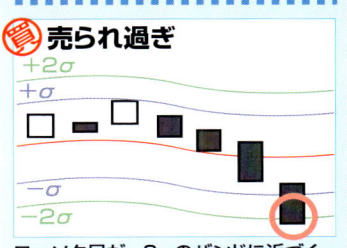

買 売られ過ぎ

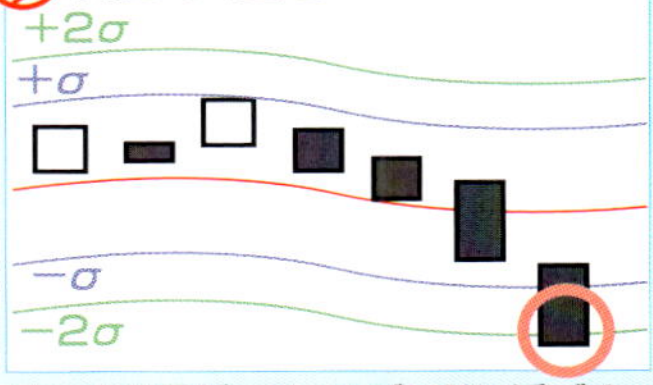

ローソク足が−2σのバンドに近づく。
売られ過ぎを示す買いのシグナル

ストキャスティクス

スロー・ストキャスティクス

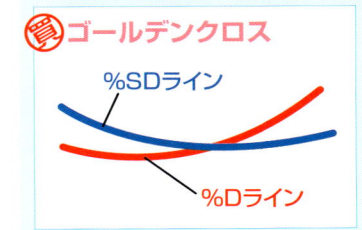

買 ゴールデンクロス

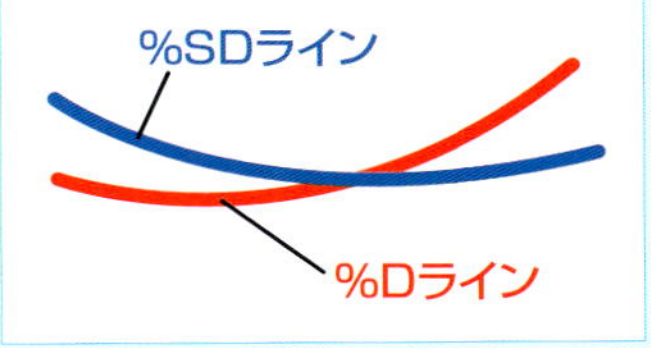

%Dラインが%SDラインを下から上に突き抜ける。買いシグナル

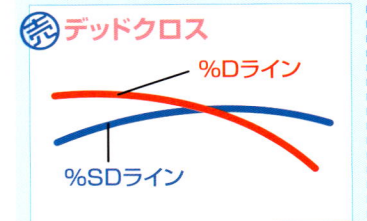

売 デッドクロス

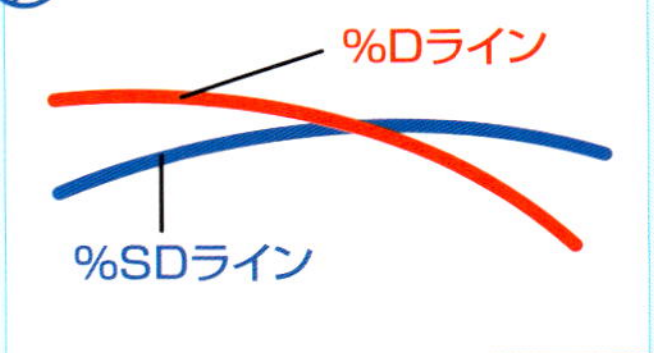

%Dラインが%SDラインを上から下に突き抜ける。売りシグナル

ファースト・ストキャスティクス

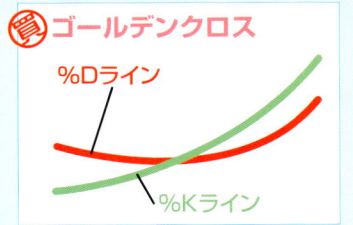

買 ゴールデンクロス

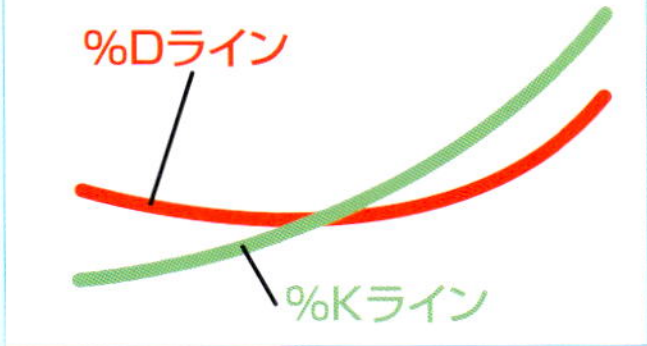

%Kラインが%Dラインを下から上に突き抜ける。買いシグナル

売 デッドクロス

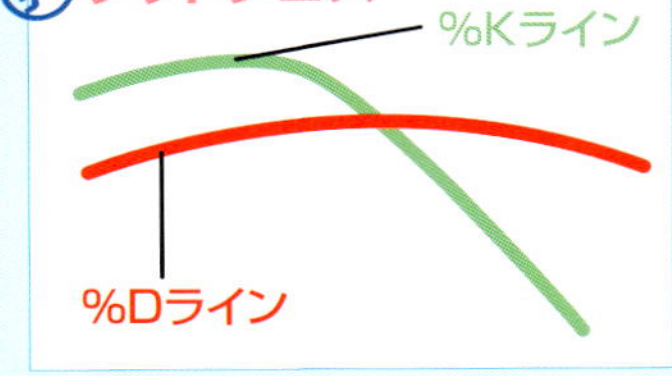

%Kラインが%Dラインを上から下に突き抜ける。売りシグナル

%Kライン

売 買われ過ぎ

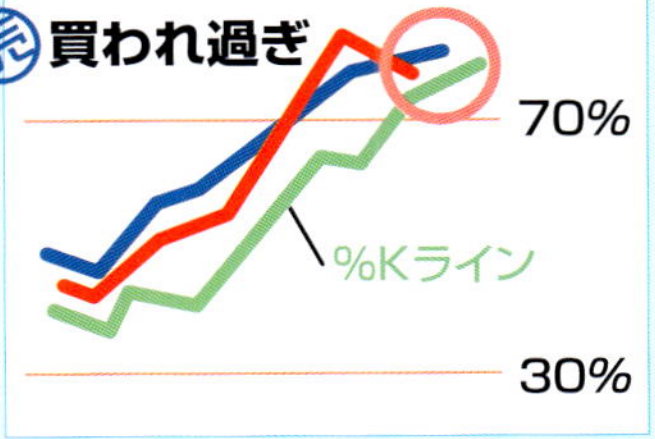

%Kラインが70%以上になる。買われ過ぎを示す売りのシグナル

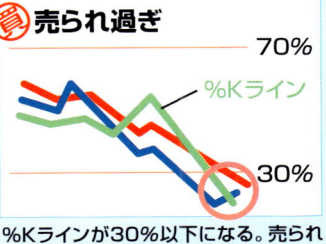

買 売られ過ぎ

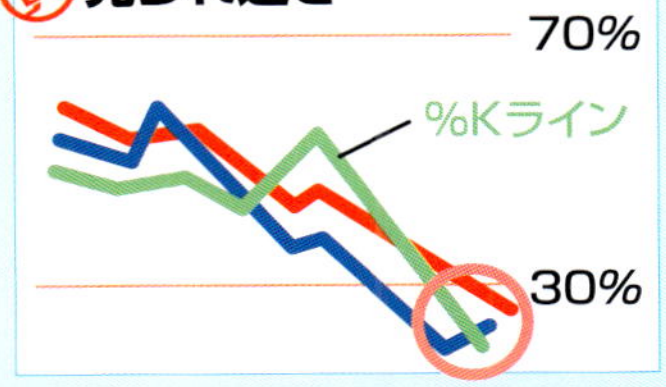

%Kラインが30%以下になる。売られ過ぎを示す買いのシグナル

ブレイクダウン ……………………58,60,62,68,120

変動幅 ……………………………………152

棒上げ……………………………………64,66

棒下げ ……………………………………66

細田悟一 …………………………………78

ボックス相場 ……………………62,68,74,96,154

ボリンジャーバンド ………………………150

ま

ＭＡＣＤ……………………124,127,136,158

マージンコール …………………………34

窓 ……………………………………32,102

保ち合い ……………………62,64〜69,96,100,
117,120,127,154

戻り売り ……………………………38,48,60,66

戻り高値……………………106,110,116,118

や

安値 ………………12〜16,18,28〜32,56〜58,
64〜67,70,72,94,96〜101,
104〜107,118,153,172,176

揺り戻し …………………………………106

宵の明星 …………………………………32

陽線 …………………12〜14,16,19,24〜33,
94,96,100,104,110,112

陽線つつみ足 ……………………………30,104

陽の大引け坊主 …………………………27

陽の丸坊主 ………………………………27

陽の寄付き坊主 …………………………27

寄せ線 ……………………………………27

４値同時足 ………………………………27

ら

リーマンショック ………………51,106,110,140

リーマン・ブラザーズ ……………………140

利益確定 ……………18,73,75,102,106,112,176

リスク回避 ………………………………168

リスク志向 ………………………………168

リパトリ …………………………………71

レバレッジ ………………………………34

ローソク足 ……………12〜18,20,22,24〜30,32,
36〜43,82〜91,94,96,98,100,102,
110,112,114,126,128,136,150

ロスカット ………………………………75

ロング（買い）ポジション …40,68,120,126,128

INDEXは191ページから始まっています

中央銀行……174
長期線……44,146
調整……18,90,106,120,128
月足……14,18,31,36,38,44,50,128
出合い線……28
低金利通貨……174
抵抗ゾーン……79,80,86,98,124
ティック……136
デイトレード（デイトレーダー）……124,136
テクニカルトレーダー……174
手仕舞う……74,176
デッドクロス……44,114,146,156,158
デフレ……174
転換線……80〜85,98,114,124
転換点……78,84,114,135,138,142,158
天井……20,24,28,32,78,103,118,128
天神底……70
トウバ（塔婆）……27
逃避通貨……166,172
取引所取引……166
トレードストップ……165
トレードストレス……165
トレンド……14,20〜26,30,32,36,38〜42,46,48,50,53,56〜69,72,74,94,132,134,144
トレンドフォロー（順張り）……124,132,150
トレンドライン……56〜61,63,74,100,102,116,124,127,128
トンカチ……27
トンボ……27

な

ナンピン買い……164
二点底……106
ＮＹダウ……168
ネックライン……118

は

始値……12〜19,24,32,36,100
％ＳＤ……156
％Ｋ……156
％Ｄ……156
白金……170,172
放れ……32,62,64〜69,72,96,100,104,117,120,154
はらみ線……28,32
半値押し……152
半値戻し……153
日足……12,14,22,36,38,44,88,112,114,126,136
ヒゲ……12,16,18,24,26,88,96,110〜114
標準偏差バンド……150
ファースト・ストキャスティクス……156
ファンダメンタルズ……142
ファン理論……116
フィボナッチ比率……152
含み益……98
節目……72,75,90,106,124,127
ＢＲＩＣs……170
ブレイクアップ……60,62,68,117

コイル型……66
高金利通貨……166,168,174
ゴールデンクロス……44,98,146,156,158
コマ……27

さ

酒田五法……32
下げ三法……32
サブプライムショック……140
ザラバ……22
三空……32
三空叩き込み……33
三空踏み上げ……33
三山……32
三川……32
３分の１押し……152
３分の１戻し……153
三兵……32
三法……32
資源国通貨……166,170,172
下影陰線……24
下影陽線……24
下値支持線……38,58〜60,62〜69,75,102,118,120,124,128
実体……12,16,24
週足……12,14,18,36,88,126,128
十字足（寄引同事線）……17,24,26
小陰線……24,28
上昇三角型……64
上昇フラッグ型……64
上昇ペナント型……64
小陽線……24,28
ショート（売り）ポジション……40,58,60,68,102,110,114,116,120,126
ジョン・ボリンジャー……150
スイングトレード……110,126,136
ストキャスティクス……144,156
スロー・ストキャスティクス……157
スワップポイント……21,174
政策金利……170,174
節分天井彼岸底……70
先行指標……172
相対取引所……166
ソーサートップ……120
底……20,70,78
底入れ……106
底打ち……28,106,144,172

た

大陰線……24〜29,100,112,120
対称三角形型……66
大陽線……24〜29,32,96,100,112
ダウ・ジョーンズ……168
高値……12,14,18,28,30,32,56,64,66,70,72,106,110,117,118,152,176
ダマシ……31,60,104,118,124,135,142〜146,162,176
短期線……44,146
遅行指標……44
遅行線……80,84,88,90,98,114,124,127

INDEX

あ

赤三兵……32
上げ三法……32
明けの明星……32
アナリスト……142
アノマリー……70
ＲＳＩ……139,144,154,156
行き過ぎ……42,139
一目均衡表……78～91,98,114,124,126
移動平均線……36～53,72,100,102,124,126,128,146,150,158
インカムゲイン……21
陰線……12,16,24～33,96,104,136
陰線つつみ足……30,110,112
陰の大引け坊主……27
陰の丸坊主……27
陰の寄付き坊主……27
インフレ……174
上影陰線……24
上影陽線……24
上値抵抗線……38,60～69,74,116,120,124
エコノミスト……142
エントリーポイント……74
オイルサンド……171
大台……72,75
押し目買い……34,38,48,58,60,64,100,106
終値……12～19,24,28,36,38,42,84,100

か

乖離率……42,52,103
下降ウェッジ型……64
下降三角型……66
下降フラッグ型……66,120
下降ペナント型……66
かぶせ線……28
カラカサ……27
為替変動……126
為替レート……20,78,80,132,169
基準線……80～85,98,114,124
逆張り……134,154,156,176
逆張り指標（オシレーター）……134,144,150,154,157
キャピタルゲイン……21
切り込み（切り返し）線……28
金……22,166,170,172
クモ……80～83,86～91,98,114,124,127
クモ抜け……86
グランビルの法則……46,48
黒三兵……32
クロス円……169
毛抜き……28
原油価格……171

●著者紹介

横尾 寧子（よこお やすこ）

1976年東京生まれ。日本大学法学部卒業。NPO法人 日本テクニカルアナリスト協会 認定テクニカルアナリスト。
個人投資家を対象に株式情報を配信しているメディック投資顧問株式会社取締役。同社代表の株式評論家・早見雄二郎に師事し、外国為替取引の研究に注力する。「すべての個人投資家に投資成果と豊かな生活を届けたい！」をモットーに精力的に活動中。
著書に「これならわかる外貨投資のはじめ方」「月収の10倍稼ぐ外貨投資」（成美堂出版）他、多数。
現在、ラジオNIKKEI「ファイナンシャル・サテライト」金曜レギュラーパーソナリティとしてFXアドバイスするほか、多数メディアにてFXの解説を行っている。

【協力】
●チャート提供／外為どっとコム
【staff】
●本文&カバーイラスト／ハピネス☆ヒジオカ　●本文図版作成・デザイン／庄司朋子（有限会社トビアス）
●カバーデザイン／Ｉ＆Ｄ　●編集協力／桜田一哉、熊倉欣太郎（有限会社トビアス）
●企画・編集／成美堂出版編集部（原田洋介、今村恒隆）

本書に関する情報は、下記のアドレスで確認することができます。
https://www.seibidoshuppan.co.jp/info/fxchart1204

上記アドレスに掲載されていない箇所で、正誤についてお気づきの場合は、書名・質問事項・氏名・郵便番号・住所・FAX番号を明記の上、郵送またはFAXで成美堂出版までお問い合わせください。
※電話でのお問い合わせはお受けできません。
※本書の正誤に関するご質問以外はお受けできません。また、本書の内容を超えるご質問につきましては、お答えできない場合がございますので、ご了承ください。
※ご質問の到着確認後10日前後に、回答を普通郵便またはFAXで発送いたします。

本書は経済情報ならびに投資に役立つ情報の提供を目的としたもので、特定の外貨の購入や投資行為の推奨を目的としたものではありません。また、本書ならびに執筆者が投資の結果に責任を持つものではありません。投資およびそのほかの活動の最終判断は、ご自身の責任のもとで行ってください。

ズバリわかる! FXチャートの読み方・使い方

著　者　横《よこ》尾《お》寧《やす》子《こ》
発行者　深見公子
発行所　成美堂出版
〒162-8445　東京都新宿区新小川町1-7
電話(03)5206-8151　FAX(03)5206-8159
印　刷　大日本印刷株式会社

ISBN978-4-415-30748-0
落丁・乱丁などの不良本はお取り替えします
定価はカバーに表示してあります